DIGITAL

数字经济

迈向从量变到质变的新阶段

中国信息化百人会课题组 著

ECONOMY

電子工業出版社
Publishing House of Electronics Industry
北京 · BEIJING

图书在版编目（CIP）数据

数字经济：迈向从量变到质变的新阶段 / 中国信息化百人会课题组著. —北京：电子工业出版社，2018.8

ISBN 978-7-121-34691-0

Ⅰ. ①数… Ⅱ. ①中… Ⅲ. ①信息经济－研究－中国 Ⅳ. ①F492

中国版本图书馆 CIP 数据核字（2018）第 147698 号

策划编辑：董亚峰
责任编辑：刘小琳　　特约编辑：许波建
印　　刷：三河市鑫金马印装有限公司
装　　订：三河市鑫金马印装有限公司
出版发行：电子工业出版社
　　　　　北京市海淀区万寿路 173 信箱　邮编 100036
开　　本：720×1 000　1/16　印张：19.5　字数：300 千字
版　　次：2018 年 8 月第 1 版
印　　次：2021 年 3 月第 7 次印刷
定　　价：88.00 元

凡所购买电子工业出版社图书有缺损问题，请向购买书店调换。若书店售缺，请与本社发行部联系，联系及邮购电话：（010）88254888，88258888。

质量投诉请发邮件至 zlts@phei.com.cn，盗版侵权举报请发邮件至 dbqq@phei.com.cn。

本书咨询联系方式：liuxl@phei.com.cn，（010）88254538。

中国信息化百人会
2017中国数字经济发展报告课题组

组　　长： 安筱鹏

副 组 长： 何　伟　陈　杰　陈煜波　邓　赟　魏东辉
张　东　杨春立　于凤霞

主要成员： 孙　克　汪明珠　王超贤　岳云嵩　李　君
窦克勤　成　雨　王花蕾　姚　磊　袁晓庆
边大成　胡拥军　高太山　范跃龙　郭　立
陈旭宇　毛　彤　刘　希　吴　浩　马晔风

Preface
序 言

1. 全球数字经济发展态势

在全球信息化进入全面渗透、跨界融合、加速创新、引领发展新阶段的大背景下，各国数字经济得到长足发展，正在成为创新经济增长方式的强大动能，并不断为全球经济复苏和社会进步注入新的活力。

态势一：全球数字经济规模持续扩张，占 GDP 比例快速提升，正成为全球竞争新制高点。美国数字经济规模排在全球首位，已超 10 万亿美元，占 GDP 比例超 58%。

态势二：融合型数字经济的主体地位进一步巩固，在数字经济中的占比持续上升，主要国家融合型数字经济占比普遍超过 70%，少数国家甚至接近 90%。

态势三：数字经济正加速由消费领域向生产领域拓展，以工业互联网、智能制造等为代表的新模式、新业态不断涌现。

态势四：全球电子信息制造业和信息通信服务业均已进入平稳增长期，基础型数字经济的整体规模增长明显趋缓，占 GDP 的比例显著低于历史峰值水平。

态势五：云计算、大数据、人工智能、无人驾驶等新生型数字经济取得了长足进步，加快与经济社会各领域渗透融合，带动技术创新、推动产业升级、助力经济转型、促进社会进步。

态势六：福利型数字经济是数字经济的重要组成部分，近年来以分享经济为代表的福利型数字经济呈现出强劲发展态势。

态势七：数字经济在驱动经济增长、提高劳动生产率、培育新市场和新增长点、实现包容性增长和可持续发展中发挥着日益重要的作用，世界各国纷纷将发展数字经济作为重要战略选择。

态势八：数字经济时代，社会治理的模式发生深刻变革，过去政府单纯监管的治理模式加速向多元主体协同共治方式转变。

2. 中国数字经济发展态势

2016 年中国数字经济总量达到 22.6 万亿元，进一步巩固了全球第二大数字经济大国的地位。中国数字经济呈现快速增长、规模庞大、潜力巨大的特征。

态势一：中国数字经济保持快速发展势头，2016 年同比增速 18.9%，增长速度位居全球前列，占 GDP 的比例为 30.3%，显著低于全球其他主要国家。

态势二：中国数字经济占比与贡献呈“双高”态势，2016 年占 GDP 的比例高达 30.3%，相比 2015 年提高 2.8%，对 GDP 增长贡献率高达 58.7%，已成为我国经济发展的重要引擎。

态势三：2016 年中国基础型数字经济占数字经济比例为 22.8%，集成电路行业成为发展热点，电信业业务总量与收入实现“双增”，移动支付业务保持快速增长。

态势四：2016 年融合型数字经济增速高达 25.7%，对数字经济增长的贡献达 88.2%，增速与贡献率均创近五年新高，以工业互联网平台为代表的新型基础设施持续夯实，网络化协同、服务型制造、个性化定制等新模式、新业态不断涌现。

态势五：新生型数字经济蓬勃发展，云计算产业规模持续扩大，为小微企业赋能成效凸显；大数据产业进入快速增长阶段，产业集聚效应初显；人工智能产业打造先发优势；无人驾驶发展潜力巨大。

态势六：福利型数字经济强劲发展，2017 年中国分享经济交易规模已达 4.5 万亿元，共享单车、共享雨伞、共享充电宝、共享篮球等新业态、新模式不断涌向，未来几年将保持年均 40%的高增速。

态势七：中国数字经济已跻身全球领先行列，通过积极与“一带一路”沿线国家开展数字经济合作、共享数字经济红利，既激活了沿线国家的发展活力，也带动“中国品牌”“中国方案”走向世界。

3. 省域数字经济发展态势

中国各省级行政区数字经济的发展由于战略导向、经济基础、产业结构、资源禀赋等不同而表现出明显的梯级分布特征，数字经济发展地区集聚效应显著，数字经济规模、增速、占比在稳步提升中呈现明显的区域差异。

态势一：2016 年，中国各省级行政区数字经济规模稳步增长，但省际差距有扩大趋势，各省级行政区数字经济规模呈现自东向西逐级递减的梯级分布特征，首位省级行政区与末位省级行政区数字经济规模差距已由 2008 年的 7503 万元扩大到 2016 年的 26670 万元。

态势二：各省级行政区数字经济保持良好增长态势，2008—2016 年，增速显著提升和严重放缓的省级行政区并存，广东、北京、浙江等领先地区更具备可持续增长动力。

态势三：中国各省级行政区数字经济占 GDP 的比例有不同程度提升，1996—2016 年，各省级行政区数字经济占比排名出现较大变化，上海、北京、广东、江苏等东部省级行政区实现跨越式赶超。

态势四：基础型数字经济主要受制于各省级行政区的经济基础与产业结构，总体来看，各省级行政区基础型数字经济平稳增长，但省际差距较大。

态势五：2016 年，中国各省级行政区融合型数字经济规模从东部到西部逐渐下降，排名靠前的省级行政区大部分集中于东部沿海、环渤海及中部地区。

4. 重点行业数字经济发展现状

特点一：我国各重点行业在研发、制造、产业链等方面呈现不同的数字经济发展特征。电力、烟草、电子、交通设备制造、石化等行业两化融合发展水平较高，实现综合集成企业比例超过 20%。

特点二：原材料和消费品行业数字经济发展分别以大中型企业和中小企业为重要对象；装备和电子行业数字经济发展分别聚焦于跨企业协同设计和制造、产业链协同。

特点三：不同行业数字经济发展均衡程度存在一定差异，装备行业在数字化、集成互联、智能协同方面发展相对均衡，实现“综合集成”跃升的潜力最大。

特点四：各行业数字经济发展路径各异，原材料行业打造集约高效实时优化的生产新体系；装备行业提升产业价值链水平；消费品行业构建用户需求的精准采集、快速传导和实时响应的新能力。

特点五：轻工、电子、机械、纺织等重点行业全要素生产率与两化融合发展水平呈现显著正相关关系，当行业两化融合发展水平接近或跨越中值线时，全要素生产率实现指数级加速提升。

5. 数字经济基础设施发展态势

数字经济基础设施既包括了以通信网络、互联网、云等为代表的传统信息基础设施，又包括了对物理基础设施的数字化改造。数字经济基础设施在推进数字经济发展、实现网络强国战略中起到了十分重要的支撑和推动作用。

态势一：网络基础设施加速向高速率、万物互联、智能化升级。5G 将在 2020 年前商用，移动互联网应用将从面向公众扩展至面向行业。虚拟化技术支持核心网络架构转型升级，智能网络将在 2025 年初具规模。NB-IoT 接入技术、同时具备设备管理和业务使能的物联网平台将成为近期发展重点，预计到 2020

年全球将有超500亿台设备连接。

态势二：平台基础设施逐渐成形并向云与边缘计算融合化及感知智能化方向发展。云网加速融合、公有云占比增大，产业普遍上云率将达到70%。边缘计算成为平台基础设施的新战场，边缘计算需要IT管理、OT控制，通过CT连接走向融合。人工智能、深度学习逐渐走向商用，与大数据相互促进提供更精准决策建议。其他创新技术如区块链等应用场景也越来越多，逐渐下沉成为通用基础设施一部分。

态势三：传统物理基础设施逐渐向数字化转变。工业互联网通过人、机、物全面互联，形成智能化发展的新兴业态和应用模式。当前年新增1500万台机器中，只有10%实现网络连接，基础设施升级空间巨大。能源互联网实现能源和信息系统高度融合，从根本上改变能源的生产和利用方式，提高能源利用率。智能交通实现绿色高效安全出行，优化驾驶体验。通过车联网与智能交通的协同发展，提高道路使用率、降低事故率及减少环境污染。

6. 数字经济与企业组织模式变革

变革一：数字经济时代企业组织模式向网络化、扁平化、柔性化转变。互联网、大数据、人工智能等新一代信息技术加快向经济社会各领域融合渗透，万物互联、软件定义、数据驱动、智能主导趋势更加明显，内外部环境的变化推动企业组织的构成形态、管理机制、运行方式等产生深刻变革，呈现出开放、扁平、柔性等基本特征。

变革二：数字经济时代交易成本降低成为企业组织模式变革的根本动因。新一代信息通信技术应用使得信息成本、议价成本、决策成本、监督成本、违约成本等大幅降低，并有效提升交易速率和质量。交易成本的降低促使企业组织形态、业务流程、协调机制、参与主体发生改变。

变革三：数字经济时代中国企业加紧探索新型组织模式。就中国企业实践来看，传统企业组织模式的弊端在数字经济时代被放大，组织臃肿、层级过多、流程复杂、效率低下等正在阻碍企业发展，海尔“人单合一”、韩都衣舍“大平台+小前端”、小米极致扁平化、华为“铁三角”等新型企业组织模式不断涌现。

7. 平台经济发展态势

平台经济核心是由多方参与形成的生态系统，参与者主要有三类：平台拥有者与运营者（有些场景下两者可能不一致）、供给端平台使用者（如产品与服务提供商等）和需求端平台使用者（消费者、用户等）。平台经济的核心价值来源于以下三大原则：网络效应/双边市场、幂率——马太效应与长尾分布，以及非对称性增长与竞争。

拥抱平台经济，将成为助力企业高速发展的重要途径。平台经济推进中国企业提质增效与创新。

态势一：平台经济推动业务转型。深度互动强化客户联系，拓展新市场，实现差异化；资源共享降低成本，协同提升运营效率；降低跨国运营门槛，加速全球化运营进程。

态势二：平台经济推动组织转型，敏捷应对颠覆。众包、众筹打破企业边界，塑造敏捷型企业；平台经济推进组织扁平化，迅速感知颠覆并做出反应；打造行业生态圈，强化上下游互动，协同应对颠覆挑战。

态势三：商业模式创新，跨越 S 曲线，新动能驱动新周期。从产品销售到通过平台的服务提供；平台建设与运营，强化行业生态系统核心地位；数据变现等创造新的营收与利润来源。

态势四：平台经济提升全要素生产力，推动中国经济转型升级。平台经济的发展与推广，将促进各生产要素的供应改善，提高其使用效率，提升中国经济增长质量，推动经济发展模式转型升级。

态势五：众包作为平台经济的重要表现形式，将使人力资本投入价值创造的门槛更低，边际成本更低，价值增长机会更多。

8. 数字经济与平台治理

数字经济平台治理是跨越科层治理的新型治理模式。它是政府部门、平台企业、第三方组织及参与平台活动的各类用户，在平台运行中相互博弈，形成的一致认可的权利责任与规范规则。治理主体主要有政府部门、平台经营者、平台用户、第三方组织等，不同主体的治理手段也各异。线上假货、专利侵权、网络传销、广告欺诈、信息安全等是平台需要治理的重点内容。

数字经济平台治理面临三大变化。一是平台经济发展速度远远超过治理创新的速度。二是平台用户规模巨大，巨量分散的用户对平台治理形成空前挑战。三是平台多边市场高度复杂，主要表现为主体多元、场景虚拟、跨界融合。

数字经济平台治理面临三大主要矛盾。一是平台自身的准公共性与商业性之间的矛盾。二是传统条块监管和平台网络化形态之间的矛盾。三是平台迅速发展和政府落后治理手段之间的矛盾。

完善数字经济平台治理需要确立四大目标、坚持四个原则和抓住五点举措。"四大目标"即创新活跃、风险可控、有效问责、公平有序。"四个原则"即分类治理、分阶段治理、红线意识、数据意识。"五点举措"包括建立分业务类别的治理模式、完善多主体协同的治理体系、提升政府的数字化监管能力、增强政府驾驭经济复杂状况的能力、加强对数字经济时代平台垄断和网络中立等热点问题的深入研究。

9. 数字经济与就业增长

数字经济对中国经济增长的贡献不断提升，接近甚至超越了发达国家水平，数字经济在国民经济中的地位不断提升。与之相对应，数字经济所带来的强大的就业吸附力对中国整体就业的拉动作用也越发明显。

态势一：中国数字经济就业人口呈现正增长，变化率变动较大，且远高于第一产业、第二产业就业的增长率。在数字技术不断发展的同时，新业态、新经济模式不断涌现，新型就业模式更加灵活多样。

态势二：新型灵活就业模式对就业增长影响积极，新型灵活就业增加了弱势群体的就业机会，新型灵活就业的收入提升效应明显，新型灵活就业创造了就业缓冲器和蓄水池。

10. 中国数字经济：数字人才与就业发展态势

随着我国数字经济的蓬勃发展，互联网信息技术与传统产业的融合已成为推动我国经济增长的重要新动力，数字人才成为影响我国经济数字化转型进程的重要因素。

态势一：数字人才分布与数字经济发达程度高度一致性，人才储备“南强北弱”，数字人才分布最多的十大城市是上海、北京、深圳、广州、杭州、成都、苏州、南京、武汉和西安。

态势二：约50%的数字人才分布在互联网、信息通信等ICT基础产业，传统行业主要分布在制造、金融和消费品三大行业。

态势三：数字人才分为六类，即产品研发、数字战略管理、数字化运营、深度分析、先进制造和数字营销。85%以上的数字人才分布在产品研发类，深度分析、先进制造、数字营销等职能人才不到5%。

态势四：数字人才的专业背景主要集中在计算机科学、软件工程、电气和电子工程等技术类学科，工商管理专业也逐渐成为数字人才的一大来源。

态势五：北京、上海、深圳、广州和杭州是数字化转型的“引领型”城市，北京和杭州在大数据分析领域优势显著，上海和广州在先进制造和数字化运营领域更具优势，深圳人才结构各职能领域齐头并进。

态势六：成都、苏州、南京、武汉和西安是数字化转型过程中的“快速成长型”城市，数字人才正在从ICT基础产业转向融合产业，部分城市如苏州已经在制造业积累起突出的数字人才优势。

态势七：数字人才需求最多的职位集中在产品研发和运营类，技能需求不再强调单一编程技能，更加看重技术、管理和领导力综合技能。

态势八：数字人才的流动体现出向一线城市聚集的趋势，除广州外，其他几个一线城市均呈现出净流入的趋势。杭州、苏州也成为为数不多的数字人才净流入城市。

Preface

前 言

中国信息化百人会（以下简称“百人会”）是由关注中国信息化发展的一批中青年专家学者共同发起成立的非官方、非营利性的学术研究平台。百人会致力于研判全球信息化趋势、挑战与机遇，研究中国信息化发展的重大前沿和战略问题，深度解析信息化发展对中国经济体制改革、发展方式转变、社会转型的支撑和引领作用，为探索信息化时代的中国实现现代化的新路径贡献智慧。

当前，数字经济正迈向体系重构、动力变革与范式迁移的新阶段，新一代信息通信技术加速从局部到全局、从单一部门向整个产业链扩散，成为引领创新和驱动转型的先导力量，为经济社会发展注入了强劲动力。数字经济的快速发展对经济社会产生了深刻影响，以演进性、泛在性、动态性和自主性为主要特征的数字基础设施为数字经济发展提供重要支撑；信息成本的持续下降，信息交互方式的变革优化，推动企业组织模式向网络化、扁平化、柔性化转变；平台经济通过价格的撮合、交易保护、个性服务等方式为价值创造流程赋能；平台治理成为市场监管、法律法规、产业规制、社会政策新的重点领域；数字经济所带来的强大的就业吸附力对中国整体就业的拉动作用也越发明显。数字技能人才的短缺成为制约我国数字经济发展的重要因素。

本书是百人会对信息经济研究连续发布的第四个年度报告。2017 年报告继承了 2014 年和 2016 年《中国信息经济发展报告》的研究成果，对全球、中国及省域数字经济发展态势进行了持续跟踪，并重点聚焦于产业转型发展，剖析了信息通信技术与产业融合的机制和路径，研究中国产业数字经济的发展水平、特点、规律和趋势，并围绕数字基础设施、平台经济、平台治理、组织模式变革、数字经济就业、数字人才等数字经济发展中的重点问题和领域，探索数字经济时代新基础、新模式、新业态的内涵、特征、机制和趋势，力求为推动数字经济发展提供决策参考依据。

本书研究团队由百人会执委领导；百人会执委安筱鹏负责组织研究工作；由中国信息通信研究院的何伟、孙克、汪明珠、王超贤、岳云嵩，国家工业信息安全发展研究中心的陈杰、李君、窦克勤、成雨、王花蕾，中国电子信息产业发展研究院的杨春立、姚磊、袁晓庆、边大成，国家信息中心的于凤霞、胡拥军、高太山，埃森哲的邓赟、范跃龙、郭立、陈旭宇，中国电信的张东、毛彤、刘希，滴滴出行的魏东辉、吴浩，清华大学经济管理学院互联网发展与治理研究中心的陈煜波、马晔风等作为课题组成员负责本课题的专题调研、数据整理、研究分析和报告撰写等工作。

在近一年的研究过程中，百人会的徐愈、高新民、高世楫、王安耕、张新红、余晓晖、童腾飞、吕本富、吴君青、刘希俭、石晓军、赵敏、张文彬、周剑等先后参加了讨论和指导，并提出了重要意见和建议。我们也广泛征求并吸收了中国信息化百人会成员的意见和建议。

中国信息通信研究院政策与经济研究所的鲁春丛、辛勇飞、韦柳融、刘铁志、张丽、张春飞、郑安琪、尹昊智、施羽暇、杨思维、左铠瑞、屠晓杰、金夏夏、王锐、王远桂，国家工业信息安全发展研究中心的付宇涵、邱君降、李蓓、王庆瑜、王丽颖、王一鹤、郑磊，为本报告的研究方法、数据收集、案例分析等做了大量工作；百人会秘书处的金建中、于凤霞、曾明、隋伟等对课题研究提供了全面支持，并承担了后期编辑整理工作；在此一并致谢。

数字经济浪潮正在席卷全球，我国也正在向着“积极拓展网络经济空间”的目标不断前进。数字经济的研究，对于今天的中国有着非常重大、紧迫而现实的意义，百人会将不断致力于数字经济前沿理论和现实问题的思考和探索。

受限于研究水平及数据缺失等原因，本书所采用的测算模式及测算精度仍有很大提升空间，相关结论也是一家之言。尤其是部分数据源于第三方或企业级数据，难以全面反映各地真实水平，如存偏误，敬请批评指正。欢迎广大读者和研究人员对本报告的改进提出宝贵意见。

Contents

目 录

绪论 ……………………………………………………………1

一、数字经济的概念与特征 ……………………………………1

二、数字经济发展特征 …………………………………………4

三、数字经济：迈向体系重构、动力变革与范式迁移的新阶段 ……7

| 上篇 | 总 体 篇

第一章 全球数字经济发展态势 ……………………………13

一、数字经济已成为全球经济增长的核心动力 ………………13

二、融合型数字经济的主体地位进一步巩固 …………………17

三、融合型数字经济的新模式新业态不断涌现 ………………18

四、基础型数字经济发展进入平稳增长期 ……………………24

五、云计算、大数据、人工智能、自动驾驶等新生型

数字经济推动经济与社会加速变革 …………………………29

第二章　中国数字经济发展态势 ……37

一、数字经济保持快速发展势头，规模优势进一步凸显……37

二、数字经济占比与贡献呈“双高”态势，推动国民经济持续健康发展……39

三、基础型数字经济呈平稳增长趋势，融合型数字经济成为驱动中国数字经济增长的核心动力……41

四、基础型数字经济结构稳定，电子信息制造业复苏势头明显……44

五、融合型数字经济快速发展，增强我国经济质量优势……50

六、新生型数字经济蓬勃发展，为产业转型发展注入新动能……70

七、福利型数字经济强劲发展，中国分享经济已经走在世界前列……80

八、中国的数字经济跻身全球领先行列，助推“一带一路”沿线国家共享数字经济红利……82

第三章　省域数字经济发展态势 ……85

一、数字经济规模区域差异明显……85

二、数字经济呈现持续快速增长态势……89

三、数字经济占 GDP 比例明显提升……92

四、基础型数字经济平稳发展……95

五、融合型数字经济突飞猛进……99

第四章　重点行业数字经济发展现状 ……103

一、数字经济在重点行业发展的总体情况……103

二、不同行业的数字经济发展路径各异……109

三、数字经济驱动重点行业全要素生产率整体提升……122

| 下篇 | 专 题 篇

第五章 数字经济基础设施：升级与融合 ……127

一、网络基础设施加速向高速率、万物互联、智能化升级 ……129

二、平台基础设施逐渐成形并向云与边缘计算融合化及感知智能化方向发展 ……139

三、传统物理基础设施的数字化融合 ……146

四、推动数字经济基础设施转型升级的建议 ……159

第六章 数字经济与企业组织模式变革 ……162

一、企业组织及模式变革演进趋势 ……163

二、企业组织模式变革的动力机制 ……166

三、数字经济时代中国企业组织模式变革的典型实践……170

第七章 拥抱平台经济，推进转型升级 ……180

一、平台经济的定义、发展动力与演进趋势 ……180

二、平台经济催生新动能，助力转型升级 ……190

三、企业实践：转型路径与能力决定平台价值 ……196

四、优化平台发展环境，促进平台经济健康成长 ……200

第八章 数字经济下的平台治理 ……205

一、数字经济平台治理的理论基础 ……205

二、数字经济平台治理的实践动态 ……212

三、数字经济平台治理的主要矛盾 ……219

四、完善数字经济平台治理的思路 ……222

第九章　数字经济与就业增长 …… 229

一、中国数字经济就业现状与新的发展 …… 230

二、数字经济发展对就业增长的影响 …… 236

三、数字经济就业所面临的问题 …… 243

四、政策建议 …… 247

第十章　中国数字经济：数字人才与就业 …… 249

一、中国数字人才总体就业现状 …… 250

二、区域数字人才就业现状 …… 257

三、数字人才需求分析 …… 271

四、数字人才的关系网络与流动分析 …… 276

五、总结与建议 …… 280

附录 A　数字经济数据测算方法 …… 284

附录 B　报告涉及的主要数据 …… 288

Introduction

绪 论

当前，全球正处于新一轮科技革命和产业变革突破爆发的历史交汇期，新一代信息通信技术和人类生产生活交汇融合，成为引领创新和驱动转型的先导力量，正在加速重构全球经济的新版图。中国信息化百人会从2013年成立以来，致力于研究中国信息化发展的重大前沿和战略问题，在连续3年发布信息经济发展报告的基础上，根据当前国内外信息化发展的新形势、新共识、新战略，深入研究数字经济的基本概念、演进规律、特征趋势及发展战略，以及中国数字经济的历史方位、国际地位、区域格局、产业特征，编写了《数字经济：迈向从量变到质变的新阶段》，为探索中国数字经济的发展新路径贡献智慧。

一、数字经济的概念与特征

（一）数字经济概念历史沿革

信息通信技术持续创新、融合扩散、引领转型的过程，也是人们对信息经济内涵外延认识不断深化的过程：从 1962 年马克卢普提出“知识产业”

（Knowledge Industry），到 1977 年波拉特提出“信息经济”（Information Economy）；从 1996 年 OECD 提出“以知识为基础的经济”（Knowledge Based Economy），到世纪之交“数字经济”（Digital Economy）、“网络经济”（Network Economy）、“虚拟经济”（Virtual Economy）、“互联网经济”（Internet Economy）等新概念的涌现，无不反映了人们对信息化新实践的新理解和新认识。

1996 年美国学者泰普斯科特在《数字经济时代》中正式提出数字经济概念，1998 年、1999 年、2000 年美国商务部先后出版了名为《浮现中的数字经济》（Ⅰ，Ⅱ）和《数字经济》的研究报告。联合国、欧盟、美国、英国等国际组织和研究机构纷纷提出了数字经济、信息经济、网络经济的新概念，不同国家对数字经济内涵外延认识的共同点是，把信息通信技术产业作为数字经济的内核，差异在于信息通信技术（ICT）与传统经济融合的深度和广度。2016 年杭州 G20 峰会上发布的《G20 数字经济发展与合作倡议》中给出了数字经济的定义，即数字经济是指以使用数字化的知识和信息作为关键生产要素、以现代信息网络作为重要载体、以信息通信技术的有效使用作为效率提升和经济结构优化的重要推动力的一系列经济活动。

（二）数字经济定义与内涵

半个世纪以来，国际社会围绕信息通信技术的创新、扩散、应用及带来的影响提出了知识经济、网络经济、数字经济、信息经济、互联网经济等一系列新概念，都试图描述新一代信息通信技术与经济社会变革，随着技术演进和认识深化，数字经济成为国际社会发展的共识。2014—2016 年信息化百人会连续三年发布中国信息经济年度发展报告。我们认为，信息经济与数字经济的内涵和外延大体一致，根据当前国际国内关于信息化和经济转型发展的共识，中国信息化百人会将2017年的研究报告改为《数字经济：从量变到质变》。

中国信息化百人会认为数字经济是全社会基于数据资源开发利用形成的经济总和。在这个定义中，数据是一切比特化的事物，是与物质、能量相并列的人类赖以利用的基本生产要素之一。数据资源开发利用是为了服务于人类经济社会发展而进行的数据产生、采集、编码、存储、传输、搜索、处理、使用等一切行为及支持这些行为的ICT制造、服务与集成。

数字经济是以数字化信息为关键资源，以信息网络为依托，通过信息通信技术与其他领域紧密融合，形成了五个层次和类型：①以信息产业为主的基础型数字经济层。基础型数字经济主要体现为信息产品和信息服务的生产和供给，主要包括电子信息制造业、信息通信业和软件服务业等。②以信息资本投入传统产业而形成的融合型数字经济层。信息通信技术的持续创新发展，推动了信息采集、传输、存储、处理等信息设备不断融入传统产业的生产、销售、流通、服务等各个环节，形成了新的生产组织方式，带来了更多的产出。③体现信息通信技术带来全要素生产率提高的效率型数字经济层。效率型数字经济是指因全要素生产率中信息通信技术的使用带来全要素生产率的提高而增加的经济总量部分。④以新产品新业态形式出现的新生型数字经济层。信息通信技术与传统产业融合不断催生出新技术、新产品、新模式，并形成了富有创新活力和发展潜力的新产业，即新生型数字经济。⑤产生社会正外部效应的福利型数字经济层。信息通信技术在经济社会领域的普及推广，带来了更多的社会信任、更高的公共安全和更广的社会参与等潜在的社会福利，即福利型数字经济。

数据经济构成如图0-1所示。

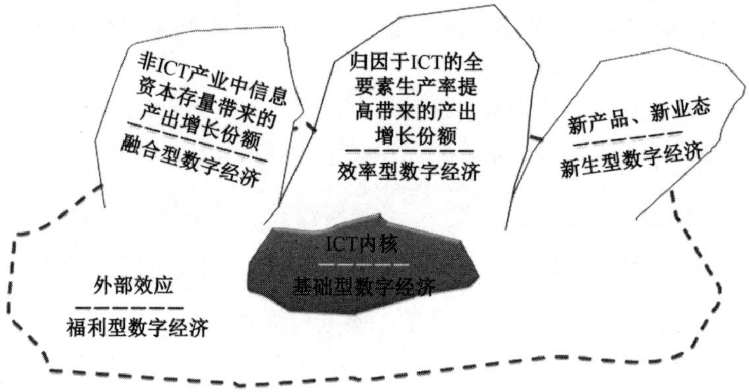

图 0-1　数字经济构成

二、数字经济发展特征

信息通信技术的蓬勃发展带来了快速、复杂、多变的经济社会转型方向、规律、特征、路径和模式的多元化认识，带来了社会各界对数字经济达成共识的挑战。当前，全球数字经济发展呈现以下特征：

（1）数字经济是继农业经济、工业经济之后的更高级经济阶段。作为人类历史上第三经济形态，数字经济具有鲜明的时代特征，信息的零边际生成成本、复制无差异性、即时传播等特征颠覆了物质、能量要素的独占性、排他性，随之也颠覆了农业经济和工业经济的一些固有经济理念。数字经济与农业经济、工业经济的基本差异在于，从生产要素来看，相对农业社会的土地、工业社会的资本和能源，数字化的知识和信息上升为关键生产要素。从生产工具来看，传统工业经济中的电动机和制造装备等能量转换工具，被信息所改造，成为具有感知、传输、处理、执行能力的智能工具，以及智能工具组合而成的智能制造生态系统。从基础设施来看，在数字经济中除了传统的铁路、公路等交通基础设施外，宽带、泛在、融合的网络基础设施成为经济社会运行不可或缺的重要支撑。

（2）普惠性是数字经济发展的根本特性。数字经济中开放、包容、协作、共享、共赢等特征不断凸显，其共同交集是普惠性——让更多的人受益，确保人人都能从数字经济的发展和带来的机遇中受益。数字经济的充裕性、无所不在的互联性给人类带来的财富和福利的增长及潜力毋庸置疑，更重要的是这些财富和福利的增长将惠及更多的人群。数字经济借助时空压缩之功，尽可能地兼顾每个人，给每个人的全面发展提供比历史上任何一个时期都要大的自由度。数字经济应当能够让每个人享受更多的健康、自由和幸福。

（3）数字经济可预见的趋势是泛在连接与全面智能化的叠加。伴随着传感、传输、处理、存储等新技术持续创新和扩散，数字经济已经跨越了 ICT 技术的简单应用、局部融合，正在迈向全面渗透、加速融合、深度集成的新阶段。未来，无所不在的感知需要无所不在的连接，无所不在连接带来无所不在的数据，当感知、连接、数据、计算无所不在的时候，就意味着无所不在的智能，产品、装备、生产、服务、管理的智能化迈向新阶段。泛在连接和全面智能化的时代必将到来，泛在互联将使“时间-空间”物理世界、信息空间和“人的网络”三者高度融合，并将带来人类生活、娱乐智能化，催生新的物质世界、精神家园和文明形态。

（4）数字经济发展的中国经验既独特又具有普适意义。数字经济发展的中国经验具有独特性，同时又对发展中国家具有普遍的借鉴意义。独特性表现在中国的数字经济发展路径区别于美国、欧洲、日本等发达国家和地区。在发展中国家发展数字经济，可能出现越落后越“革命”的逆袭。中国在面向个人的电子商务、移动支付、分享经济等领域有可能率先走到世界的前列，成为带动整个数字经济发展的先遣部队。我们看到了在全球产业竞争的格局中，与传统的工业社会相比，中国数字经济部分领域赶超的进程、动因、路径、模式独特，中国的数字经济发展模式增强了发展中国家的信心，在特定领域发展中国家可以探索具有本国特色的数字经济发展之路。

（5）最具创见的思想是数字经济最稀缺的资源。在农业经济中，最稀缺的资源是劳动力；在工业经济中，最稀缺的资源变成资本；而在数字经济中，信息技术使得资本的稀缺性降低，那些具有创新精神并创造出新产品、新服务、新商业模式的人才在市场资源配置中的作用不断凸显，信息链条顶端最具有创见的思想成为比资本更稀缺的资源，资本的支配地位要让位于最具创意的人力资本，创新性人才比以往任何时候都重要。信息是数字经济中的一个基本生产要素，在零边际生成成本和网络效应的作用下，数字经济会呈现要素回报递增的规律，回报递增将带来领先者“恒久领先、大者愈大”的新趋势。

（6）数字经济彰显劳动者自主性。信息通信技术的普及应用不仅带来了生产效率的提高，也带来交易效率的提高。从分工的角度，数字经济发展推动了分工不断深化，超级细化的分工正成为一种现实。数字经济能够实现超级细分工的基础是交易成本的极大降低和时空距离的极大压缩。在农业经济、工业经济中，不断深化的分工是提高经济效益的根本机制。在数字经济中，超级细分工在进一步提高经济效益的同时，也更加彰显了劳动者的自主性。人的天赋得到进一步的发挥。劳动者自主性的彰显会带来数字经济的组织和形态的深刻变化，超级细分工还将会引致组织的去中心化，超级分工将孕育数字经济的新经济生态。

（7）数字经济发展加速产业融合。在产业层面上，数字经济将会浸润、渗透、弥漫所有产业，产业融合在数字经济中会更深、更广，最终会使传统的产业边界逐渐淡化。数字经济对产业渗透与融合是有一定顺序的，这在发展中国家变现得尤为明显，这与一个国家原有的工业体系的发达程度与发育水平相关，也与传统产业对信息及时性、准确性、完整性的需求有关。在中国传统产业信息化的进程中，传媒、零售、通信、批发、物流、金融、制造、能源、农业等产业将逐步迈上数字经济的列车。数字经济对产业的全面融合将带来生产方式的根本改变，工业经济下的产业边界清晰，重视对资源的占有、产业链上的分工，数字经济对产业的全面融合将使“信息密集度”成为产业观测的一个重要标准，产业边界的淡化还会对全球产业分工的格局产生重大影响。

（8）数字经济需要适应性的新规则体系。数字经济带来了创新与效率的提高、选择的多样化、人的充分发展等“阳光”的一面，但如同人类在历史上经历的所有经济制度一样，数字经济也有另外一面：财富有可能进一步集中、全球性和国内不平等可能会加剧、数字鸿沟加深、隐私更容易被侵犯、信息技术风险与安全问题成为全球性问题、赢者通吃、加大垄断的暴利、国际贸易规则可能被改写。为了应对这些挑战，需要在创新、税收、反垄断、国际规则、信息技术风险与安全等方面建立适应数字经济特点的新规则体系。数字经济的创新性可能会带来冲击、摩擦甚至旧的经济的解构，在各个方面对传统的利益格局可能带来冲击。数字经济对于经济监管的理论和理念带来新挑战。

三、数字经济：迈向体系重构、动力变革与范式迁移的新阶段

新一轮产业革命在全球范围内方兴未艾，新一代信息通信技术正加速从产业局部到产业全局、从单部门向整个产业链扩散，数字经济正迈向体系重构、动力变革与范式迁移的新阶段，如图 0-2 所示。

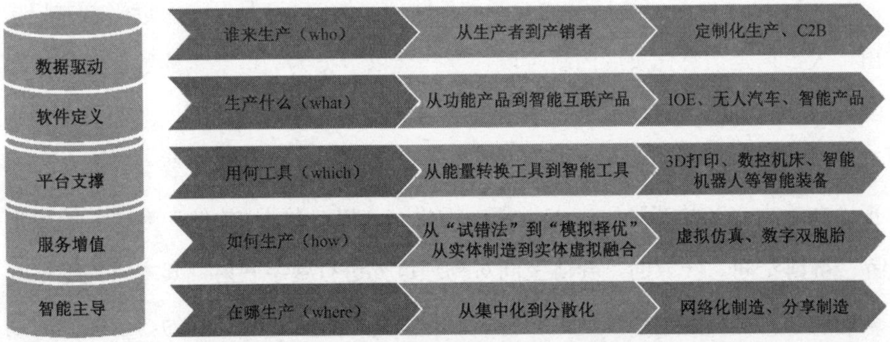

图 0-2　数字经济推动制造业迈向体系重构的新阶段

（1）数字经济正迈向体系重构的新阶段。工业革命300年来，技术变革是永恒的主题。在新一轮产业革命背景下，数字经济与实体经济加快融合发展，并呈现数据驱动、软件定义、平台支撑、服务增值、智能主导等典型特征，正在全方位重塑制造业的生产主体、生产对象、生产工具和生产方式，正在全方位重构制造效率、成本、质量管控新体系。①谁来生产（who）在变，生产主体从生产者向消费者演进，个性化定制模式的兴起让消费者全程参与到生产过程中，同时随着互联网平台的出现，企业的组织边界开始变得模糊，涌现出一批灵活就业者，对平台治理也提出了新要求。②生产什么（what）在变，伴随着万物互联时代的到来，生产对象从功能产品向智能互联产品演进，可动态感知并实时响应消费需求的无人驾驶、可穿戴设备、服务机器人等智能化产品的商业化步伐不断加快，思科预测未来10年万物互联带来的商业价值将达到19万亿美元，融合性数字经济将迎来迅猛发展。③用何工具（which）在变，数字化技术使劳动工具加速智能化，生产工具从传统的能量转换工具向智能工具演进，3D打印、数控机床、智能机器人等智能装备快速涌现。④如何生产（how）在变，实体制造与虚拟制造的融合，推动生产方式从传统制造的“试错法”到基于数字仿真的“模拟择优法”转变。⑤在哪生产（where）在变。网络化协同制造、分享制造等制造业新模式推动生产地点从集中化走向分散化，跨部门、跨企业、跨地域的协同成为常态。

（2）数字经济正迈向动力变革的新阶段，如图0-3所示。习近平总书记指出，大数据是信息化发展的新阶段，要构建以数据为关键要素的数字经济。伴随着数字经济的发展，信息技术向生产力全要素深度渗透，不仅改造了土地、资本、劳动力等传统生产要素，而且催生了数据这一新的生产要素，数字经济正迈向动力变革的新阶段，人类正在构建一个以“数据+软件”为核心的新世界：赛博空间。一方面，赛博空间对物理世界进行数字映射，其本质是隐性数据的显性化，对大量蕴含在生产制造过程、经营管理、客户行为、全生命周期服务的隐性数据进行采集、汇聚、加工，实现数据的完整性、及时性和准确性。

另一方面，赛博空间对意识世界进行数字映射，其本质是人类认识规律的软件化，软件是指导甚至控制物理世界高效、有序乃至创造性运转的工具，其背后逻辑在于构建一套赛博空间与物理空间和意识空间的闭环赋能体系：物质世界运行—运行规律化—规律模型化—模型算法化—算法代码化—代码软件化—软件不断优化和创新物质世界运行。赛博空间的本质就是基于软件构建一套数据自动流动的规则体系，把数据转变为信息，信息转变为知识，知识转变为决策，不断优化资源的配置效率，全面提升全要素生产率，激发经济创新活力、发展潜力和转型动力，培育基于数据驱动的新动能。

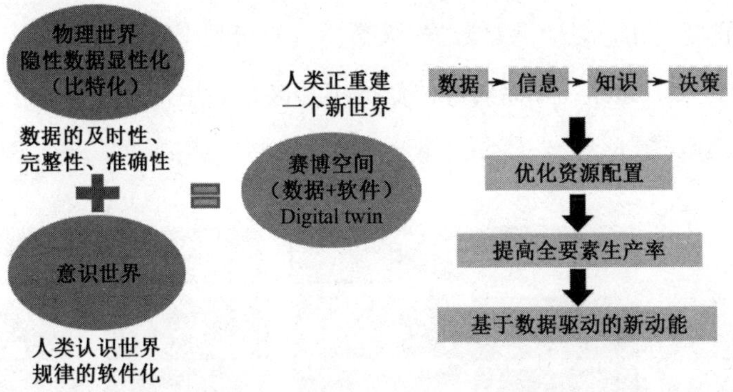

图 0-3　数字经济正迈向动力变革的新阶段

（3）数字经济正迈向范式迁移的新阶段。范式是在指特定时期、特定技术条件下人类认识和改造世界的方法。数字经济和实体经济的融合发展，正在带来范式的迁移，人类认识和改造世界的方法正从传统的理论推理、实验验证向模拟择优和大数据分析转变，如图 0-4 所示。①理论推理法。以牛顿定律为代表的理论推理法是人类认识世界的最根本的方法，19 世纪末发展到极致，以“观察+抽象+数学”为关键要素，依赖于少数天才科学家严密的逻辑关系，是实验验证和模拟择优的基础。②实验验证法。以爱迪生发明灯泡为代表的实验验证法 16 世纪文艺复兴开始萌芽，20 世纪伴随着工业化进入鼎盛时期，以“假设+实验+归纳”为关键要素，依赖于设备材料的高投入，实验过程大协作、长周期，验证结果直观。③模拟择优法。面对快速变化的市场和竞争环境，传统的“试错法”已难以满足竞争的需要，依托基于模型的产品定义（MBD）、全数字化样机、虚拟仿真技术等一系列模拟择优的新技术、新理念，可推动产品研发、验证、制造、服务业务在赛博空间快速迭代，实现研发生产效率的大幅提升。以波音 777 研发为代表的模拟择优法兴起于 20 世纪 80 年代，以“样本数据+机理模型”为关键要素，依赖于高质量机理模型的支撑，投入少、周期短。④大数据分析。大数据技术的应用，进一步拓展了人类认识世界的视野，通过大数据分析技术可对不可见世界和未知世界进行预测，进一步丰富了人类对客观世界的认识。以 GE 通过平台优化风电设备性能为代表的大数据分析兴起于 21 世纪初，以“海量数据+大数据分析模型”为关键要素，依赖于海量数据的获取，计算、存储资源的低成本和高效利用，是一种基于数据驱动的价值创造范式。

	理论推理	实验验证	模拟择优	大数据分析
典型案例	牛顿定律、爱因斯坦相对论	爱迪生发明灯泡	波音777研发周期缩短	GE风电设备提高2%发电量
发展时间	19世纪末发展到极致	16世纪文艺复兴开始萌芽，20世纪伴随着工业化进入鼎盛时期	20世纪80年代	21世纪初
关键要素	观察+抽象+数学	假设+实验+归纳	样本数据+机理模型	海量数据+大数据分析模型
主要特点	依赖于少数天才科学家，严密的逻辑关系	依赖于设备材料的高投入，实验过程大协作、长周期，直观的验证结果	依赖于高质量机理模型的支撑，机理模型和实验验证的协同，投入少、周期短	依赖于海量数据的获取，计算、存储资源的低成本和高效利用，数据驱动的价值创造

图 0-4　人类社会认识世界的四个方法

| 上篇 |

总体篇

第一章

全球数字经济发展态势

以2008年金融危机为分水岭，全球经济进入了深度调整的新阶段，新旧经济交替的图景波澜壮阔又扣人心弦，一方面是传统经济持续低迷，另一方面是数字经济异军突起。在全球信息化进入全面渗透、跨界融合、加速创新、引领发展新阶段的大背景下，各国数字经济得到长足发展，正在成为创新经济增长方式的强大动能，并不断为全球经济复苏和社会进步注入新的活力。

一、数字经济已成为全球经济增长的核心动力

（1）各国数字经济规模持续扩张。2016年，世界主要国家数字经济蓬勃发展，美国数字经济全球领先，规模达到10.83万亿美元，日本2.29万亿美元，德国2.06万亿美元，英国1.54万亿美元，法国9620亿美元，韩国6122亿美元，印度4033亿美元，巴西3754亿美元，俄罗斯2205亿美元，印度尼西亚1027亿美元，如图1-1所示。

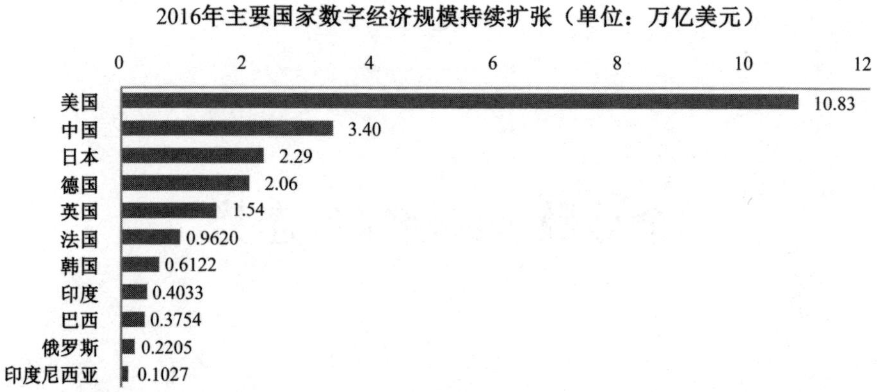

数据来源：课题组测算

图 1-1　2016 年主要国家数字经济规模

（2）主要国家数字经济占 GDP 比例快速提升，如图 1-2 所示。据测算，2016 年，美国、德国、英国数字经济占 GDP 比例已超过 50%，日本、韩国数字经济占 GDP 比例也超过 40%，法国数字经济 GDP 占比达到 39%，印度、巴西、俄罗斯、印度尼西亚数字经济占 GDP 比例分别为 17.8%、20.9%、17.2%和 11.0%。其中，2008—2016 年，美国数字经济占 GDP 比例增加了 16.74%，占比从 41.59%提升到 58.33%；日本增加了 15.92%，从 30.51%提升到 46.43%；英国增加了 31.5%，从 27.14%提升到 58.64%；中国从 15.22%上升到 30.34%，增加了 15.12%。

2016 年，中国数字经济规模达到 3.4 万亿美元，是仅次于美国的全球第二大数字经济体。

中国、美国、日本、英国数字经济占 GDP 比例加速提升，如图 1-3 所示。

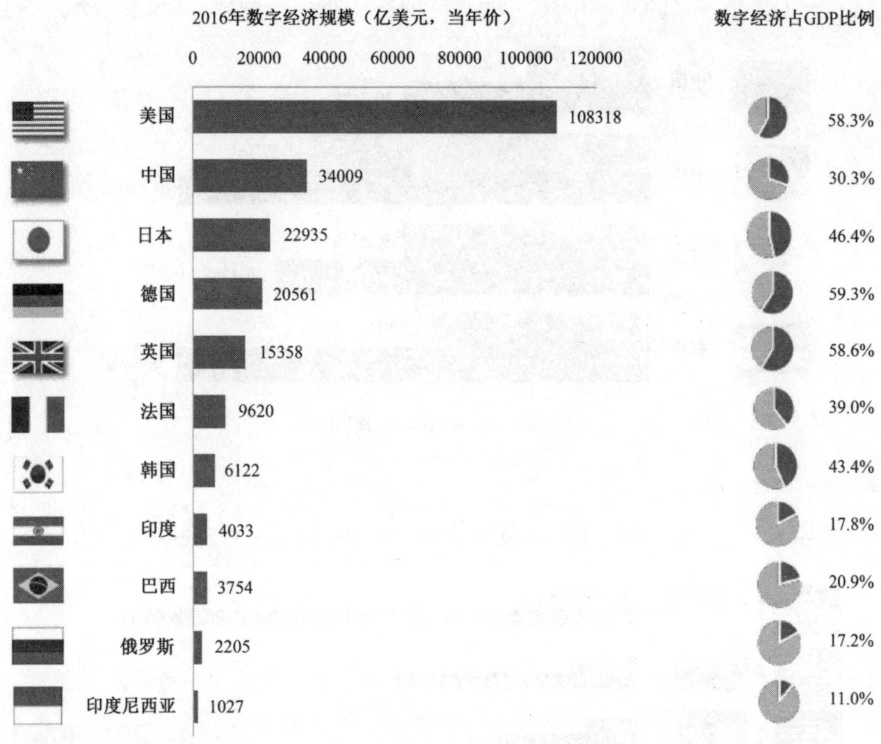

数据来源：课题组测算

图 1-2　2016 年主要国家数字经济规模及占比

（3）美国依靠数字经济抢占全球竞争制高点的态势更加明显，如图 1-4 所示。2016 年，美国数字经济规模高达 10.8 万亿美元，是中国的 3.2 倍，日本的 4.7 倍、德国的 5.3 倍、英国的 7.1 倍、法国的 11.3 倍、韩国的 17.7 倍、印度的 26.9 倍、巴西的 28.9 倍，俄罗斯的 49.1 倍、印度尼西亚的 105.5 倍；而美国的 GDP 仅相当于中国的 1.7 倍、日本的 3.8 倍、德国的 5.4 倍、英国的 7.1 倍、法国的 7.5 倍、韩国的 13.2 倍、印度的 8.2 倍、巴西的 10.3 倍、俄罗斯的 14.5 倍、印度尼西亚的 19.9 倍。

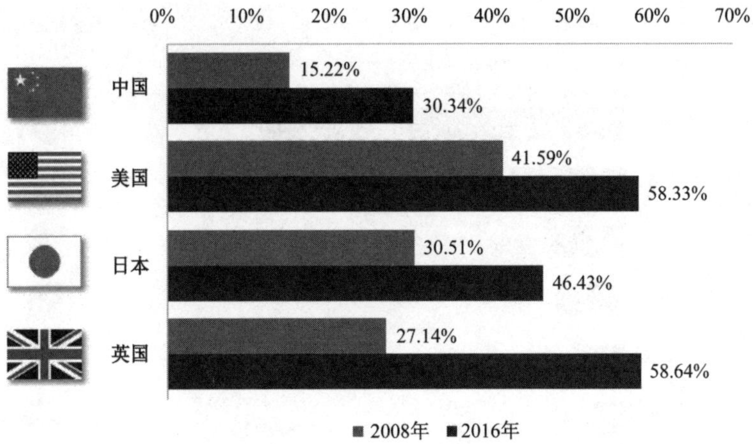

数据来源：课题组测算

图 1-3　中国、美国、日本、英国 2008 年和 2016 年数字经济占 GDP 比例

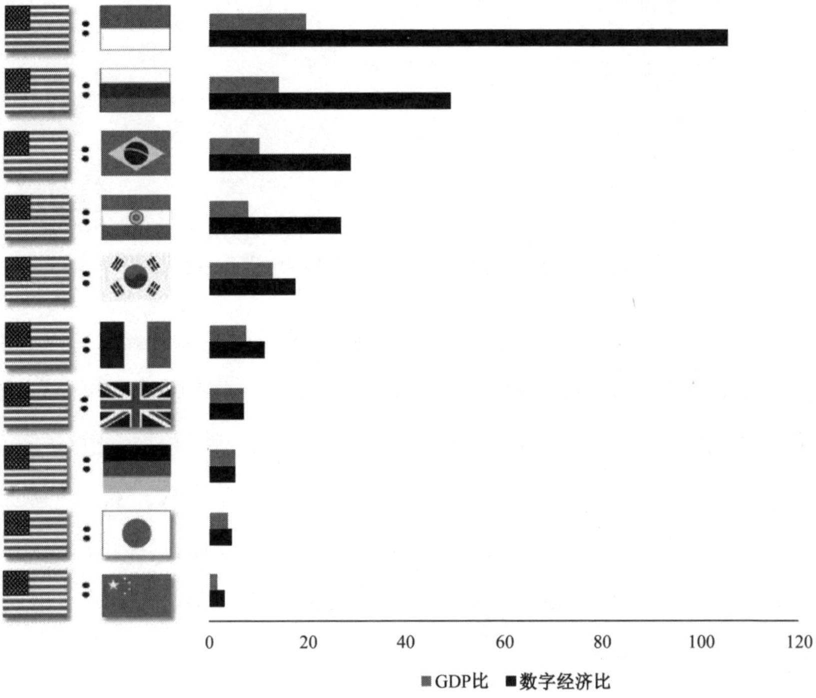

数据来源：课题组测算

图 1-4　2016 年美国 GDP 和数字经济规模超出其他国家的倍数

二、融合型数字经济的主体地位进一步巩固

当前，以信息通信技术为代表的创新多领域、群体性加速突破，实体经济利用信息通信技术的广度和深度不断扩张，新模式新业态持续涌现，经济成本大幅降低、效率显著提升，产业组织形态和实体经济形态不断重塑，融合型数字经济在数字经济中的地位更加凸显，对数字经济增长的贡献率进一步提升。

（1）融合型数字经济在数字经济中的占比持续上升。国际金融危机以来，主要国家融合型数字经济占整体数字经济的比例始终占据主导地位，如图 1-5 所示。2016 年，美国、德国、日本、英国、法国、韩国、巴西、俄罗斯、印度、印度尼西亚融合型数字经济占比分别为 87.6%、89.4%、87.4%、82.9%、84.7%、74.0%、78.2%、75.9%、70.0%和 57.1%。中国融合型数字经济占整体数字经济的比例快速上升，增速与全球发达国家基本相当，2016 年融合型数字经济占总体数字经济规模比例已达 77.2%。

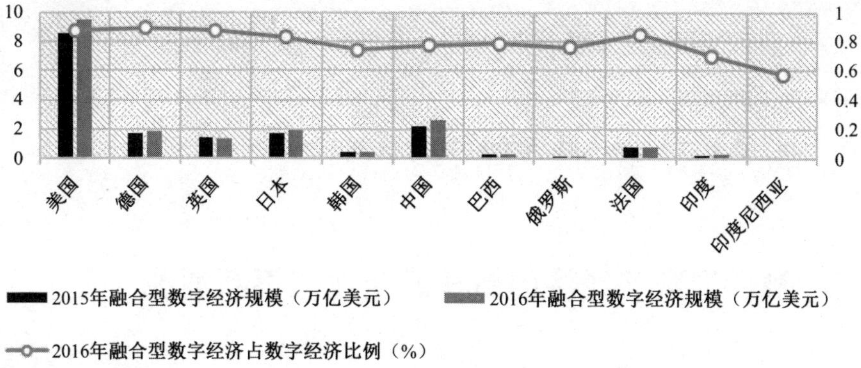

数据来源：课题组测算

图 1-5　2015—2016 年主要国家融合型数字经济规模及占总规模比例

（2）融合型数字经济对数字经济增长的贡献进一步提升。国际金融危机以来，各主要国家融合型数字经济对整体数字经济增长的贡献率一直维持在较高水平，如图 1-6 所示。2016 年，美国、德国、英国、日本、韩国、巴西、俄罗斯、法国、印度、印度尼西亚融合型数字经济对整体数字经济增长的贡献率分别达到 95.9%、93.6%、88.3%、84.7%、119.3%、111.4%、98.3%、88.1%、80.4%和 67.0%。从时间维度看，2008—2016 年，中国融合型数字经济贡献率由 71.6%增长到 96.2%，美国融合型数字经济贡献率从 64.9%增长到 95.9%，英国融合型数字经济贡献率从 71.7%上升为 88.3%，均表现出稳定的长期增长态势。

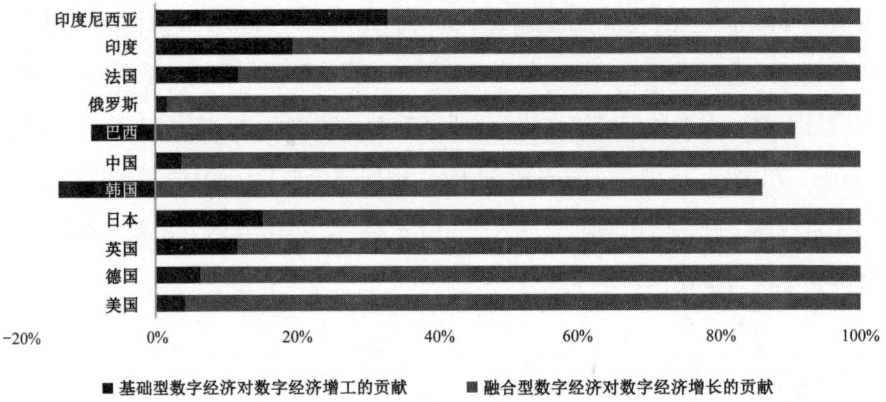

数据来源：课题组测算

图 1-6　2016 年主要国家基础型和融合型数字经济贡献率

三、融合型数字经济的新模式新业态不断涌现

当前，数字经济加快与其他行业融合渗透，产业数字化进程持续加快，在带动经济增长、推动新旧动能转换中的作用不断增强，数字经济正加速由消费领域向生产领域拓展，以工业互联网、智能制造等为代表的融合型数字经济正在全球范围加速发展。

（一）工业互联网打造制造企业竞争新优势

工业互联网是新一代信息通信技术与现代工业技术深度融合的产物，是制造业数字化、网络化、智能化的重要载体，也是全球新一轮产业竞争的制高点。工业互联网包括网络、平台、安全三大功能体系，其中网络体系是基础，平台体系是核心，安全体系是保障。工业互联网正成为领军企业竞争的新赛道、全球产业布局的新方向、制造大国竞争的新焦点。

作为工业互联网三大要素之一，工业互联网平台是工业全要素链接的枢纽，是工业资源配置的核心。工业互联网平台是面向制造业数字化、网络化、智能化需求，构建基于海量数据采集、汇聚、分析的服务体系，支撑制造资源泛在连接、弹性供给、高效配置的工业云平台，包括边缘、平台（工业 PaaS）、应用三大核心层级，如图 1-7 所示。可以认为，工业互联网平台是工业云平台的延伸发展，其本质是在传统云平台的基础上叠加物联网、大数据、人工智能等新兴技术，构建更精准、实时、高效的数据采集体系，建设包括存储、集成、访问、分析、管理功能的使能平台，实现工业技术、经验、知识模型化、软件化、复用化，以工业 App 的形式为制造企业创新各类应用，最终形成资源富集、多方参与、合作共赢、协同演进的制造业生态。

在工业互联网平台体系架构中，第一层是边缘，通过大范围、深层次的数据采集，以及异构数据的协议转换与边缘处理，构建工业互联网平台的数据基础。第二层是平台，基于通用 PaaS 叠加大数据处理、工业数据分析、工业微服务等创新功能，构建可扩展的开放式云操作系统。第三层是应用，形成满足不同行业、不同场景的工业 SaaS 和工业 App，形成工业互联网平台的最终价值。除此之外，工业互联网平台还包括 IaaS 基础设施，以及涵盖整个工业系统的安全管理体系，这些构成了工业互联网平台的基础支撑和重要保障。

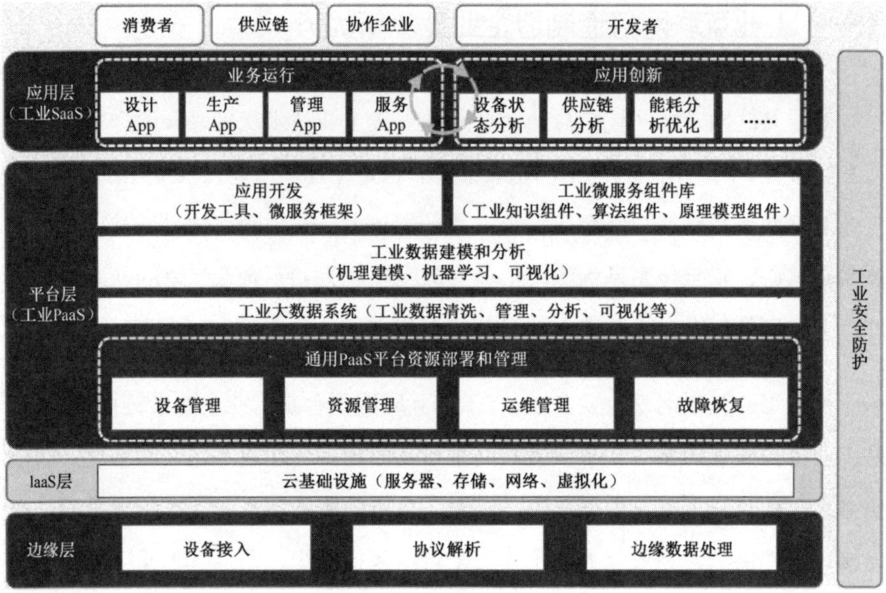

资料来源：《工业互联网平台白皮书（2017）》

图 1-7　工业互联网平台体系架构图

当前，全球工业互联网正处在格局未定的关键期和规模化扩张的窗口期，发展工业互联网已经成为主要国家抢占全球产业竞争新制高点、重塑工业体系的共同选择。通用电气公司（GE）于 2013 年推出了以 PaaS 为核心的 Predix 工业互联网平台产品，正式开启国际工业互联网平台发展的序幕。随着 GE Predix 平台产品的推出，其他国际产业巨头纷纷加入工业互联网平台的竞争，西门子推出了 Sinalytics 平台，对所有跨业务的远程分析和维护服务进行整合；IBM 推出了以 PaaS 为核心的数据分析及应用开发平台；SAP 基于大数据分析引擎推出 HANA 平台等。而 2015 年后，更多的产业巨头加入工业互联网平台的竞争格局中，其中最具代表性的包括微软 Azure 平台、博世的工业互联网平台、英特尔的工业互联网平台、PTC 的 ThingWorx 平台、IBM 的 Bluemix 平台，以及发那科的资源管理平台等。全球 11 家 IoT 平台供应商竞争力评估如图 1-8 所示。

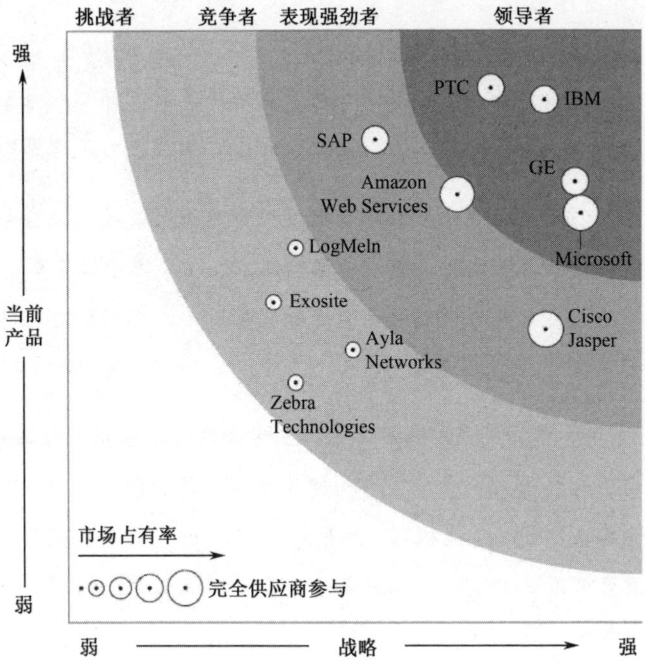

资料来源：Forrester Wave《2016 年第 4 季度，IoT 软件平台》

图 1-8 全球 11 家 IoT 平台供应商竞争力评估

专栏 1–1　从工业云到工业互联网平台演进的五个阶段

工业互联网平台与工业云有本质的区别，又有许多联系，工业互联网平台是传统工业云功能的叠加与迭代。从过去几年的工作实践及技术和产业发展趋势来看，工业云平台向工业互联网平台演进经历五个阶段，如图 1-9 所示。

阶段Ⅰ，成本驱动导向。主要是研发设计类工具上云。云计算具有资源池化、弹性供给、按需付费等典型特征，能大幅降低企业购买研发工具的成本，提高企业研发效率，因此，降低成本是工业云平台起步发展阶段考虑的重要因素。

阶段Ⅱ，集成应用导向。主要是研发设计类工具上云的基础上，推动核心业务系统上云。

阶段Ⅲ，能力交易导向。在企业研发设计类工具、核心业务系统上云之后，底层的设备和产品开始上云，工业云平台开始演进为工业互联网平台。

阶段Ⅳ，创新引领导向。在企业研发设计类工具、核心业务系统、底层的设备和产品开始上云之后，制造业架构体系发生了革命性变革，“云计算+边缘计算”成为计算能力新组合，微服务架构成为知识经验封装的新模式，工业 App 成为新型软件形式。

阶段Ⅴ，生态构建导向。随着海量第三方开发者与通用工业 App 的出现，工业互联网平台将进入一个以生态构建为导向的新阶段。当前 GE、西门子等领军企业都在围绕“智能机器+云平台+工业 App”的功能架构，培育海量第三方开发者开发工业 App，构建基于平台的制造业生态，不断巩固和强化制造业竞争优势。

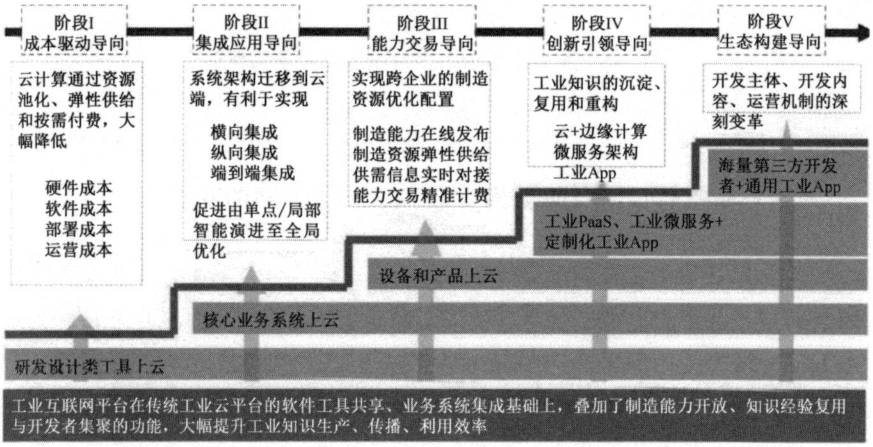

图 1-9　从工业云到工业互联网平台的五个阶段

（二）智能制造产业迎来爆发式增长

近年来，传统产业加快引入智能制造新模式。①智能制造标准成为国际竞合制高点。作为综合性的复合领域，智能制造运用了大量先进技术，涉及众多学科的交叉，出现了大量空白领域，需要新的标准。当前，不论是从德国“工业 4.0”的下一步重点发展方向，还是美国工业互联网的最新动态来看，智能制造相关标准的研究与制定已经成为未来新工业革命的战略高地，国际竞争将加剧。各国将以本国主导的参考架构为核心，重点推进新技术、融合技术领域标准实施，并加快向国际标准化组织输出标准。②智能制造密切相关产业将迎来爆发式增长。以工业机器人和 PLM 为例，全球工业机器人市场继续保持高速增长，近期年平均增长率超过 15%，而 2014 年 PLM 市场也达到了约 7%的较高增长速度，当时预计，未来五年复合增长率将维持在 6%左右。③涌现出一批专业化服务提供商。围绕智能制造建设实施过程中面临的数据集成、系统集成、数据分析和应用开发等需求，各类服务提供商迎来发展良机，并涌现出一批领先企业。例如，数据集成领域的 Pivotal、Informatica、Cloudera 等，系统集成领域的 Dematic、Reis 和宝信软件等，数据分析领域的 IBM、Teradata 和昆仑数据等，以及应用开发领域的 NI、SoftBank 等。④新兴技术催生出更多新产品。图像技术、虚拟现实技术和人工智能技术等新一代信息技术正不断向工业领域渗透，并催生了众多新的工业产品。例如，VR/AR 技术开始在工业设计领域得到广泛应用，Autodesk 将最新的 AR 技术整合到自家原有的 CAD 设计软件中，使原来的平面三维设计转化为真正的立体空间三维设计，从而能保证工程人员更好、更快地进行产品设计；深度学习领域的最新成果也开始应用在工业机器人产品之中，日本发那科与人工智能创业公司 Preferred Networks 进行合作，采用深度神经网络帮助机器人实现对分拣工作的自主学习，以提升机器人产品的智能程度，降低使用难度。

四、基础型数字经济发展进入平稳增长期

国际金融危机以来，受市场需求饱和效应更趋突出、产业新增长点仍在孕育的双重影响，全球电子信息制造业和信息通信服务业均已进入平稳增长期，基础型数字经济的整体规模增长明显趋缓，占 GDP 的比例显著低于历史峰值水平。

（1）主要国家基础型数字经济占 GDP 比例低速增长。在市场新增需求有限、用户基数无显著增长、新技术新产品规模化生产有待时日的直接影响下，主要国家基础型数字经济规模自国际金融危机以来已进入增长相对停滞期。2016 年美国、日本、中国、英国基础型数字经济占 GDP 比例分别为 7.2%、7.9%、7.0% 和 7.4%，如图 1-10 所示，其中，美国、日本、中国分别比各自国家的历史峰值水平分别下降了 2.01%、0.32%、0.61%，英国则较历史峰值水平提升了 0.47%。

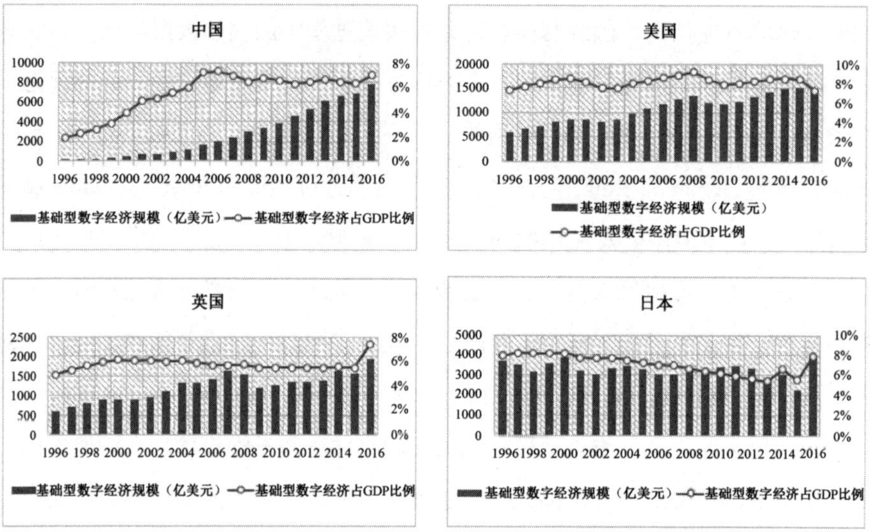

数据来源：课题组测算

图 1-10　主要国家基础型数字经济及占 GDP 比例

（2）全球电子信息制造业受宏观经济影响巨大，增速小幅回升。从销售收入来看，2008 年以来的全球经济规模增速与 ICT 制造业收入增速高度相关，基本每次全球经济规模增速的小幅波动，都会带来 ICT 制造业收入的大幅波动。2016 年全球 GDP 增速为 3.1%，与去年持平，这是 2009 年以来全球经济的最低增速，ICT 制造业作为敏感跟进经济形势的产业，2016 年增加值增速小幅回升，同比增长 0.1%，增速较 2015 年增长了 5.4%，如图 1-11 所示。

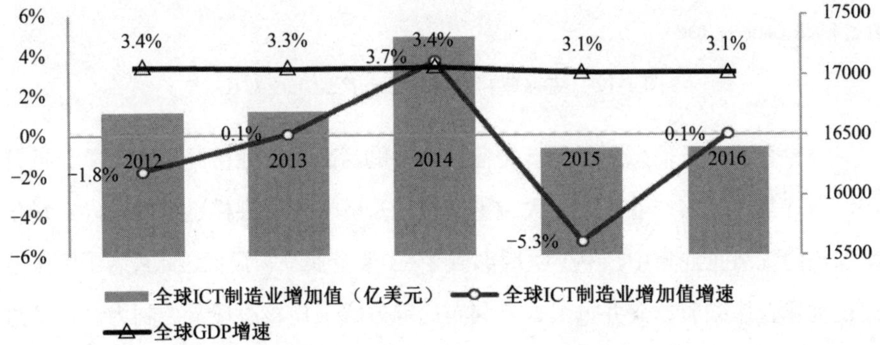

数据来源：IMF，The Yearbook of World Electronics Data

图 1-11　全球经济增速与 ICT 制造业增加值增速对比

（3）电子信息制造业细分领域此消彼长态势明显，如图 1-12 所示。一是云端服务器替代部分低端存储系统市场，带来云设备的细分产业调整迁移升级，2016 年全球服务器市场增长 2%，而外部存储市场下降 4%；二是智能硬件快速兴起，手机、PC、平板电脑和电视等传统终端设备市场持续下降，2016 年手机产业收入首次出现 2.5%的下降，可穿戴等智能硬件设备增长 20%以上。此外，在集成电路市场，物联网带动非光学传感器逆势增长，而存储等传统芯片增速下降。

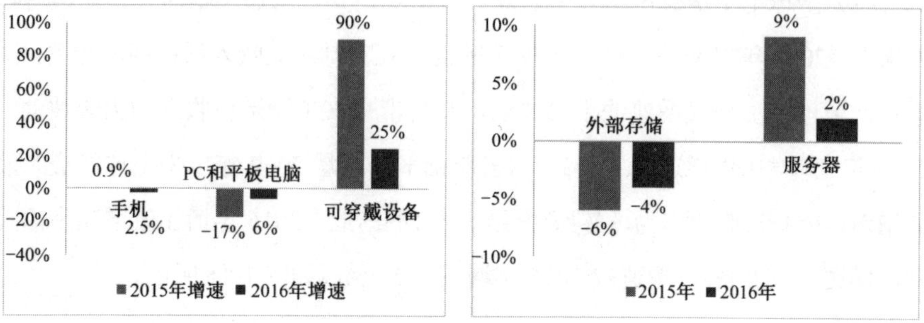

数据来源：Gartner，IDC

图 1-12　端领域和云领域细分产业增速对比

（4）全球电子信息制造领域企业投资并购活跃，产业格局不断调整。近几年，全球集成电路产业进入重大调整变革期，随着投资规模迅速攀升，市场份额加速向优势企业集中，不少领域形成 2～3 家企业垄断局面。此外，国际企业通过构建合作联盟、兼并重组、专利布局等方式强化核心环节控制力，市场进入壁垒进一步提高。集成电路产业依然“大者恒大”，产业技术革新难度加大，速度开始变缓，技术竞争愈发激烈。自 Wintel 体系打破以来，全球集成电路产业开始了势力格局的重新划分，各大跨国企业活跃其中，戴尔收购 EMC、安华高收购博通、英特尔收购阿尔特拉等。这背后折射出大型企业均以强化产业链整合及控制能力为主要目的，相互间展开激烈的竞合博弈，加快整合产业生态，这充分表明企业核心竞争力不再只是来自单项优势技术或产品，而更多地来自对高度集成的产业链上高度集中、高效流动的资源掌控力和运营力，产业竞争模式已正式向“全产业链竞争”转变。与此同时，虚拟现实和人工智能等前沿技术领域正在吸引产业各方投资，全球人工智能近五年投资的平均年增速超过 40%，目前得到投资的企业已经超过 1400 家。

专栏 1–2　全球智能手机市场持续增长

据全球数据公司 IDC 相关数据显示，2016 年，全球智能手机的出货量为 14.7 亿部，与 2015 年的 14.4 亿部相比增长了 2.3%。2016 年全年出货量排名第一位的仍旧是三星，占全球智能手机市场份额达 21.2%，但较去年的 22.3% 有所缩减。居第二位的苹果占有 14.6%的份额，也是同比去年有所下降。而位居第三、四、五位的品牌依次为华为、OPPO、Vivo。其中 OPPO 和 Vivo 全年的出货量较 2015 年增长了 100%多，市场份额成倍增长，具体如表 1-1 所示。

表 1-1　2016 年全球智能手机出货量情况

	2016 年		2015 年		增长幅度
	出货量（百万部）	市场份额	出货量（百万部）	市场份额	
三星	311.4	21.2%	320.0	22.3%	-3.0%
苹果	215.4	14.6%	231.5	16.1%	-7.0%
华为	139.3	9.5%	107.0	7.4%	30.2%
OPPO	99.4	6.8%	42.7	3.0%	132.9%
Vivo	77.3	5.3%	38.0	2.6%	103.2%
其他	627.8	42.7%	697.1	48.5%	-9.9%
总计	1470.6	100.0%	1437.2	100.0%	2.3%

数据来源：互联网数据中心 IDC

（5）全球基础电信业总体运行向好，收入增速平稳，如图 1-13 所示。基础电信业是信息通信服务业的重要组成部分，自金融危机以来一直呈现波动下滑的态势，2012 年、2013 年持续负增长，自 2014 年以来持续缓慢回升，2016 年全球基础电信业收入达到 1.65 万亿美元，同比增长 1.8%，其中，数据业务收入持续稳定增长，2016 年在全球基础电信业收入中占比达到 34.08%。窄带物联网开启物联网应用新市场。窄带物联网已通过3GPP成为低功耗广域的标准。

窄带物联网端到端的解决方案，针对低数据速率、大规模终端数目及广覆盖要求等典型的 M2M 应用场景，可以为运营商开辟广阔的物联网市场，同时在政企等行业领域，如智慧城市、电力和燃气/水务提供厂商等，有着广泛的应用场景。5G 将开辟移动通信发展的新时代。面向 2020 年及以后移动数据流量的爆炸式增长、物联网设备的海量连接，以及垂直行业应用的广泛需求，5G 移动通信技术在提升峰值速率、移动性、时延和频谱效率等传统指标的基础上，新增加用户体验速率、连接数密度、流量密度和能效四个关键能力指标。相对于 4G 技术，5G 将以一种全新的网络架构，提供峰值 10GB/s 以上的带宽、毫秒级时延和超高密度连接，实现网络性能新的跃升，开启万物互联、带来无限遐想的新时代。边缘计算扩展物联网边界。边缘计算通过在网络边缘侧汇聚网络、计算、存储、应用、智能等五类资源，能够解决各个行业通过物联网技术实现数字化和智能化转型中的所遇到的连接、业务实时性、数据优化、应用智能、安全与隐私保护五大难题，提高网络服务性能、开放网络控制能力，从而激发类似于移动互联网的新模式新业态。

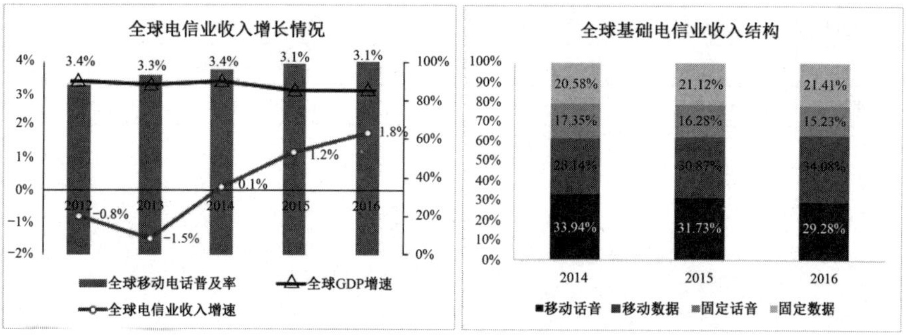

数据来源：Garnter、IMF

图 1-13　全球基础电信业收入增速与结构

五、云计算、大数据、人工智能、自动驾驶等新生型数字经济推动经济与社会加速变革

近年来，云计算、大数据、人工智能、自动驾驶等新生型数字经济取得长足进步，加快与经济社会各领域渗透融合，带动技术创新、推动产业升级、助力经济转型、促进社会进步。

（一）人工智能成为行业热点

自 1956 年达特茅斯会议美国学者首次提出人工智能概念以来，人工智能不断发展演进，在移动互联网、大数据、超级计算、传感网、脑科学等新理论新技术及经济社会发展强烈需求的共同驱动下，呈现出深度学习、跨界融合、人机协同、群智开放、自主操控等新特征。2016 年谷歌的 AlphaGo 以 4∶1 战胜了多次围棋世界冠军韩国棋手李世石，标志着人工智能正在迈向 2.0 时代。潘云鹤院士认为人工智能 2.0 是指基于重大变化的信息新环境和发展新目标的新一代人工智能，其技术特征表现在：一是从传统知识表达技术到大数据驱动知识学习，转向大数据驱动和知识指导相结合的方式；二是从分类型处理多媒体数据（如视觉、听觉、文字等），迈向跨媒体认知、学习和推理的新水平；三是从追求“智能机器”到高水平的人机协同融合，走向混合型增强智能的新计算形态；四是从聚焦研究“个体智能”到基于互联网络的群体智能，形成在网上激发组织群体智能的技术与平台；五是将研究的理念从机器人转向更加广阔的智能自主系统，从而促进改造各种机械、装备和产品，走上智能化之路。

在 2.0 时代，人工智能成为国际竞争的新焦点，世界主要发达国家把发展人工智能作为提升国家竞争力、维护国家安全的重大战略。从产业角度看，互联网巨头抓紧部署。根据市场调研公司 CB Insights 提供的数据显示，苹果、IBM、

雅虎、英特尔等美国科技巨头，在过去五年间一直在悄然收购人工智能初创公司，自2011年以来已有近140家人工智能初创公司被收购。从应用领域看，人工智能将更广泛地应用于城市建设、经济管理、普惠医疗、交通驾驶等领域。以自动驾驶为例，在硅谷已经有超过40家企业获得了在加州公共道路进行自动驾驶汽车测试的许可。谷歌母公司Alphabet旗下的谷歌无人驾驶汽车项目宣布独立成为一个名叫Waymo的实体，试图率先实现L4级（高度自动驾驶）的车辆上路。在中国，腾讯、百度等互联网巨头也开始抓紧部署无人驾驶。2017年，百度发布了“Apollo（阿波罗）计划”，向汽车行业及自动驾驶领域的合作伙伴提供一个开放、完整、安全的软件平台，帮助他们结合车辆和硬件系统，快速搭建一套属于自己的完整的自动驾驶系统。2017腾讯全球合作伙伴大会，腾讯首次公布自动驾驶战略，展示了其自动驾驶技术框架、仿真测试平台，计划明年将实现在城市半封闭道路上的自动驾驶能力。

（二）云计算行业进入发展深水区

2017年，全球公共云市场进一步整合，亚马逊、微软、阿里云和谷歌四分天下的格局逐渐形成，各大云计算厂商争相发布新产品、新概念，价格战愈演愈烈，2017年全球云计算发展呈现出以下几个新的发展趋势。

（1）云生态体系建设正成为发展重点。随着云计算产业的不断发展，各巨头纷纷转向打造以“我”为主的云生态体系，提升对行业的掌控力。阿里云推动云合计划，计划招募1万家云服务商，共同构建生态体系，为企业、政府等用户提供一站式云服务。腾讯云发布“云+计划”，5年投入100亿元打造云平台及建设生态体系，吸引云计算产业链上的长尾企业。百度云推出“云图计划”，携手行业合作伙伴共建生态圈，计划5年内投入100亿元打造百度云平台及生态体系。华为企业云与国内100多家各行业领先的合作伙伴、20多个城市达成合作，扩展行业应用和计算能力。

（2）价格战加剧行业洗牌。根据相关机构调研，近年来国内外云计算巨头价格战加剧，主要云计算厂商纷纷降低云计算服务价格，中小云厂商举步维艰，行业洗牌和整合速度加快。在美国市场，经过几轮云服务降价潮，形成了三巨头主导的局面。在中国市场，2017 年，阿里云进行超过 6 轮的降价行动，宣布 ECS 企业级实例、RDS 实例及 CDN 和安全服务又一次降价，其中 CDN 降价 25%，打出全网最低价的招牌；腾讯云以 1 分钱价格中标厦门市信息中心公开招标外网云服务，远低于中移动福建公司、中电信厦门公司、联通云数据、厦门纵横等 4 家厂商的报价。

（3）更多的数据中心加快投入建设。随着云计算市场的持续扩张，云计算服务商需要建设更多的数据中心以应对业务的高速增长。如谷歌于 2016 年 4 月宣布，到 2017 年年底将建设 12 个新的数据中心，将云平台覆盖区域扩展至全球 15 个地区；亚马逊 AWS 宣布，将在瑞典斯德哥尔摩建立一个数据中心群，目标是将服务覆盖地区由 12 个增加至 15 个。

（4）细分领域成为中小企业生存之道。随着云计算产业生态链不断完善，行业分工呈现细化趋势，用户需求不断分化、细化。相比互联网巨头，云计算中小企业能更好地捕捉客户的个性化需求，为特定的用户群体提供定制化和差异化服务，从而获得竞争优势。

（5）云计算对 ICT 软硬件产业产生了颠覆性影响。云计算产业底层软硬件关键技术快速发展，已经跨越技术起步期，逐步进入成长成熟期。云计算的出现使用户不需要投入大量成本购买、部署、维护、升级硬件，可以通过使用服务的方式来获得硬件资源能力，从而改变了 IT 服务模式，也使得硬件厂商的格局面临洗牌。整机层面，随着业务快速、领域部署等需求的出现，以及软件定义存储、软件定义网络等技术的兴起，改变了传统服务器、存储、交换机等硬件体系。芯片层面，新芯片加速计算变革，企业级领域芯片巨头 Intel 收购 FPGA 公司 Altera，布局未来计算市场。云计算虽然产生的直接价值不高，但对整个

ICT 产业体系都是革命性的冲击和影响。新的参与者、新的巨头正在逐渐出现，中小型企业、中小开发者和个人成为产业链中的新势力。

（三）大数据助力行业智慧决策

随着医疗、交通、金融等领域信息化水平不断提升，行业内部已经积累了许多数据，构成大数据资源的“存量”，而移动互联网和物联网的发展，大大丰富了大数据的采集渠道，数据内容和数据格式日渐多样化，数据颗粒度也越来越细，来自外部社交网络、可穿戴设备、车联网、物联网及政府公开信息平台的数据将成为大数据增量数据资源。据 Gartner 公司 2015 年的调查数据显示，全球范围内已经或未来 2 年计划投资大数据应用的企业比例达到 76%，比 2014 年增长 3%。中国信息通信研究院 2015 年的调查显示中国地区的受访企业中有 32%的企业已经实现了大数据应用，另有 24%的企业正在部署大数据平台。

大数据在各个领域的应用不断深化。在电信领域，运营商手机用户每天产生的话单记录、信令数据、上网日志等数据就可达到 PB 级规模，大数据技术帮助运营商提高数据处理能力，法国电信、T-Mobile 借助大数据加快了诊断网络潜在问题的效率，改善服务水平，为客户提供了更好的体验，获得了更多的客户及更高的业务增长；SK 电讯成立 SK Planet 公司专门处理与大数据相关的业务，通过分析客户的使用行为防止客户流失；中国联通利用大数据技术对其全国 3G/4G 用户进行精准画像，形成大量有价值的标签数据，为客户服务和市场营销提供了有力支持。在金融领域，利用大数据可以提升金融企业内部数据分析能力。中信银行信用卡中心从 2010 年开始引入大数据分析解决方案，为企业中心提供了统一的客户视图。美国的 Lending Club 通过获取 eBay 等公司的网店店主的销售、信用记录、顾客流量、评论、商品价格和存货等信息，以及他们在 Facebook 和 Twitter 上与客户的互动信息，借助数据挖掘技术，把这些店主分成不同的风险等级，以此来确定提供贷款金额数量与贷款利率水平。在政务领域，美国 2012 年启动“大数据研究和发展计划”，联合国 2012 年推出“数据脉动”计划，日本 2013 年正式公布以大数据为核心的新 IT 国家战略。

（四）金融科技

当前金融行业进入转型发展阶段，随着云计算、大数据、人工智能、区块链等新兴技术的发展与应用，金融科技正在以迅猛的势头重塑金融产业生态。

云计算是金融行业信息化的重要支撑，其高可靠和高可扩展的特性，使得企业可以集中、高效、灵活地对设备和设备数据进行统一管理。目前，大型金融机构纷纷开启了基于云计算的信息系统架构转型之路，逐步将业务向云迁移，如蚂蚁金服、微众银行等从诞生之初就把所有 IT 系统架构在云上。中型企业倾向于使用混合云，核心业务系统和敏感数据放置在私有云，生产过程中实施外包驻场运维、自主运维或外包运维则放在公有云上。小型企业主要使用公有云，充分利用行业内形成公共接口、公共应用等服务。

大数据提升金融行业运营、管理和服务水平。金融行业数据资源丰富，有利于大数据技术的推广、应用。大数据技术帮助金融企业总结现状、预测未来，从而更精准地对市场变化做出反应。现阶段，金融大数据的应用领域主要包括数据资产变现、交易欺诈识别、精准营销、黑产防范、消费信贷、信贷风险评估、供应链金融、股市行情预测、股价预测、智能投顾、骗保识别、风险定价等。

人工智能技术在金融领域应用的范围主要集中在智能客服、智能投顾、智能风控、智能营销等方面。智能客服主要以语音技术、自然语言理解、知识图谱为技术基础，智能化地解决客户问题。智能投顾是将机器学习与经济学投资理论结合，为客户提供个性化的理财顾问服务。智能风控支持信贷审批人员在履约能力和履约意愿等方面对用户进行综合评定，提高风险管控能力。智能营销是基于可量化的客户需求偏好、消费特点进行精准营销。

区块链重构金融体系支付、信用体系。区块链技术的非对称加密特性，使得交易双方即便在不了解对方信息和没有第三方机构担保的情形下也能进行可信任的价值交换，保证了系统对价值交换的活动记录、传输、存储的可信性。目前，区块链技术已经逐渐渗透到金融行业中的一些应用场景，一是供应链金融，在多方参与的供应链金融中，区块链可以有效确保生产链中产地、日期、价格、质量等信息独立，任何一方无法篡改。二是支付清算，区块链技术构建的分布式银行间金融交易系统，可以为用户提供全球范围的跨境实时支付清算服务，极大降低了跨境支付环节的费用。三是数字票据，区块链有效去除传统票据交易模式的中心角色，实现了点对点的票据价值传递。四是征信管理，区块链依靠程序算法自动记录信用相关信息，存储在区块链网络的每台计算机上，提升征信体系的可靠性。

（五）各国加紧布局自动驾驶

自动驾驶是汽车产业与人工智能、物联网、高性能计算等新一代信息技术深度融合的产物，是当前全球汽车与交通出行领域智能化和网联化发展的主要方向，已成为各国争抢的战略制高点。根据美国汽车工程师协会的标准，自动驾驶汽车视智能化、自动化程度水平分为 5 个等级：驾驶支援（L1）、部分自动化（L2）、有条件自动化（L3）、高度自动化（L4）和完全自动化（L5）。从技术与产业角度，自动驾驶的核心元素包括整车设计及环境感知、驾驶策略和地图导航等部分；从政府政策角度，自动驾驶涉及当前交通、公安、测绘等领域法律法规的调整使用。从当前全球产业发展态势看，美国、德国、日本等国不同程度上保持领先。

美国作为全球科技创新中心，以创新生态为引领，牵头全球优势资源，引领自动驾驶发展。产业层面，一是相关主体广泛参与。美国互联网公司、整车厂、芯片厂商、零部件企业、大学等不同主体全面参与自动驾驶。谷歌以实现L4和L5等级的自动驾驶为目标，在定位、算法等方面持续投入，其Driverless Car 技术成熟度全球领先。特斯拉以迭代和渐进方式逐步向高层级自动驾驶演进。英特尔加速开发自动驾驶专用的Xavier AI超级计算芯片。零部件厂商德尔福早在2015年3月，就已实现自动驾驶汽车横穿美国，行程5600km。苹果公司的造车项目“泰坦计划”也囊括自动驾驶。二是产业协同、引领发展。跨界合作、整合全球资源成为美国优势企业推动自动驾驶发展的主流选择。例如，谷歌Driverless Car项目的合作企业囊括丰田、现代、LG、英伟达、德尔福等全球众多厂家。Uber的自动驾驶项目也整合卡内基梅隆大学、沃尔沃等国内外优势资源。此外，特斯拉、Lyft、德尔福等也纷纷选择全球合作方式，进行自动驾驶技术开发与测试。三是政府努力打造有利的政策和法律环境。美国交通部在2015年8月出台“智能交通战略ITS（2015—2019）”，其中将车辆自动化作为两大重点之一提出；2016年9月推出“自动驾驶政策”，提出未来几年的政策发展方向；2016年12月交通部又提出了一项提议，将要求未来生产的所有轻型汽车及卡车配备V2V通信设备，与自动驾驶结合将使道路交通更安全。同时在密歇根大学成立交通变革研究中心，打造自动驾驶和车联网测试环境，支持实地运营试验。此外，加州等地政府也积极推动立法，破除法律法规障碍，推动自动驾驶测试。截至2016年9月，加州已为谷歌、福特、大众、百度在内的15家企业发放自动驾驶车辆上路测试牌照。

德国作为全球汽车工业强国，以大型车企为引领，整合全球资源，推动自动驾驶全面商用。在产业层面，以三大车企为核心，整合全球领先零部件商、芯片厂商，成立自动驾驶联盟，协同推进自动驾驶发展。宝马公司联合英特尔、Mobileye成立自动驾驶联盟，集合英特尔在计算平台、Mobileye在环视图像深度学习等方面的优势，加速自动驾驶发展。奥迪也已联合英伟达、TTTech等组成联盟。戴姆勒则与 LG、百度等开展合作。在政府层面，极力打造有利于自动驾驶发展的政策和社会环境。德国政府 2015 年发布“自动和互联驾驶战略”，推动自动和互联驾驶汽车尽早上路。针对自动驾驶可能面临的法律和社会问题，政府成立自动驾驶汽车项目委员会，以及跨学科、跨部门的自动驾驶圆桌会议。召集来自学界、产业界、政界的知名人士，探讨解决相关法律和社会问题。

日本自动驾驶呈现出积极追赶态势。在产业层面，主流车企研发进度向美、德看齐，目标是 2020 年实现完全自动驾驶汽车上路，并在 2020 年东京奥运会期间提供服务。在政府层面，积极协调推动。2014 年，由内阁牵头，协同警察厅、总务省、经济产业省、国土交通省等多部门联合实施“自动驾驶系统研发计划”，推动自动驾驶技术及产业发展。2016 年 3 月，经济产业省集合三大车企及电装、松下等 6 大零部件企业达成协议，合作推动厂家技术提升。2016 年 5 月，日本 IT 综合战略本部发布《自动驾驶普及路线图》，宣布将允许自动驾驶于 2020 年在高速公路行驶。

除保持领先的美国、德国、日本等国外，英国、瑞典、韩国、法国等国也呈现出积极布局态势，争抢未来产业制高点。值得一提的是，谷歌、百度、Uber 等互联网企业在技术开发、产业应用等方面发挥的作用愈发突出。同时各国企业纷纷将 2020 年作为时间节点，希望实现自动驾驶汽车全面部署，届时全球自动驾驶生态将迎来大爆发。

第二章

中国数字经济发展态势

2016年，中国数字经济持续蓬勃发展，总体规模稳居全球第二，增长速度位居全球前列，是推动我国经济发展质量变革、效率变革、动力变革的重要引擎。其中，基础型数字经济呈平稳增长趋势，融合型数字经济已成为我国数字经济发展的主要动力，在制造业转型升级的大背景下，为我国的经济发展持续注入新动能。

一、数字经济保持快速发展势头，规模优势进一步凸显

近年来，中国数字经济发展势头良好，自2013年首次超过日本跃居全球第二位以来，领先优势不断加大，与美国的差距也在逐渐减小，数字经济增速更是位居全球“领头羊”位置，虽然占GDP比例与发达国家相比仍有差距，但总体来看，中国数字经济发展潜力十分巨大。

（一）中国数字经济总体规模稳居全球第二

2016年，中国数字经济同比增速达18.9%，总量达到22.6万亿元人民币（折

合 34009 亿美元），相比 2015 年增加 3.97 万亿元，稳居全球第二位，领先排名第三位的日本（22935 亿美元）11074 亿美元，与排名第一位的美国的差距仍较为明显，仅达到美国数字经济总量（108318 亿美元）的 31.4%，如图 2-1 所示。总体来看，中国数字经济发展态势良好，呈现快速上升趋势，对整体经济的发展起到至关重要的作用。

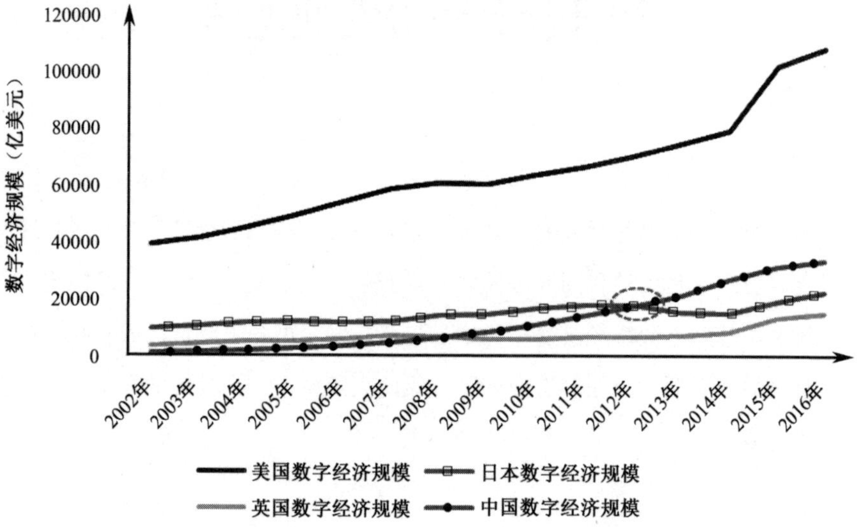

数据来源：课题组测算

图 2-1　中国与全球主要国家数字经济规模比较

（二）数字经济占 GDP 的比例较低、增速较快

近年来，世界主要国家数字经济总体保持增长势头，在各国国民经济中的重要性持续提升。从中国、美国、日本、英国四国数字经济规模占 GDP 比例情况看，中国数字经济占 GDP 的比例为 30.3%，显著低于全球其他主要国家，分别比美国（58.3%）、日本（46.4%）和英国（58.6%）低 28%、16.1%、28.3%，在国民经济中的重要作用尚未完全发挥出来。尽管中国数字经济占 GDP 的比例

不高，但增速优势明显。2016 年，中国数字经济增速高达 18.9%，分别比美国（6.1%）、日本（17.0%）和英国（11.5%）高出 12.8%、1.9%、7.4%。未来几年，在高增速带动下，中国数字经济占比将有望逐渐逼近全球主要国家的平均水平，数字经济在推动中国经济社会发展、构建全球竞争新优势的重要作用将愈发凸显，如图 2-2 所示。

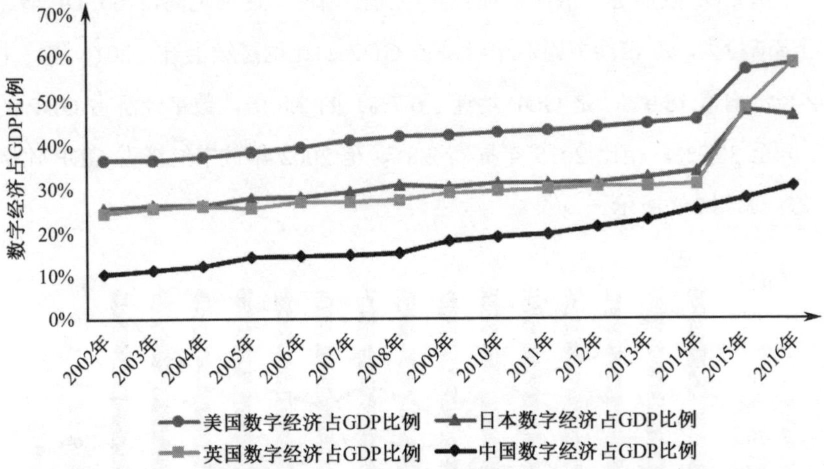

数据来源：课题组测算

图 2-2　中国与全球主要国家数字经济占比比较

二、数字经济占比与贡献呈“双高”态势，推动国民经济持续健康发展

当前，我国经济已由高速增长阶段转向高质量发展阶段，正处在转变发展方式、优化经济结构、转换增长动力的攻关期。在总体经济增速放缓的背景下，数字经济增长逆势而上，2016 年中国数字经济占比高达 30.3%，数字经济对 GDP 增长贡献率高达 58.7%，有力促进我国经济创新力和竞争力的持续提升，

成为加快建设现代化经济体系、带动国民经济高质量发展的重要引擎。

（一）数字经济占 GDP 比例保持上升势头

自 2002 年以来，中国数字经济增速一直高于 GDP 增速。尤其是 2011 年之后，中国 GDP 发展逐年放缓，而数字经济的增速却连续走高，与 GDP 增速的差距逐渐拉大，并带动中国数字经济占 GDP 的比例持续上升。2016 年，中国数字经济增速 18.9%，是 GDP 增速（6.7%）的 2.8 倍，数字经济占 GDP 的比例上升至 30.3%，相比 2015 年提高 2.8%，是 2002 年数字经济占 GDP 比例的 3.3 倍，如图 2-3 所示。

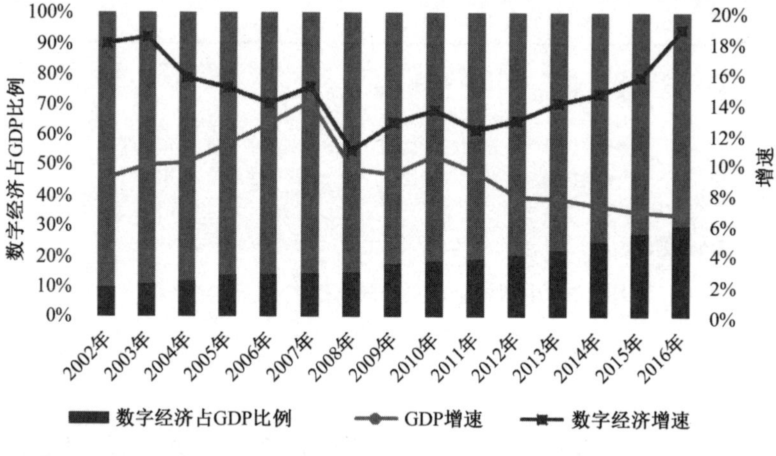

数据来源：课题组测算

图 2-3　2002—2016 年中国数字经济占比与增速情况

（二）数字经济对 GDP 增长的贡献率保持较高水平

2016 年，中国数字经济对 GDP 增长的贡献率达到 58.7%，从 2002 年至 2016

年，数字经济对GDP增长的平均贡献率高达34.3%。现阶段我国实体经济增速持续放缓，在此背景下，数字经济增速逆趋势而上，呈现出加速增长的态势，其对我国GDP增长的贡献率不断攀升。另外，数字经济在直接创造价值收益的同时，也可以通过降低实体经济运行成本、提升全要素生产率等方式，间接对GDP增长做出贡献。数字经济在国民经济中的地位不断提升，已成为国家经济稳定增长的重要引擎，如图2-4所示。

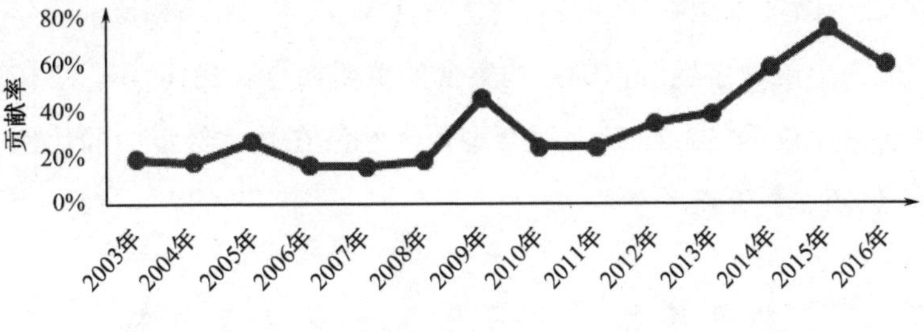

数据来源：课题组测算

图2-4　中国数字经济对GDP的贡献率

三、基础型数字经济呈平稳增长趋势，融合型数字经济成为驱动中国数字经济增长的核心动力

从中国数字经济的发展历程来看，2007年是中国数字经济内部结构发生变化的重要拐点，2007年以后，基础型数字经济占数字经济比例逐年下降，但仍然保持稳定增长，并为融合型数字经济提供有力的基础支撑；融合型数字经济增速与贡献率均创近年新高，是中国数字经济发展的主要动力。

（一）数字经济内部结构演进呈明显阶段性特征，2007年是中国数字经济结构性变化的重要拐点

从2002—2016年数字经济内部结构演进过程来看，中国数字经济内部

结构变化呈明显的阶段性特征。2002—2006 年，随着基础型数字经济的发展，数字经济发展的基础条件逐步完善，为融合型数字经济发展提供了条件，基础型数字经济与融合型数字经济同步发展，二者在数字经济中的占比均维持在 50%左右；2007 年之后，基础型数字经济发展相对成熟，增长趋于平缓，而融合型数字经济则依托于中国量大面广的传统产业转型升级的旺盛需求，呈现高速增长态势，在数字经济中的占比逐年提升，逐渐占据主导地位。2007 年，中国基础型数字经济占比大幅下降至 47.1%，相比前一年下降了 3.3%，成为中国数字经济内部结构突变的重要拐点。2016 年，中国基础型数字经济占比仅为 22.8%；而融合型数字经济在数字经济中的比例已高达 77.2%，如图 2-5 所示。

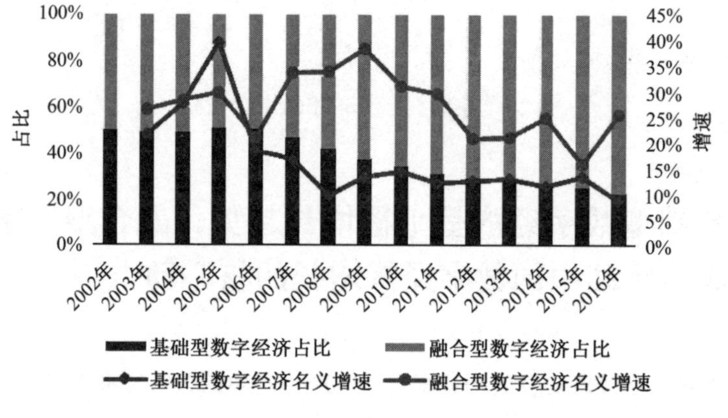

数据来源：课题组测算

图 2-5　中国数字经济内部结构及增速比较

（二）基础型数字经济继续保持稳定增长

2016 年，中国基础型数字经济规模为 5.2 万亿元，同比名义增长 8.8%，增速创近年新低，基础型数字经济占 GDP 的比例为 6.9%，占数字经济比例为 22.8%，同比降低 2.7%。由于融合型数字经济的高速增长，导致基础型数字经济对数字经济整体增长的贡献率相对降低，仅为 10.6%，相比 2015 年下降 12.4%，如图 2-6 所示。

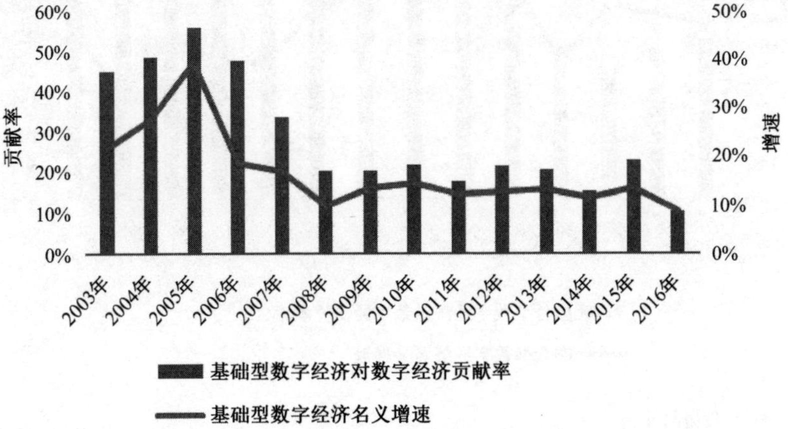

数据来源：课题组测算

图 2-6　基础型数字经济增速与对数字经济整体增长贡献

（三）融合型数字经济的增速与贡献率均创近五年新高

随着信息通信技术与实体经济持续融合渗透，从 2003 年至 2016 年，除 2015 年外，中国融合型数字经济常年保持 20%以上的高速增长态势，对中国数字经济发展的贡献愈加突出。随着中国产业加速转型升级，2016 年中国融合型数字经济规模增至 17.4 万亿，名义增速高达 25.7%，达到近 5 年来的最高点。融合型数字经济的高速增长有效推动了中国数字经济的全方位发展，对数字经济总体规模增长的贡献接近 9 成（88.2%），已经成为驱动中国数字经济增长的重要引擎，如图 2-7 所示。

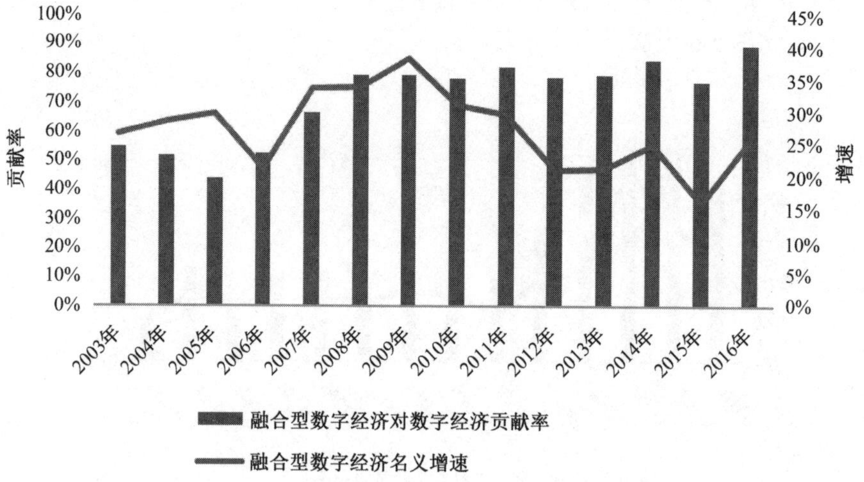

数据来源：课题组测算

图 2-7　融合型数字经济增速与对数字经济整体增长贡献

四、基础型数字经济结构稳定，电子信息制造业复苏势头明显

中国基础型数字经济始终保持稳步增长，内部结构较为稳定，电子信息制造业保持稳中有升的态势，复苏势头持续向好；电信业转型步伐加快，业务总量与收入增速同步提升；软件产业平稳发展，占基础型数字经济的比例不断提高；互联网产业保持高速增长成为拉动数字经济快速增长的重要动力。

（一）电子信息制造业复苏势头持续向好

随着国内蓬勃的电子产品市场需求和中国企业核心技术的不断突破，中国电子信息制造业出现了持续复苏迹象。2016 年，电子信息制造业主营业务收入实现 12.2 万亿元，同比增长 9.4%；增加值达到 2.75 万亿元，同比增长 36.5%，与 2015 年 9.1%的增长率相比，提高了 27.4%，增速提升幅度较大。同时，电子信息产业占 GDP 比例增至 3.7%，相较 2016 年提高了 0.72%，占 GDP 比例延续了自 2015 年以来的增长势头，如图 2-8 所示。

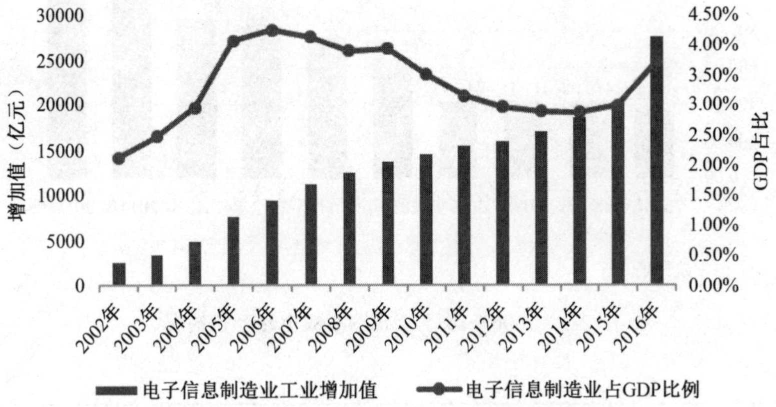

数据来源：课题组测算

图 2-8　2002—2016 年电子信息制造业增加值情况

近年来，集成电路行业成为电子信息制造业的一大热点，行业内国际巨头的频繁并购重组，使得集成电路行业进入机遇与挑战并存的发展阶段。在全球集成电路产业 GDP 增长率低于平均 GDP 增长率的背景下，2016 年我国集成电路行业的产业规模仍保持着大约 20%的增长速度，行业年投资额超过 1000 亿元，创新能力进一步提升，产业整体实力显著增强。集成电路产量方面，在 2010 年的大幅提升之后，我国集成电路产量始终保持稳定增长态势，为数字经济发展奠定了物质基础，如图 2-9 所示。

从机遇与挑战看，一方面，云计算、大数据、工业互联网的快速发展，正带动集成电路行业高新技术产品需求的爆发式增长，相关政策营造的良好发展环境，也为集成电路行业带来前所未有的发展机遇；另一方面，国内集成电路行业持续创新能力不足等内在问题，以及频繁并购带来的不稳定因素，使得我国集成电路产业发展仍然面临较大挑战。

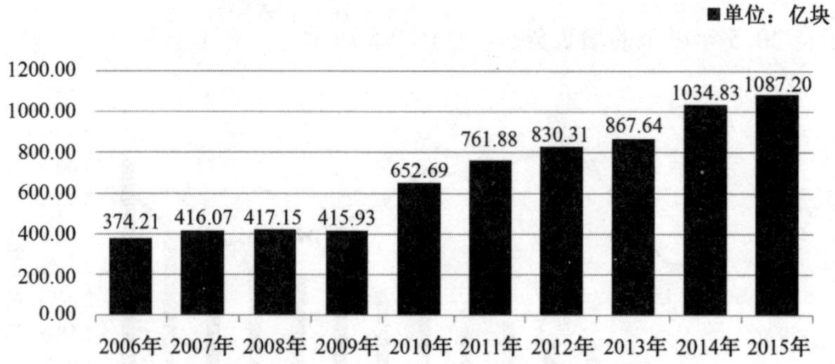

数据来源：国家统计局

图 2-9　2006—2015 年我国集成电路产量情况

专栏 2–1　长电科技并购星科金朋

2014 年 12 月，长电科技出资 2.6 亿美元，完成了对体量是其两倍的星科金朋的绝大部分资产并购。2015 年 8 月，长电科技以 7.8 亿美元，完成了对星科金朋 100%股权的收购。并购完成后，长电科技一跃成为全球半导体行业第四大封装测试厂。

在并购之前，星科金朋就存在亏损和管理不善等问题，并购完成后，其经营状况并未得到改善，连续两年出现亏损。2015 年及 2016 年，星科金朋营业收入分别为 78.62 亿元及 78.07 亿元，净利润分别为亏损 7.64 亿元及 6.3 亿元。2016 年第三季度，经营状况出现明显改善，盈利能力逐渐恢复，2016 年 10 月、11 月单月已基本实现盈亏平衡。受亏损影响，长电科技向中芯国际发起募股，中芯国际成为长电科技第一大股东，上市公司不再存在实际控制人。

近几年，显示产业以其技术含量高、应用广泛的优势，迅速成长为电子信息制造业领域的重要分支，行业整体竞争力全面提升。平板显示器作为显示产业的尖端技术产品，在手机、电视、笔记本电脑等领域具有广泛应用。随着我国从平板显示弱国发展到大国，平板显示行业已进入发展的攻坚期和深水区，应在国家政策的引导下，抓住机遇、迎接挑战，不断实现技术创新和产品研发，逐步扩大市场份额与影响力。

（二）电信业行业运行平稳，业务总量与业务收入实现“双增”

2016 年，电信业务总量完成 35948 亿元，同比增长 54.2%，比上年提高 25.5%。业务收入完成 11893 亿元，同比增长 5.6%，比上年回升 7.6%[①]，在经过连续两年的收入下滑之后，增长速度重新回归正值，行业转型的成效开始显现，未来有望取得进一步发展，随着“提速降费”指导意见的贯彻落实，电信行业的业务总量与收入增速差距有所扩大，如图 2-10 所示。

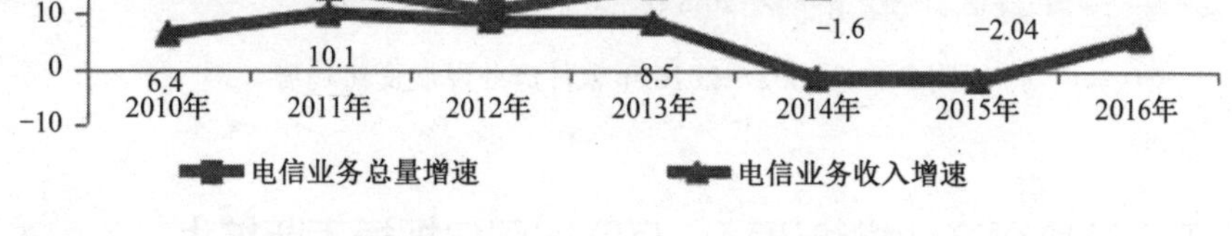

数据来源：《2016 年通信运营业统计公报》

图 2-10　2010—2016 年电信业务总量与业务收入增长情况

① 工业和信息化部公布的《2016 年通信运营业统计公报》。

（三）软件产业保持稳定发展，收入增速有所回落

自 2002 年以来，中国软件产业始终保持快速发展态势，从主营业务收入增速的变化规律可以看出，中国软件产业的扩张速度呈阶段性变化特征。2002—2005 年是超高速增长期，软件业务收入持续保持增速 40%以上的超高速增长，并于 2005 年达到了 2002—2016 年的最高增速 62.2%；2006—2011 年是振荡增长期，软件业务收入的增速为 20%～40%持续振荡；2012—2016 年是平稳增长期，软件业务收入仍然保持较高速的发展态势，但增速却在逐渐回落，由 2012 年的 31.5%降至 2016 年的 12.6%。然而，软件业占基础型数字经济比例仍呈现平稳增长态势，2016 年占比增至 32.5%，相比 2015 年增加 1.1%，如图 2-11 所示。

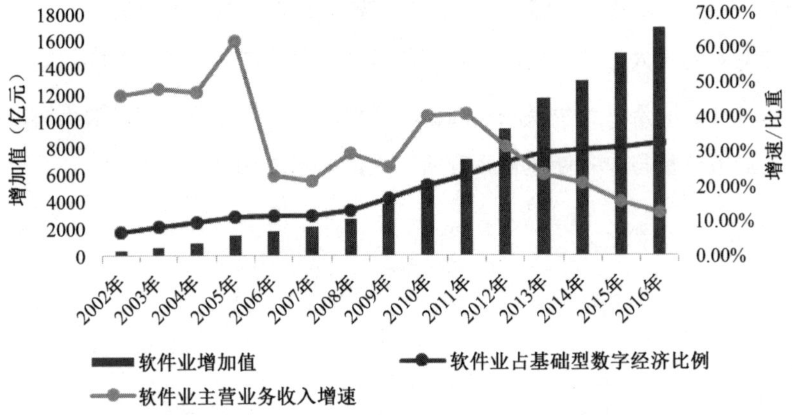

数据来源：《中国电子信息产业统计年鉴（2016 软件篇）》

图 2-11　2002—2016 年软件产业发展变化趋势

（四）互联网产业增势迅猛，互联网用户规模不断扩大

互联网产业自 2010 年以来，逐渐为数字经济的发展贡献重要力量，经过几年的迅猛发展，已经成为基础型数字经济的一个重要组成部分。2016 年，中国互联网用户规模高达 7.31 亿，普及率达到 53.2%，超过全球平均水平 3.1%，全

年共计新增网民 4299 万人，增长率为 6.2%。其中，手机网民占比达 95.1%，线下手机支付习惯已经形成。2016 年，企业的计算机使用、互联网使用及宽带接入已经全面普及，分别达到 99.0%、95.6%和 93.7%，同比分别提高 3.8%、6.6%和 7.4%，如图 2-12 所示。

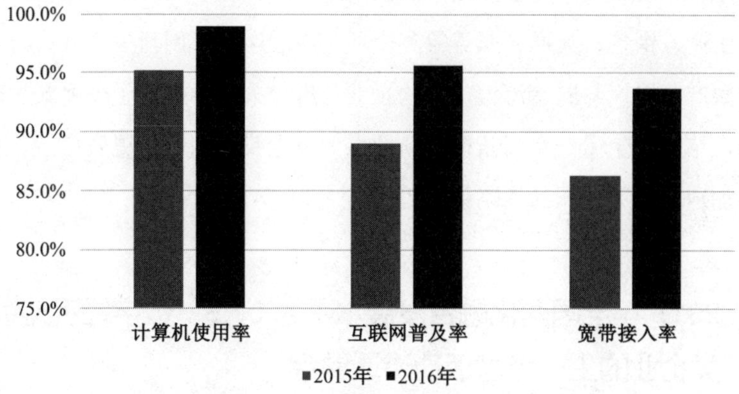

数据来源：《第 39 次中国互联网络发展状况统计报告》

图 2-12　2015—2016 年计算机、互联网、宽带普及情况

互联网产业发展推动支付方式转变，我国移动支付业务保持快速增长。2016 年，银行业金融机构共处理电子支付业务 1395.61 亿笔，金额 2494.45 万亿元，其中，网上支付业务 461.78 亿笔，金额 2084.95 万亿元，同比分别增长 26.96%和 3.31%；移动支付业务 257.10 亿笔，金额 157.55 万亿元，同比分别增长 85.82%和 45.59%。非银行支付机构累计发生网络支付业务近 1639.02 亿笔，金额 99.27 万亿元，同比分别增长 99.53%和 100.65%。2013—2016 年，国内非银行支付机构移动支付笔数从 33.77 亿笔增加到 970.51 亿笔，年复合增长率超过 195%[①]。与网络支付相比，移动支付凭借其便捷性与高效性的优势，取得了快速增长，逐渐占据电子支付市场的重要地位。

① 央行公布的支付体系运行总体情况。

五、融合型数字经济快速发展，增强我国经济质量优势

基础型数字经济的发展与融合型数字经济的进步总是相辅相成、相伴相生。随着信息基础设施逐步完善，信息通信技术持续创新发展，不断向实体经济的研发、生产、销售、流通、服务等各个环节渗透融合，创新生产方式与商业模式、重塑产业组织与制造流程、重构企业与用户关系，推动了全要素生产率持续提升，培育催生了一系列新模式新业态，引领我国制造业提质增效、转型创新，并加速向制造强国的战略目标迈进。

（一）2017 年全国两化融合发展水平为 51.8，数字经济持续与各类企业的生产经营活动渗透融合

两化融合发展水平，既是对中国企业信息化和工业化融合发展水平的整体量化评估，也是对中国融合型数字经济发展水平和变化趋势的全景描绘。2017 年，全国两化融合发展水平达到 51.8，增速达 2%，各类企业两化融合发展水平均有一定程度增长。①从不同规模企业来看，企业两化融合发展水平和企业规模呈正相关关系，大型企业是两化融合整体提升的重要增长极，小微型企业发展活力显现，两化融合水平较上年增长 2.4%；②从不同性质企业来看，国有企业两化融合水平处于领先地位，分别比民营和外商投资企业高出 15.5%、8.9%，但外商、民营企业作为国民经济发展的生力军，近两年两化融合发展水平涨幅均超过国有企业；③从不同生产类型来看，混合型行业在推进两化融合过程中，除了面临离散行业和流程行业推进两化融合过程中的难点，还要解决流程生产和离散生产衔接的问题，信息技术与业务融合的难度相对较大，两化融合发展水平低于流程和离散行业，以装备制造、电子信息等行业为主的离散型生产企业在两化融合发展水平和增长态势上均超过流程型和混合型企业，如图 2-13、图 2-14 所示。

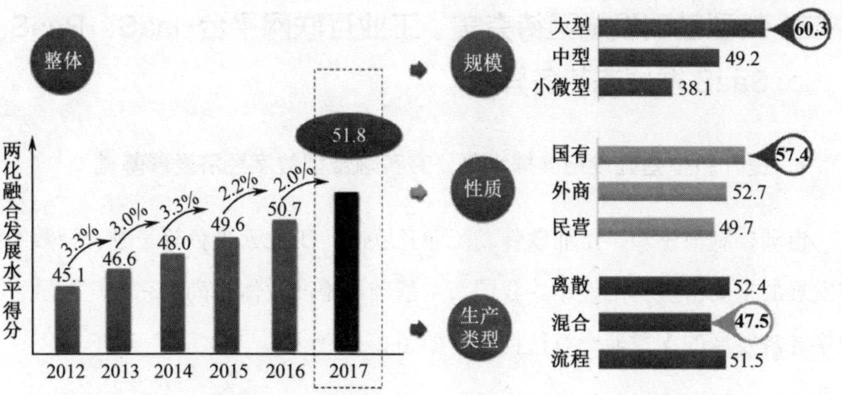

图 2-13　2017 年全国两化融合发展水平概览

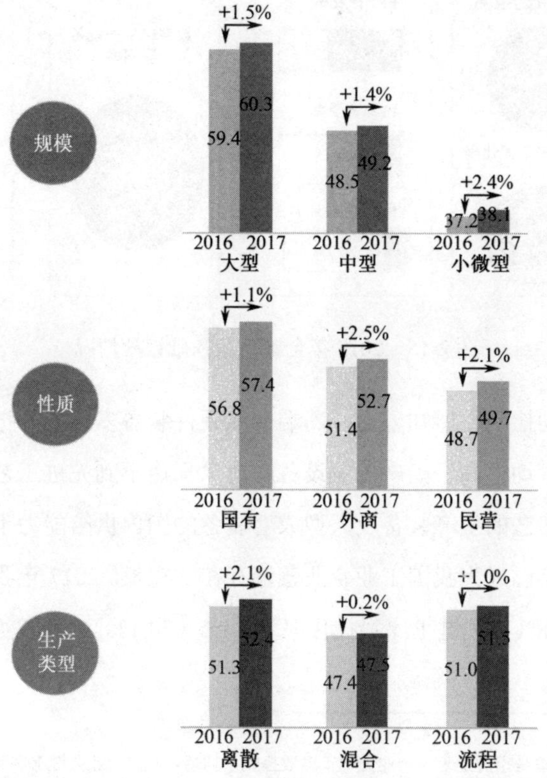

图 2-14　2016—2017 年全国各类企业两化融合发展水平提升情况

（二）新型基础设施亟待夯实，工业互联网平台 IaaS、PaaS、SaaS 发展态势各异

1. 提升新型基础设施支撑水平，夯实融合型数字经济发展基础

自动控制与感知、工业软件、工业互联网、工业云平台等是融合型数字经济发展的重要新型基础设施。我国新型基础设施产业体系尚不完善，对融合型数字经济发展的支撑能力有待提升，如图 2-15 所示。

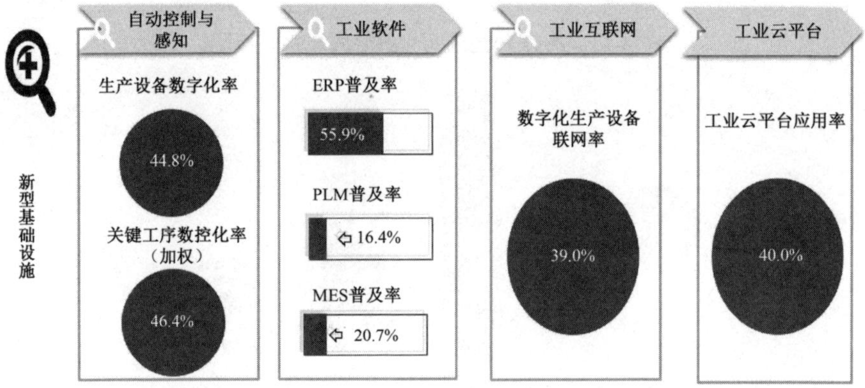

图 2-15　2017 年全国新型基础设施情况

（1）在自动控制与感知方面，高端智能硬件装备多由国外把控，其售价、使用和升级成本均很高，国产工业设备制造水平达不到先进工艺技术要求，尤其是嵌入核心工艺的生产装备及大型成套装备的国内供给能力不足，生产设备数字化水平不足已成为我国工业企业普遍存在的短板。2017 年我国生产设备数字化率仅为 44.8%、关键工序数控化率[①]46.4%（34.1%），各省级行政区生产设

① 关键工序数控化率是指规上工业企业关键工序数控化率均值。流程行业关键工序数控化率是指关键工序中过程控制系统（如 PLC、DCS、PCS 等）的覆盖率；离散行业关键工序数控化率是指关键工序中数控系统（如 NC、DNC、CNC、FMC 等）的覆盖率。算术平均值反映该指标企业平均水平，按照企业规模设置权重的加权平均值反映该指标国家（行业、区域）的综合水平。《中国制造 2025》中使用的是算术平均值。

备数字化率、关键工序数控化率如图 2-16～图 2-18 所示。

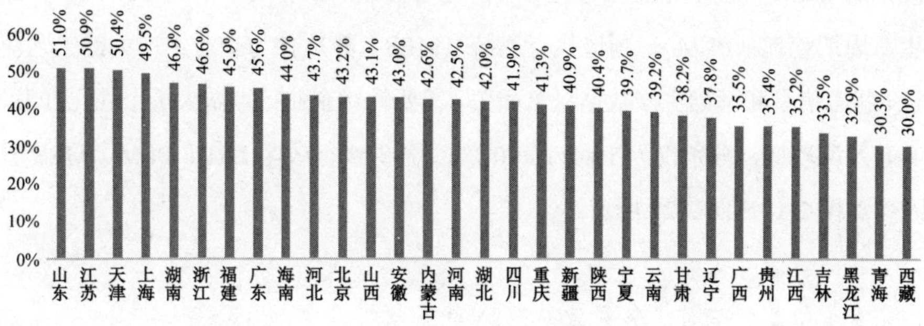

图 2-16　截至 2017 年 10 月底各省级行政区生产设备数字化率

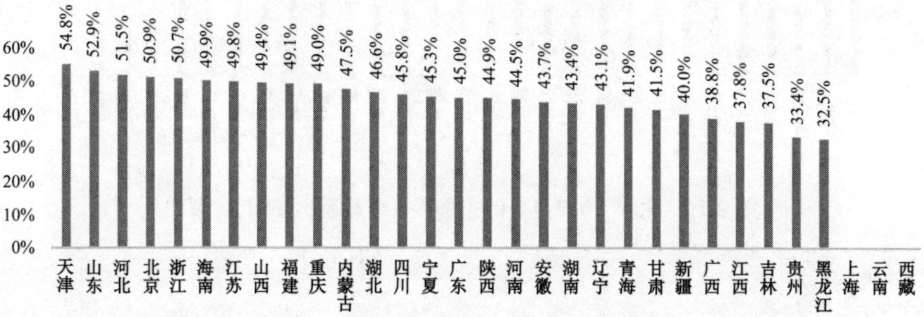

图 2-17　截至 2017 年 10 月底各省级行政区关键工序数控化率（加权平均）

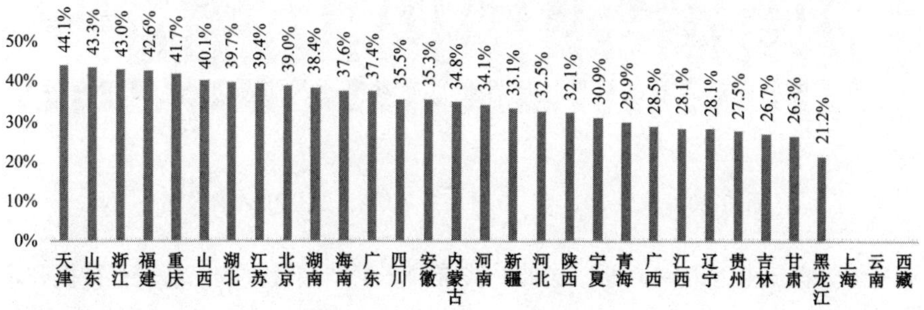

图 2-18　截至 2017 年 10 月底各省级行政区关键工序数控化率（算术平均）

（2）在工业软件方面，越是个性化定制需求高的软件普及度越低。企业资源计划（ERP）位于企业经营管理层，通用性较高，普及率高达 55.9%。产品生命周期管理（PLM）、制造执行系统（MES）等软件与企业生产关键工艺流程、状态信息和基础生产数据息息相关，需要针对企业特点做大量个性化开发，其普及度较低，分别仅为 16.4%、20.7%。各省级行政区 ERP、PLM、MES 普及率如图 2-19～图 2-21 所示。

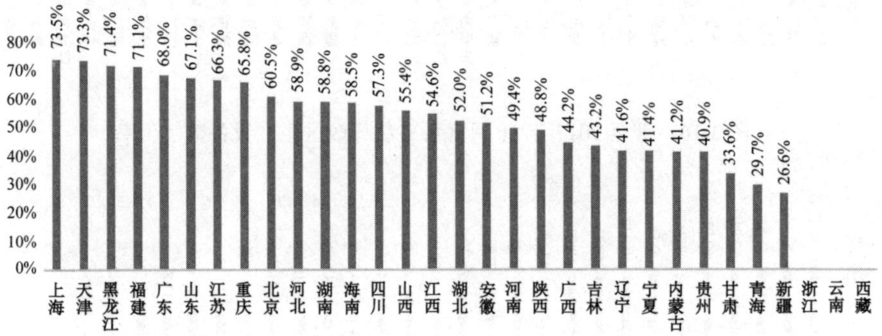

图 2-19　截至 2017 年 10 月底各省级行政区 ERP 普及率

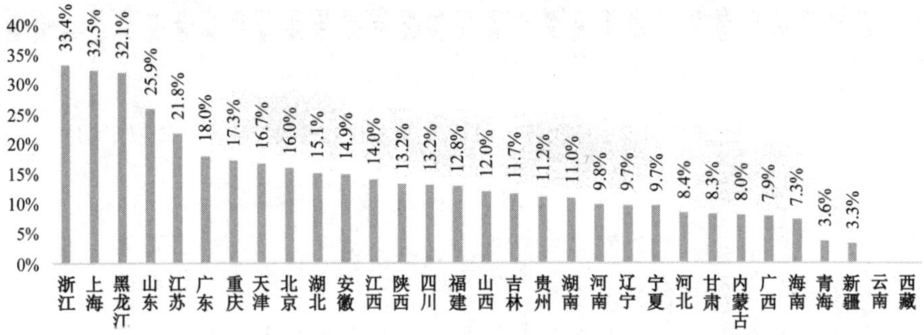

图 2-20　截至 2017 年 10 月底各省级行政区 PLM 普及率

（3）在工业互联网方面，当前，我国国产生产装备数字化水平有待提升，部分进口生产设备通信协议不兼容，导致生产设备集成互联水平不足，2017 年数字化生产设备联网率仅为 39.0%。各省级行政区数字化生产设备联网率如图 2-22 所示。

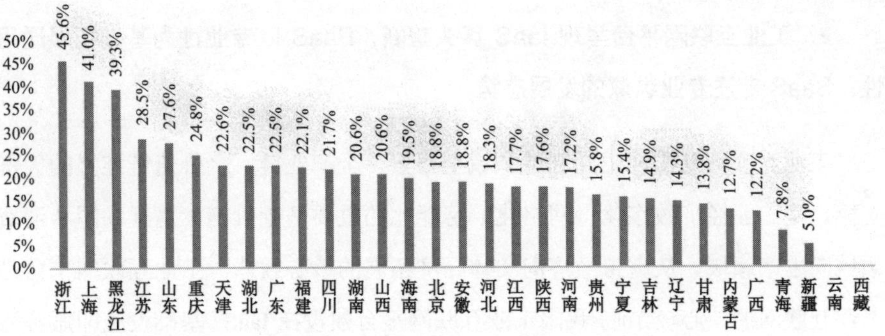

图 2-21　截至 2017 年 10 月底各省级行政区 MES 普及率

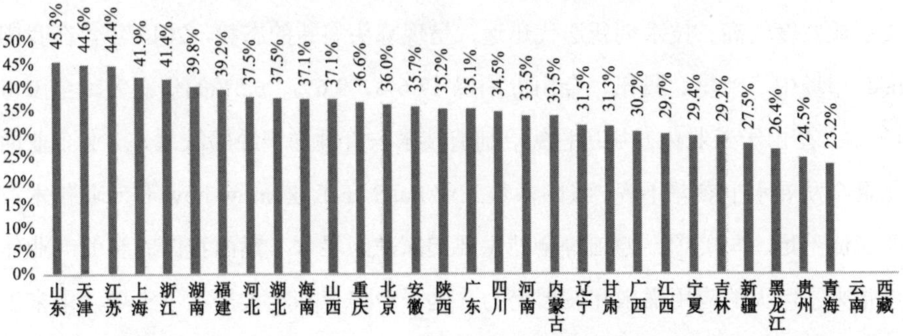

图 2-22　截至 2017 年 10 月底各省级行政区数字化生产设备联网率

（4）在工业云平台方面，自 2013 年以来，国家和地方省市相继出台了一系列促进工业云发展的政策，为工业云发展营造了良好的政策环境。但受云平台技术水平、服务质量、用户接受程度、市场需求大小等方面的影响，我国企业云平台使用率较低。2017 年我国工业云平台应用率为 40.4%，较 2016 年提升 6.9%。各省级行政区工业云平台应用率如图 2-23 所示。

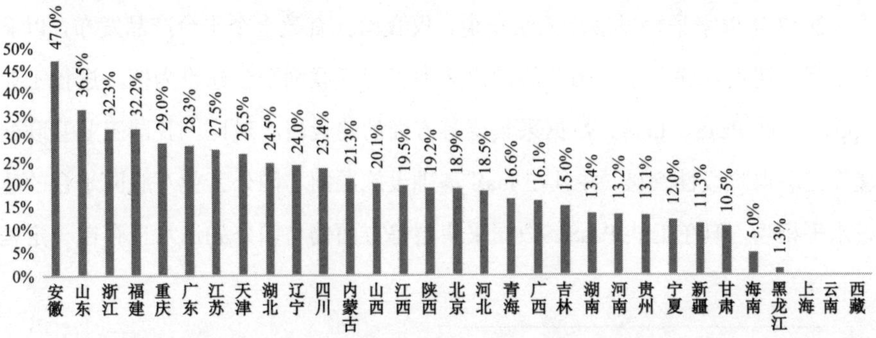

图 2-23　截至 2017 年 10 月底各省级行政区工业云平台应用率

2. 工业互联网平台呈现 IaaS 寡头垄断，PaaS 以专业性为基础拓展通用性，SaaS 专注专业纵深的发展态势

工业互联网是实现生产制造领域全要素、全产业链、全价值链连接的关键支撑，是工业经济数字化、网络化、智能化的重要基础设施，是互联网从消费领域向生产领域、从虚拟经济向实体经济拓展的核心载体。工业互联网平台是工业互联网的核心，当前，我国工业互联网平台建设在 IaaS（基础设施即服务）、SaaS（软件即服务）、PaaS（平台即服务）等方面呈现出以下特征：一是 IaaS 发展成熟度较高、技术创新迭代迅速，呈现寡头垄断的态势，2017 年，在我国 IaaS 市场中，阿里、腾讯、金山分别以 47.6%、9.6%、6.5%的份额领跑全国市场[①]。二是由于工业化发展历程短、制造技术与管理知识经验缺乏、工业企业两化融合发展水平参差不齐，我国多数工业 PaaS 在工业 know-how 和专业技术方面积淀不足，与美国、德国等全球主要国家差距显著。然而我国完整的产业体系带来了巨大的应用需求和发展潜力，为平台培育和壮大提供了土壤。未来工业 PaaS 开发建设应在专业性基础上向提供通用能力方向发展。三是 SaaS 发展受 PaaS 赋能不足的约束，潜力尚未发挥出来，均处于萌芽阶段，正逐步深入制造业细分行业领域，同时，中小型企业的 SaaS 应用需求最迫切、服务量最大、价值创造最直接。

3. 我国工业互联网平台建设已取得初步进展，整体发展水平与国外尚存差距

2017 年以来平台发展步入快车道，仅我国就有数十个平台产品发布，以航天云网、树根互联、东方国信等国内典型工业互联网平台建设为例，进行工业 App、工业 PaaS、IaaS、数据采集层等方面的建设情况对比。我国工业互联网建设已取得阶段性突破，并且在 IaaS 基础设施层面与国外工业互联网平台的建设水平相当，但在工业 PaaS、数据采集层等方面仍与国外先进水平存在一定差

① 数据来源：IDC 发布的 2017 年上半年中国公有云市场追踪报告。

距，一是在工业基础和工业 know-how 方面差距显著，与发达国家相比，中国正处于由工业大国向工业强国转变的时期，工业领域的知识积淀尚未深厚，在产品研发、装备和自动化系统、工业控制和工艺流程等领域亟待进一步积累；二是我国在设备数字化、网络化方面存在较大差距，尤其是中小企业基础薄弱，设备改造和数据采集难度较大，数据采集等基础环节存在明显障碍；三是在 PaaS 层架构方面，国外先进工业互联网平台具备将核心经验知识固化封装为模块化的微服务组件和工具的开发能力，而我国工业 PaaS 刚刚起步，仍处于探索阶段。

（三）我国企业两化融合向中高级阶段发展的基础不断夯实，“综合集成”跨越稳步推进，融合型数字经济综合效能效益进一步凸显

按照《GB/T 23020—2013 工业企业信息化和工业化评估规范》，制造企业信息化和工业化融合（两化融合）发展水平从低到高可分为起步建设、单项覆盖、集成提升、创新突破四个阶段。2017 年，全国 19.3%的企业已经实现综合集成，比其他阶段企业竞争力高出 15.1%，经济社会效益高出 13.2%。在已经实现综合集成的企业中，15.2%的企业处于集成提升阶段（高级阶段），这些企业单项业务信息化已基本全面覆盖，并不同程度地开展了关键业务系统集成基础上的资源优化和一体化管理；4.1%的企业处于创新突破阶段（卓越阶段），在综合集成基础上实现了跨企业的业务协同和模式创新。此外，47.7%单项覆盖的企业当中有 46.2%的企业，也就是全国 22.0%的企业关键业务环节信息化已全面覆盖，具备了开展信息化环境下的业务集成运作的良好条件，将在短期内进入集成提升阶段，加速“综合集成”跨越进程，如图 2-24 所示。

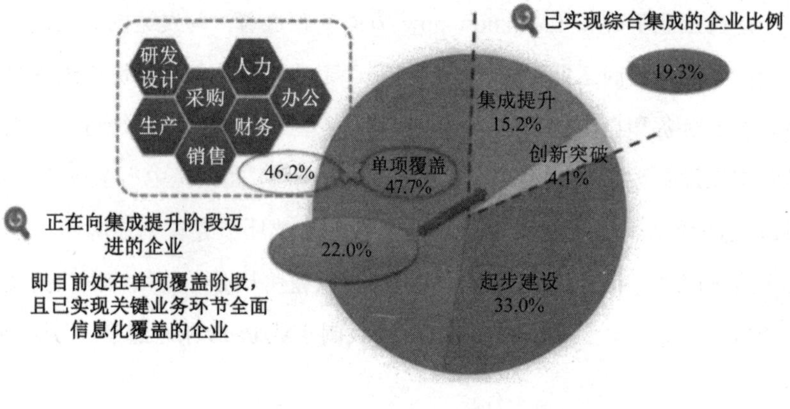

图 2-24　2017 年全国两化融合发展阶段分布情况

（四）融合型数字经济催生新模式新业态，推动制造业转型升级

随着数字经济与制造业持续渗透融合，促进企业生产优化、组织变革、服务创新的效益不断显现。在制造业与互联网融合的大趋势下，网络化协同研制、服务型制造、个性化定制、平台化运营及智能制造已经成为当前企业转变发展方式、实现创新发展的重点方向，新模式、新业态不断涌现，为制造业转型升级不断注入新动能。

（1）网络化协同研制蓄势待发。网络化协同研制是指企业基于互联网分布式协同环境，开展众包设计研发、网络化制造、公共云制造平台服务等模式创新，并行协同地设计、制造产品的过程。随着互联网由以人为中心的消费互联网向以企业和组织为中心的产业互联网演进，越来越多的企业开始进行网络化协同研制方面的探索，将用户与产业链上下游合作伙伴引入到企业的研发生产业务活动中，基于互联网分布式协同环境，围绕打造用户价值，开展研发、生产、服务等方面的协同合作。2014—2017 年，我国离散制造企业中，实现网络化协同研制的企业比例由 25.2%增至 31.2%，如图 2-25、图 2-26 所示。

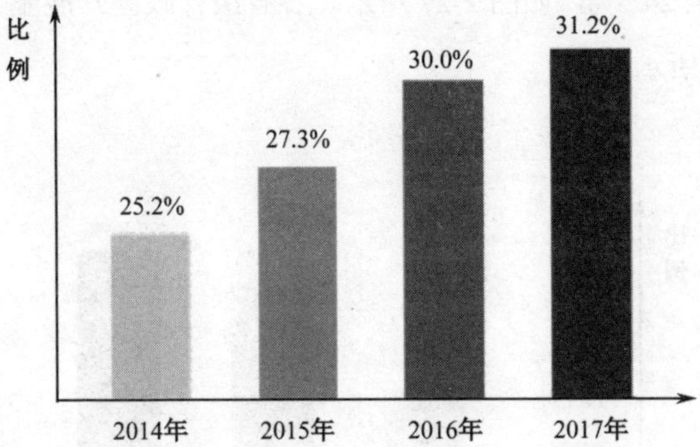

图 2-25　2014—2017 年我国离散制造企业中实现网络化协同研制的企业比例

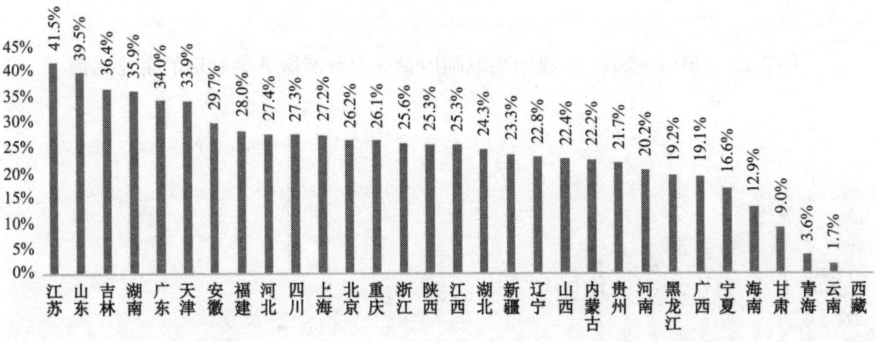

图 2-26　2017 年各省级行政区实现网络化协同的企业比例

（2）服务型制造亮点纷呈。服务型制造是制造企业通过创新优化生产组织形式、运营管理方式和商业发展模式，不断增加服务要素在投入和产出中的比例，推动产品和服务的融合，实现制造价值链中各利益相关者的价值增值的一种制造新模式。我国制造业长期以加工制造为主，处于价值链的中低端，加快从传统单一的制造环节向两端延伸、提高产品附加值是我国产业向高端发展的关键。促进制造业从生产型制造向服务型制造转变、由单纯提供产品向提供全价值链服务转变是新时期我国产业转型升级，抢占全球产业竞争制高点的关键。2014—2017 年，我国离散制造企业中，开展服务型制造的企业比例翻了一番，由 11.1%增长至 24.3%，如图 2-27 所示。各省级行政区开展服务型制造的企业比例如图 2-28 所示。

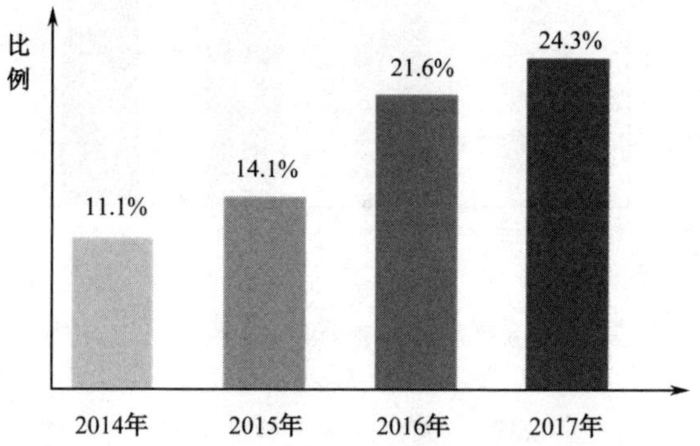

图 2-27　2014—2017 年我国离散制造企业中开展服务型制造的企业比例

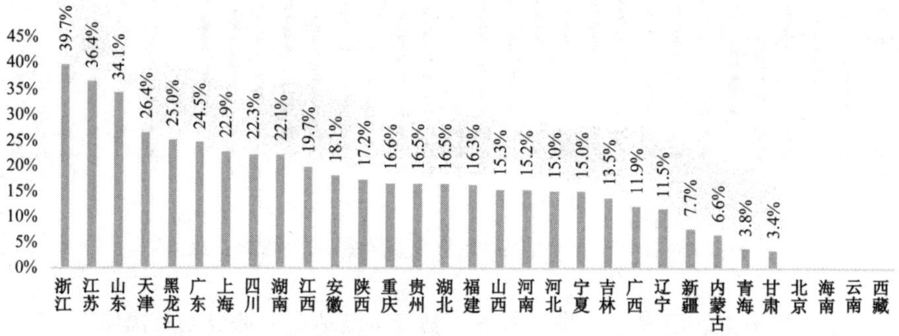

图 2-28　2017 各省级行政区开展服务型制造的企业比例

（3）个性化定制加速发展。个性化定制是一种以用户为中心、数据驱动生产的制造新模式，是企业提升竞争力的重要抓手。当前，个性化定制成为企业转型升级和创新发展的重要方向，企业利用互联网采集并对接用户个性化需求，通过企业横向、纵向和产品全生命周期数据集成，建立起数据自动流动的生产体系，开展基于个性化产品的研发、生产、服务和商业模式创新，促进供给与需求精准匹配，以有效满足市场多样化需求。作为个性化定制发展成效最为显著的离散制造业企业，2017 年开展个性化定制的比例为 7.3%，相比 2016 年增加 1.9%，如图 2-29 所示。各省级行政区开展个性化定制的企业比例如图 2-30 所示。

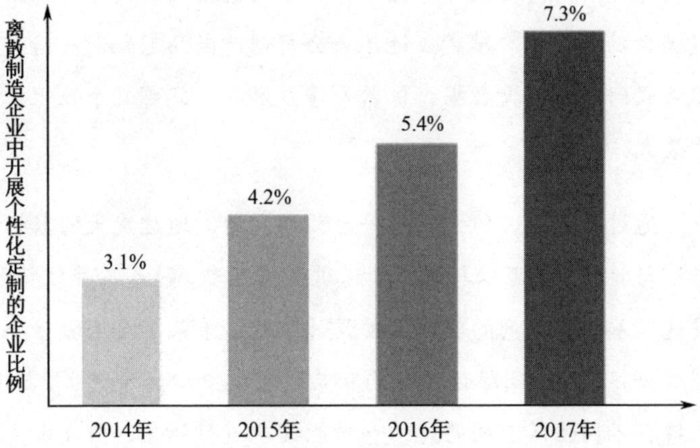

图 2-29　2014—2017 年我国离散制造企业中开展个性化定制的企业比例

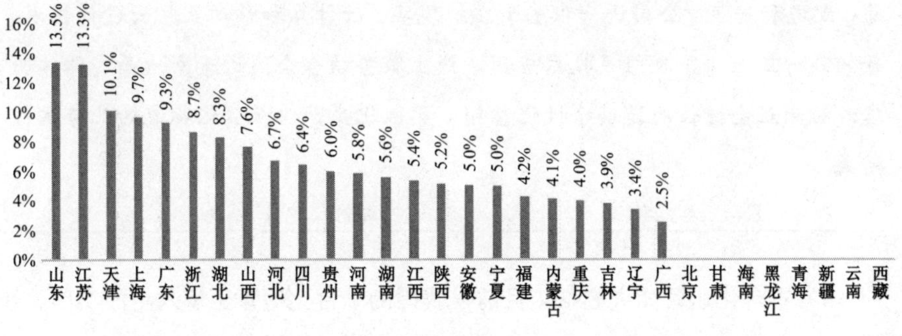

图 2-30　截至 2017 年 10 月底各省级行政区开展个性化定制的企业比例

专栏 2–2　维尚集团：个性化家具定制一体化服务

维尚集团成立于 2004 年，其主营业务是为消费者提供整体家居空间的家具个性化设计、生产与安装一体化服务。维尚集团在国内家居行业率先实现了“大规模数码化定制”模式。近年来公司创建尚品宅配新居网、维意定制平台，以互联网交易、大数据、机器人等技术不断完善其个性化定制框架及业务运作模式。

用户可通过新居网、维意定制平台预约定制，通过庞大的数据库选择产品各种类型与特征，还可以与设计师通过微信互动，融入各种独特顾客偏好。维尚家具通过基于互联网的实时互动设计系统，采集了全国数千个楼盘的数万种房型数据。通过与国际设计机构和集团研发中心合作建立“产品库”，并对不同人群在不同生活空间的行为和功能需求进行研究，研发出上万个“空间整体解决方案”的“方案库”。公司将订单通过网上订单管理系统集中到制造中心总部，通过条形码应用系统、混合排产等系统等实现自动化生产、交易、配送和安装。公司进一步基于虚拟现实、云计算和移动互联云设计技术，开始践行工业 4.0 思维及技术应用。线上服务结合全国近千家地面实体体验店，维尚正全方位打造其个性化营销、柔性化生产、社会化物流的业务运作模式。

（4）平台化运营如火如荼。目前，我国的平台化运营正步入全面实施、快速迭代、自我完善的新阶段，基于平台的制造业新生态正逐渐形成。工业云作为一种新型的网络化制造服务模式，融合先进制造技术和新一代信息技术，以公共服务平台为载体，通过虚拟化、服务化和协同化汇聚分布、异构的制造资源和制造能力，可实现制造需求和社会化制造资源的高质高效对接。“双创”平台是制造业与互联网融合的重要引擎。大型企业凭借管理、技术、渠道、人才、资金、信息化等优势，建立基于互联网的“双创”平台，高效汇聚、开放、配置各类创业创新资源，为中小企业和企业内员工提供各类创业创新服务，在推动大企业焕发增长新活力的同时，逐步营造资源富集、创新活跃、高效协同的“双创”新生态。以工业云平台、“双创”平台为代表，平台化运营新模式在全国范围内发展如火如荼。2017年，全国工业云平台应用率达到40.4%，重点行业骨干企业“双创”平台普及率达到70.4%，相比2016年分别增加6.9%、23.4%，如图2-31、图2-32所示。各省级行政区工业云平台应用率、“双创”平台普及率分别如图2-33、图2-34所示。

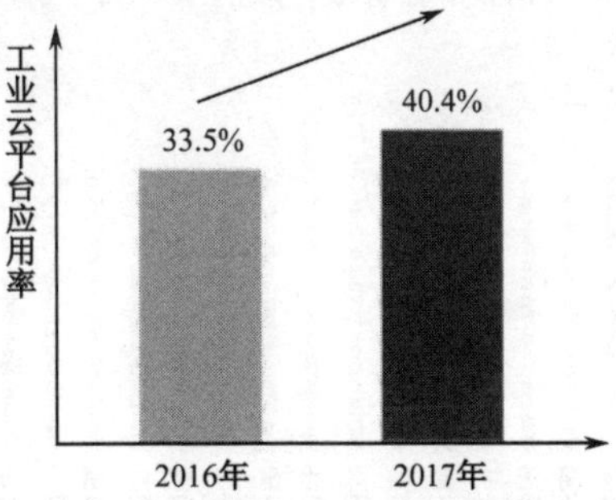

图2-31　2016—2017年全国工业云平台应用率

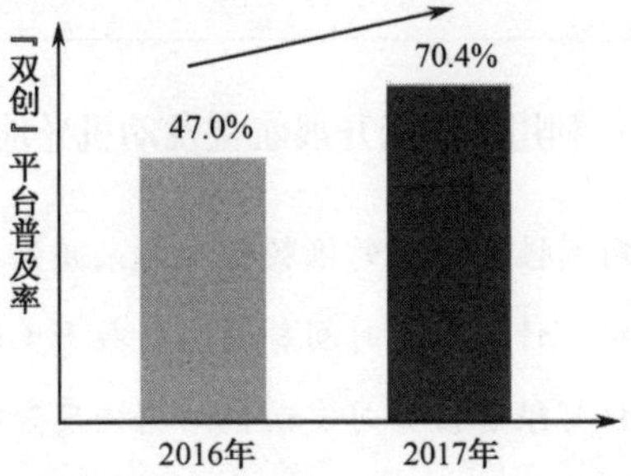

图2-32　2016—2017年全国重点行业骨干企业“双创”平台普及率

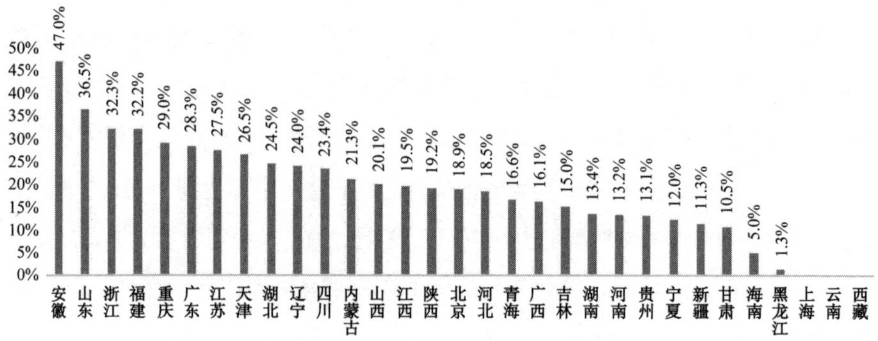

图 2-33　2017 年各省级行政区工业云平台应用率①

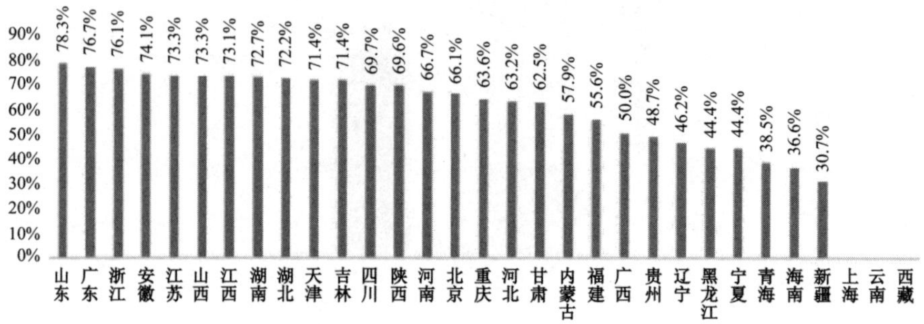

图 2-34　2017 年各省级行政区“双创”平台普及率

专栏 2–3　中航商发：利用工业云开展航空发动机异地协同研发和性能仿真

商用航空发动机对高性能计算的依赖程度越来越强，大规模的有限元计算网格数量已达到百万级，计算所需时间普遍达到数千 CPU 小时。上海工业云为中航商用航空发动机有限责任公司发动机结构强度分析、流场计算分析等业务提供足够的计算资源和软件服务。通过专线连接获取中航商发近千核计算资源，使用 LS-Dyna、Fluent、Nastran、Cfx、Ansys 等各类商业分析软件，开展

① 图中缺少数据的省份因样本量不足，测算结果无法反映该省的水平，暂不反映。下同。

气动分析、三维流热耦合、包容性仿真等分析工作，年使用量超过 50 万核小时。为保障大客发动机研制质量与进度，上海超算中心与商发共同研发了航空发动机异地协同优化超级计算平台，支持多部门异地协同定义、分析模型提交、分析结果的异地共享，极大节省研发成本、缩短研发周期，保障了大客发动机满足适航要求形成适航取证能力。

（5）智能制造基础亟待进一步夯实。企业要系统、有效地推进智能制造，较高的装备数控化程度、基本实现综合集成是最初级条件。依据国家标准《工业企业信息化和工业化融合评估规范》（GB/T 23020—2013），结合企业关键工序数控化、管控集成、产供销集成等方面的情况，以智能制造就绪率间接表征我国初步具备探索智能制造条件的企业比例。据此测算，2017 年我国初步具备探索智能制造基础条件的企业比例为 5.6%，这些企业底层装备数控化程度高，管理信息化与底层自动化之间及内部供应链上采购、生产、销售、库存、财务等环节间实现了集成，并开始向智能工厂、智慧企业迈进。近年来我国一批具备智能制造基础和经验的企业逐步涌现，但整体来看，仍需不断夯实智能制造基础并有效推进智能制造发展，如图 2-35、图 2-36 所示。各省级行政区智能制造就绪率如图 2-37 所示。

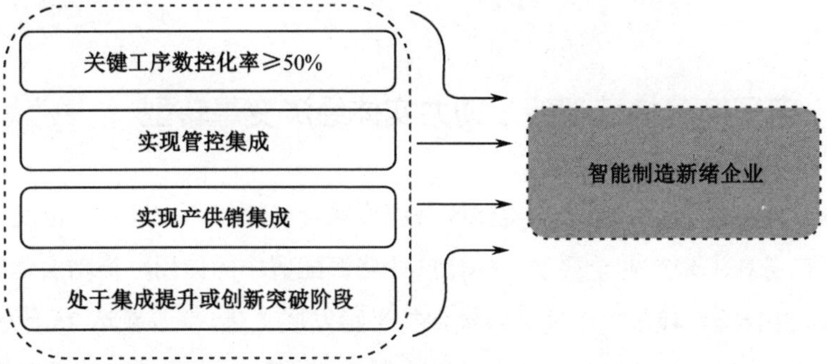

$$\text{智能制造就绪率}=\frac{\text{智能制造就绪企业}}{\text{全部企业}}\times 100\%$$

图 2-35　智能制造就绪率指标测算说明

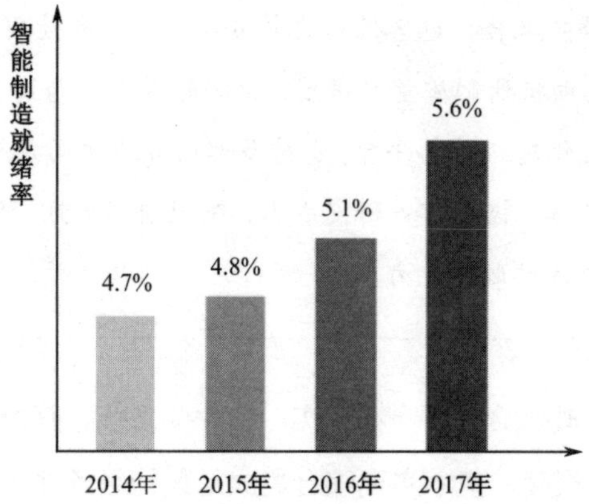

图 2-36　2014—2017 年全国智能制造就绪率

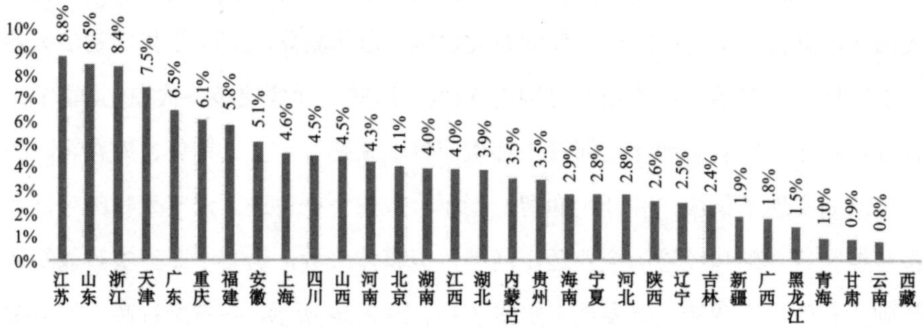

图 2-37　2017 年各省级行政区智能制造就绪率

（五）电子商务持续创新，助力实体经济变革转型

电子商务作为数字经济与实体经济深度融合的焊接点，其本质就是充分发挥电子商务在汇聚产业全要素、优化产业资源配置中的作用，推动实体经济转型升级。2016 年，我国电子商务继续保持平稳发展态势，交易额达 26.1 万亿元，同比增长 19.8%，直接或间接带动就业人数 3700 万，社会经济影响不断深入[①]。

① 商务部中国电子商务报告。

（1）工业电子商务不断渗透，成为引领企业创新、产业链协同和区域转型的重要引擎。从总体看，2016 年，我国工业电子商务稳步发展，工业企业电子商务交易额达 3.8 万亿元，同比增长 12.0%，2017 年，工业电子商务普及率为 55.4%，重点骨干工业企业采购普及率和网上采购率分别达 40.8%和 26.9%，同比均增长 1.2%和 1.7%；销售普及率和网上销售率则分别为 41.8%和 22.1%，同比分别增长 0.7%和 0.3%，如图 2-38～图 2-41 所示[①]。从产业层面看，随着一批以找钢网、欧冶云商、易单网等为代表的垂直类、跨境类工业电子商务平台兴起，工业电子商务有力推动了上下游合力构筑安全可靠、敏捷高效的现代供应链，助力企业快速融入全球供应链体系，并推动制造业分享经济发展，促进产业链整体协作水平和综合竞争力的持续提升。从区域层面看，天津、广东、河北等省市通过“建平台、用平台”双轮驱动，依托工业电子商务有力促进了传统产业在线化、柔性化和协同化改造提升；以上海市宝山区为代表的工业电子商务平台集聚区，正在以行业骨干企业为牵引，以平台企业为支撑，聚合物流、金融、检测认证、产品追溯、云计算、大数据等支撑服务资源，探索形成协同创新和互动发展的区域产业新生态。各省级行政区工业电子商务平台普及率如图 2-42 所示。

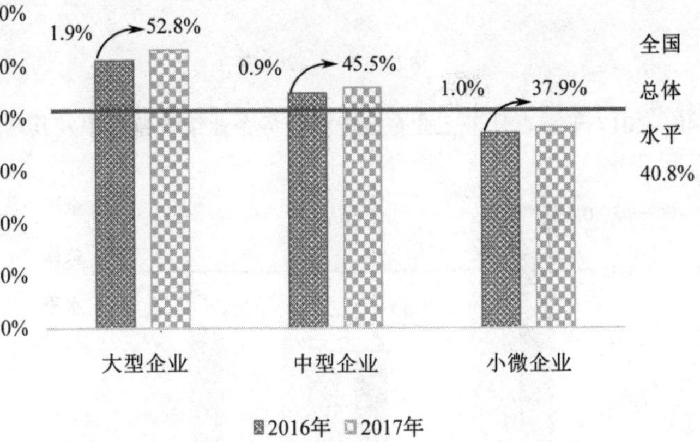

图 2-38　2017 年重点骨干工业企业电子商务采购普及率及其增长水平

① 中国两化融合服务平台（www.cspiii.com）。

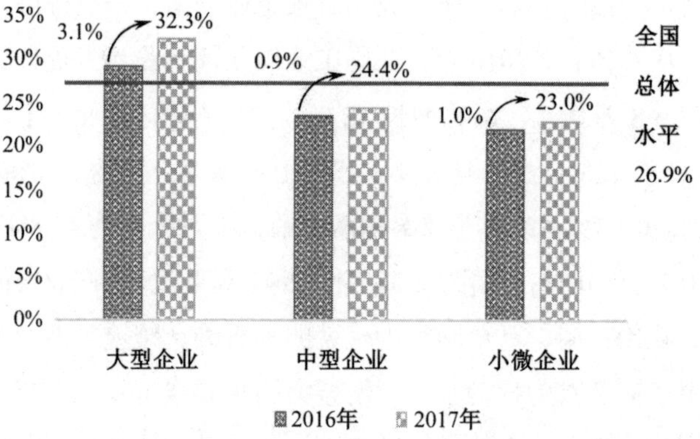

图 2-39 2017 年重点骨干工业企业网上采购率及其增长水平

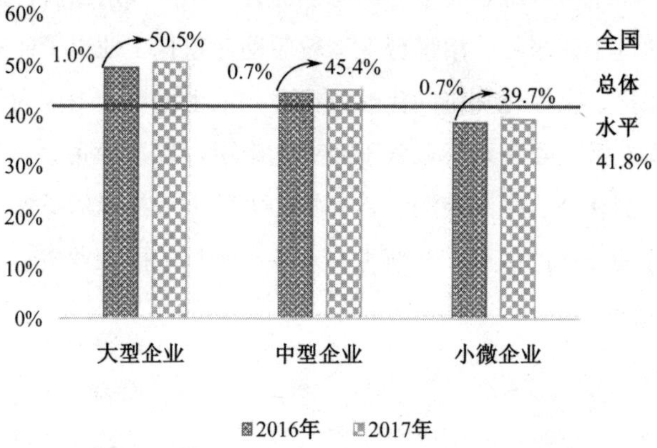

图 2-40 2017 年重点骨干工业企业电子商务企业销售普及率及其增长水平

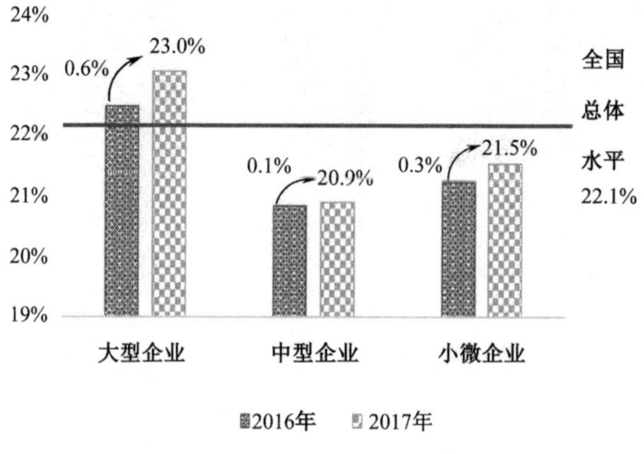

图 2-41 2017 年重点骨干工业网上销售率及其增长水平

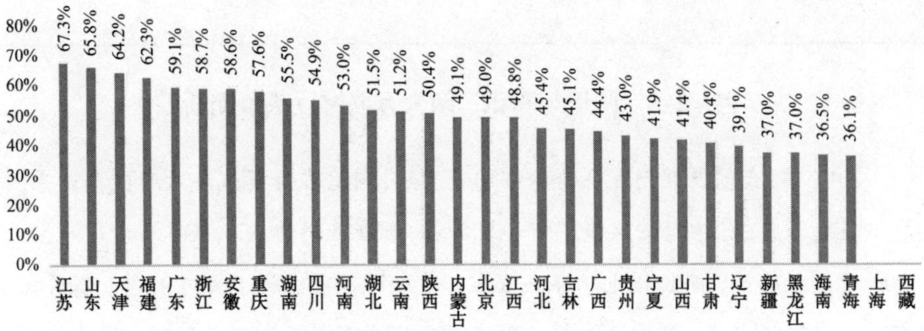

图 2-42　2017 年各省级行政区工业电子商务普及率

（2）零售电子商务全面布局线上线下融合发展，开启零售新时代。2016 年我国网上零售交易额继续保持快速增长态势，高达 5.16 亿万元，同比增长 26.2%，拉动社会消费品零售总额增速 3%，我国世界第一大网络零售市场地位进一步巩固。①前沿技术研发和投入进一步加大，如阿里巴巴着力推进数据智能技术和产品的研发，在人脸识别、AR 购物、云货架、无感支付、智能试装镜等技术上取得重要突破，为开辟零售新场景和新体验打造新基础。②以线上平台为依托，重磅推出无人超市、多功能超市等线下零售新模式，阿里巴巴和京东先后推出淘咖啡、X 无人超市、天猫无人超市等无人零售新模式，基于智能技术打造了消费者自助完成进店、选购、结算、出店全部购物环节的全新购物体验。阿里巴巴同年 7 月还重磅推出含自主选购、现场加工、及时配送于一体的生鲜超市“盒马鲜生”，获得良好反响。③实现零售的线上线下合作，2017 年，阿里巴巴持续入股银泰商业、三江购物、联华超市，并与百联集团、中国联通和海澜之家等实现战略合作；京东则联合腾讯入股永辉超市，携手打造“高端超市+生鲜餐饮”新业态，充分利用数字技术积极赋能传统零售产业，在推动线下实体降本增效提质的同时，进一步完善自身商业生态，加速重构商品流通体系。

专栏 2-4　阿里与腾讯：两大互联网巨头争霸新零售

2017 年，我国互联网巨头纷纷布局新零售，阿里在百货板块入股银泰商业，超市板块入股三江购物、联华超市和新华都，创新业态方面积极布局盒马鲜生、淘咖啡无人店等；而腾讯也于年底宣布，对永辉超市控股子公司永辉云创科技有限公司进行增资，拟取得永辉云创在该次增资完成后 15%的股权，作为超级物种之母，永辉云创一直担任永辉超市的“创新部”角色，除了孵化“超级物种”外，还有“永辉生活”门店和 App。

在当前“新零售”逐步得到应用推广的背景下，国内两大电商巨头同时布局线下零售业，对我国“新零售”的市场格局和未来走向具有重要影响。

六、新生型数字经济蓬勃发展，为产业转型发展注入新动能

信息通信技术与传统产业的持续深度融合，不断催生出新技术、新产品、新模式，推动新生型数字经济的蓬勃发展。在新生型数字经济领域，我国培育形成了一批具有国际竞争力的骨干企业，生态体系不断完善，尤其在云计算、大数据、无人驾驶、人工智能等领域，全面迎来“黄金窗口”期。

（一）云计算应用前景广泛，为小微企业赋能成效不断凸显

随着我国互联网的不断发展，作为推动社会生产工具转变的新型方式，云计算充分降低计算资源成本，满足我国广大企业的计算需求。近年来，云计算产业规模迅速扩大，2015 年我国云计算整体市场规模达 378 亿元，整体增速达

31.7%，其中，专有云市场规模在 2015—2016 年间从 275.6 亿元上涨到 345.8 亿元，年增长率达 25.0%，如图 2-43 所示。

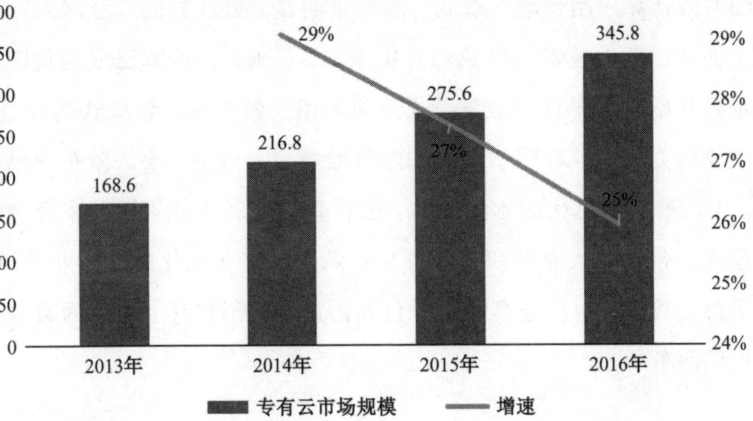

数据来源：《2016 云计算白皮书》（中国信息通信研究院）

图 2-43　中国专有云市场规模及其增速

（1）云计算关键技术取得突破。①云计算领军企业的单机服务器规模、数据处理能力极大提升，可支撑金融支付服务等业务的峰值达到世界领先水平；②云计算系统解决方案取得突破性进展，可针对不同业务场景形成多套云计算解决方案，并在政府、政务、交通医疗等领域取得广泛的应用；③数据中心绿色节能水平不断提升，部分国内新建的大型数据中心能够综合利用各类节能技术，降低数据中心的耗能，提高能源的利用率；④深度参与云计算国际交流，我国企业在云计算相关国际标准制定中发挥着越来越重要的作用。

（2）云计算应用正在向传统领域加速渗透。以政府、金融业务为主要突破口，我国云计算应用正在向制造、交通、医疗健康等传统行业渗透。在制造行业，企业依托云服务助力消费者与企业互动创新模式的形成，以智能化、个性化、定制化为方向，推动企业由硬件制造商向“制造+服务”提供商的升级；在金融行业，基于低成本、高灵活性的信息技术开拓互联网金融发展的新模式；

在政务公共领域，提升政府在优化资源配置、应急响应及决策分析上提高洞察力，有力推动政府管理模式创新和社会治理体系变革。

（3）云计算应用带动“双创”的效果明显。云计算的广泛深入应用大大降低了创业创新的技术门槛及信息化成本。目前，云计算已成为我国创业创新的重要基础支撑平台，聚集了大量新应用、新业态、新模式的开发团队，带动就业能力明显，取得了良好的经济效益。大量中、小、微企业已应用云服务，平均节省信息化成本约 40%。云计算的发展也催生了分享经济等新型经济模式，带动广大企业和个人分享资源，创造多元化的增值业务。在云+计算平台支撑下，一批分享经济平台如雨后春笋般快速发展，为数以亿计的用户提供服务。

（4）云计算服务商正不断强化其生态体系建设。云计算的巨头企业正纷纷打造以“我”为主的云生态，强化对云计算行业的掌控力。阿里云推动“云合计划”，计划招募 1 万家云服务商，共同构建生态体系，为企业、政府等用户提供一站式云服务；腾讯云发布“云+计划”，5 年投入 100 亿元打造云平台及建设生态体系，吸引云计算产业链上的长尾企业；浪潮发布“云腾计划”，计划 3 年内发展 3000 家以上合作伙伴；华为企业云与国内 100 多家各行业领先的合作伙伴、20 多个城市达成合作，扩展行业应用和计算能力；百度推出“云图计划”，携手行业合作伙伴共建生态圈，计划 5 年内投入 100 亿元打造百度云平台及生态体系。云生态构建已经成为云计算行业最具有竞争力的标志。

（二）大数据产业进入快速增长阶段，产业集聚效应初步显现

发展大数据产业是发展现代服务业、推动经济结构调整、提升经济质量的有效手段，对经济社会发展乃至国家安全具有重要的战略意义。开发应用好大数据这一基础性战略资源，有利于推动大众创业、万众创新，改造升级传统产业，培育经济发展新引擎和国际竞争新优势。

（1）我国大数据市场规模持续扩大，数据源市场继续增长。大数据已成为数字经济这种全新经济形态的关键生产要素。通过数据资源的有效利用及开放的数据生态体系使得数字价值充分释放，驱动传统产业的数字化转型升级和新业态的培育发展，提高传统产业劳动生产率，不断培育新市场和产业新增长点。2016 年，我国大数据市场规模达约 2485 亿元，随着各项政策的配套落实及推进，当时预计，2017—2022 年增速将维持在 30%以上，到 2022 年，我国大数据产业规模或达 13626 亿元以上，如图 2-44 所示。丰富的数据源是大数据产业发展的前提，众多企业纷纷在该领域开展战略布局，各种形式的大数据产品层出不穷，2016 年，数据源市场规模约 200 亿元，随着市场对数据重视程度的提升，数据源市场规模将会继续增长，如图 2-45 所示。

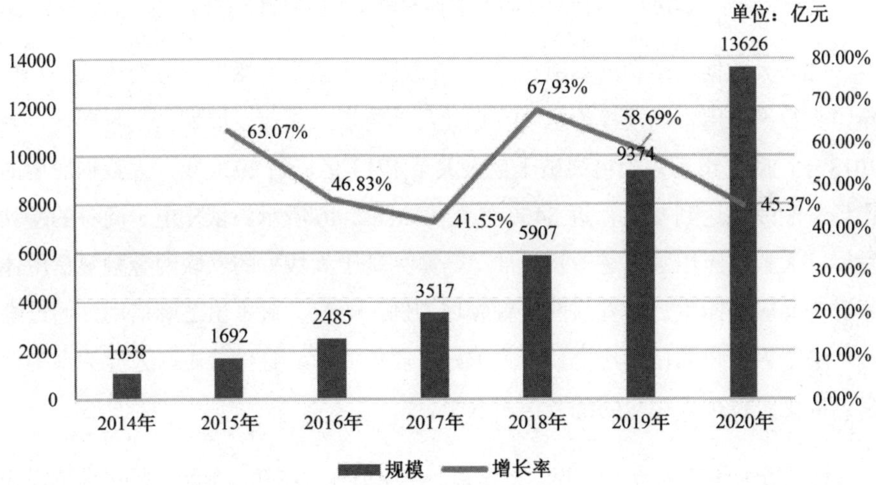

数据来源：《2016 中国大数据交易产业白皮书》（贵阳大数据交易所）

图 2-44　2014—2020 年中国大数据产业市场规模及增长率

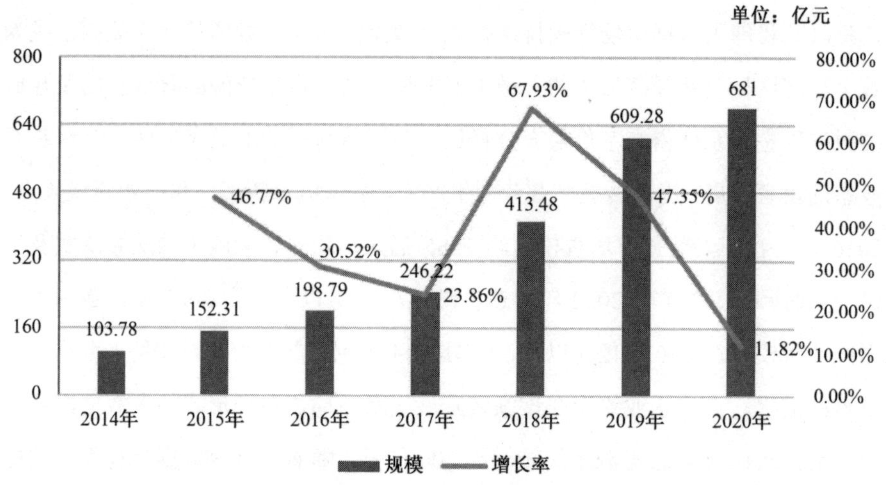

数据来源：《2016 中国大数据交易产业白皮书》（贵阳大数据交易所）

图 2-45　2014—2020 年中国数据源市场规模及增长率

（2）大数据应用领域不断拓展，“互联网+大数据”激发商业新模式。2016 年，大数据应用市场规模约达 410 亿元，并将步入高速发展期，当时预计，到 2018 年，应用市场规模将突破千亿大关至 1713 亿，到 2020 年，大数据应用的市场份额或将达到 40%，近 5450 亿元，如图 2-46 所示。依托电子商务的蓬勃发展，大数据应用领域进一步扩展，一系列基于大数据的互联网金融及信用体系类产品应运而生。以互联网金融领域为例，蚂蚁金服推出芝麻信用，通过综合考量个人用户的信用历史、行为偏好、履约能力、身份特质、人脉关系等信息，准确定位个人用户的综合信用水平。

（3）着力构建大数据产业生态体系，产业集聚效应初步显现。①多地依托产业园加速大数据产业发展，苏、浙、粤等地充分发挥技术和人才优势筹建大数据产业园，也吸引众多知名企业和机构入驻，贵、川、渝等地凭借高海拔、低气温、低电价等优势和财税政策优惠顺势建成各具特色的大数据产业园；②大数据产业发展集聚效应明显，京、津联手布局大数据走廊，凭借技术领先优势吸引大量资本投资和人才流入，分析服务、数据库开发等企业分布较为密集，珠三角地区凭借数据资源优势充分发挥大数据在产业管理、政府治理等方面的应用，呈现大数据企业加速聚集、配套服务体系不断完善的良好态势。

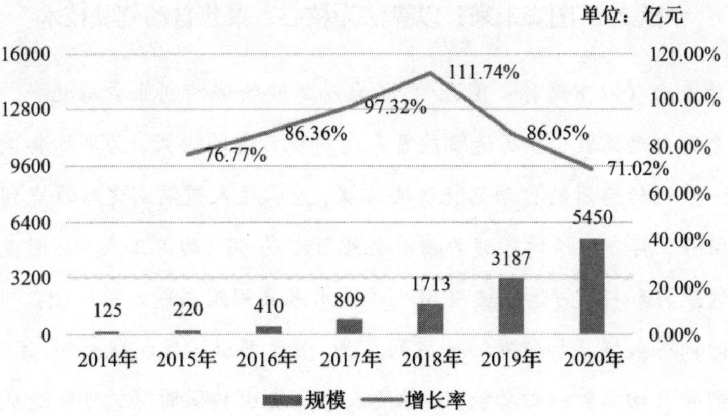

数据来源：《2016 中国大数据交易产业白皮书》（贵阳大数据交易所）

图 2-46　中国大数据应用市场规模及增长率

（三）我国人工智能产业打造先发优势，开启数字经济新时代

作为一种革命性的新一代信息通信技术，人工智能正在越来越多的领域快速超越人类，并掀起有史以来最大幅度的科技变革。当前，中国把人工智能放在国家战略层面整体布局、系统谋划，出台《新一代人工智能发展规划》（国发〔2017〕35 号），提出到 2020 年，我国人工智能核心产业的规模将在三年内超过 1500 亿元，到 2030 年超过 1 万亿元，带动相关产业规模超过 10 万亿元的战略目标，并依托百度、阿里巴巴、腾讯、科大讯飞等领先企业，推动人工智能在自动驾驶、城市治理、医疗影像、语音识别等领域的融合应用，打造我国人工智能先发优势。截至 2017 年 6 月，中国人工智能企业数量高达 592 家，占全球人工智能企业总数的 23%，人工智能领域相关投资高达 635 亿美元，占据全球总额的 33.2%，人工智能企业数量与投资总额均位居全球第二位，仅次于美国①。

① 腾讯研究院日前发布的《2017 全球人工智能人才白皮书》。

专栏 2–5 图森未来：以算法为核心，聚焦自动驾驶技术

图森未来（以下简称“图森”）是自动驾驶领域的创业公司之一，采用高速路段全部自动驾驶，非高速路段首车由司机负责的模式，为城际物流运输提供基于一系列传感器的自动驾驶解决方案，为承运人提供固定路段点到点的自动驾驶服务，其方案预计能够为物流企业节省约80%的人工成本。图森拥有自主采集的能力和标定平台，使用 SLAM 技术采集测绘高精三维地图。利用其自主采集的训练数据集和研发的一系列算法，图森可以实现环境感知、定位导航、决策控制等自动驾驶核心功能，为承运人节省支出的同时降低可能造成的人身伤亡。

（四）我国无人驾驶技术紧跟全球步伐，发展潜力巨大

无人驾驶汽车是未来汽车发展的方向，我国从 20 世纪 80 年代开始进行无人驾驶汽车的研发，1992 年成功研制出第一辆真正意义上的无人驾驶汽车。随着云计算、人工智能、通信及自动控制等高新技术的不断进步，无人驾驶技术的发展速度正在加快，百度、腾讯、长安、一汽、上汽等互联网企业和汽车制造商纷纷在无人驾驶领域重点发力，受到了全行业的高度关注[①]。

（1）我国政府积极布局高度重视无人驾驶技术的发展。得益于政府的大力支持，无人驾驶技术作为物联网技术的一部分，已经逐渐走出萌芽期，走向快速发展的道路，国际竞争逐渐进入白热化阶段。为加快提升无人驾驶技术水平，我国政府部门出台了多项政策措施加大支持力度，将无人驾驶技术提升至国家

① https://share.iclient.ifeng.com/news/shareNews?forward=1&aid=119392113#backhead。

战略，作为汽车产业未来转型升级的重要方向之一，如《中国制造2025》重点领域技术路线图、《“互联网+”人工智能三年行动实施方案》《新一代人工智能发展规划》等。2016年10月发布的《无人驾驶技术路线图》更是制订了三个五年阶段需要达成的目标，加速无人驾驶汽车的生产和销售[①]，如表2-1所示。

表2-1　我国无人驾驶领域相关政策（部分）

发布时间	政策名称	主要内容
2015年7月4日	《国务院关于积极推进“互联网+”行动的指导意见》	推动汽车企业与互联网企业设立跨界交叉的创新平台，加快智能辅助驾驶、复杂环境感知、车载智能设备等技术产品的研发与应用
2015年10月	《中国制造2025》重点领域技术路线图	将“智能网联汽车”作为十大优势和战略产业之一，力争到2025年达到国际领先地位或国际先进水平
2016年5月23日	《“互联网＋”人工智能三年行动实施方案》	推进无人驾驶汽车的技术研发、应用与生态建设
2016年7月28日	《“十三五”国家科技创新规划》	重点发展电动汽车智能化、网联化、轻量化技术及自动驾驶技术；推动增材制造、智能机器人、无人驾驶汽车等技术的发展
2016年11月29日	《“十三五”国家战略性新兴产业发展规划》	加速电动汽车智能化技术应用创新，发展智能自动驾驶汽车
2017年7月8日	《新一代人工智能发展规划》	发展自动驾驶汽车和轨道交通系统，加强车载感知、自动驾驶、车联网、物联网等技术集成和配套，开发交通智能感知系统，形成我国自主的自动驾驶平台技术体系和产品总成能力，探索自动驾驶汽车共享模式

（2）国内无人驾驶产业生态较为完善，汽车、科技巨头频繁发力加大研发投入力度。我国无人驾驶产业生态较为完善，在智能零配件、整车、技术、内容等方面形成了较为成熟的商业模式和应用实践，其中互联网巨头和传统车企

① 中国发布无人驾驶技术路线图助力自动驾驶发展，2016.10.27，http://auto.gasgoo.com/News/2016/10/26054134413460370442678.shtml。

作为市场主要竞争者，推动了无人驾驶行业的发展，如图 2-47 所示。百度、阿里巴巴、腾讯等互联网巨头开始抢滩无人驾驶市场，建立专业团队研发领先技术，并以自身强大的地图导航系统及大规模用户优势，推动无人驾驶汽车行业的发展。百度于 2015 年成立了自动驾驶事业部，聚焦于自动驾驶汽车的技术研发、生态建设与产业落地，2016 年首次成功进行了全程自动驾驶测试，2017 年推出“Apollo 计划”开放无人驾驶软件平台，致力于实现“三年商用五年量产”的目标。腾讯成立自动驾驶实验室，通过收购、联合车企共同研发等方式，大力推进自动驾驶技术发展和商业化推广应用。阿里巴巴发布了全新 AliOS 系统，将推出搭载该系统的智联网汽车，进军车联网。[①]传统车企也加紧无人驾驶技术战略布局与应用的步伐，上汽无人驾驶车公开路测，并计划在未来 10 年实现全环境下的自动驾驶功能；长安汽车圆满完成远距离无人驾驶路测，并计划在 2025 年实现真正的自动驾驶，实现产业化[②]。

图 2-47　国内无人驾驶企业分类

（3）我国无人驾驶技术发展水平紧跟全球步伐，高级驾驶辅助系统（ADAS）

① http://www.sohu.com/a/198175413_104421。

② http://tech.sina.com.cn/it/2017-12-07/doc-ifypnsin6991456.shtml。

应用广泛。无人驾驶技术往往需要经过五个级别方可达到完全自动驾驶阶段，国外基本处于多种功能自动（自动驾驶 2 级）到受限自动驾驶（自动驾驶 3 级）的过渡阶段，谷歌无人驾驶公司 Waymo 以其先进的技术名列全球无人驾驶技术公司首位；而我国整体处于个别功能自动（自动驾驶 1 级）到多种功能自动（自动驾驶 2 级）的过渡阶段，百度无人驾驶技术水平位列全球第七，研发测试车辆已达到全无人驾驶的最高级别（自动驾驶 4 级）①。高级驾驶辅助系统（ADAS）作为无人驾驶技术的初级阶段②，目前市场应用范围最广，渗透率快速提升，预计 2020 年市场规模将达 2000 亿元③，如图 2-48 所示。

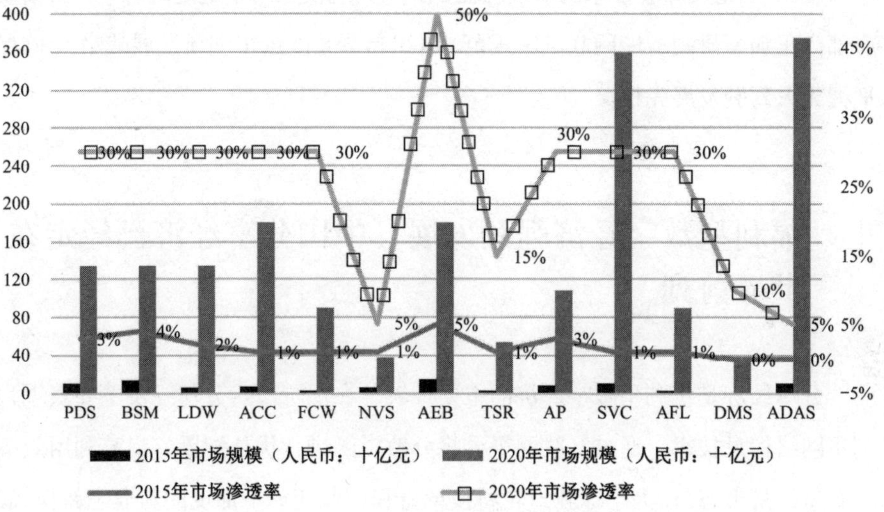

图 2-48　中国 ADAS 市场规模及预测（2014—2020）④

① 2016 年国内外无人驾驶汽车发展历程现状及路径趋势探讨，2016 年 3 月 18 日，http://www.chyxx.com/industry/201603/396451.html。

② 智能汽车：从 ADAS 到无人驾驶（上），2016 年 6 月 21 日，http://www.sohu.com/a/84782289_114877。

③ 赛迪顾问：《中国智能网联汽车产业发展白皮书（2017）》，http://www.mtx.cn/hybg/231417.htm?type=2。

④ 资料来源：The Swedish Trade & Invest Council，Autonomous driving & the next generation of transport in China，2016.12。

（4）我国无人驾驶大规模应用尚未开启，但未来市场潜力巨大。当前，我国无人驾驶技术的研发紧跟全球领先步伐，但无人驾驶汽车的大规模投入应用还有很长一段路。虽然大规模应用尚未开启，但我国汽车行业已成为世界第一大汽车市场，产销规模连年第一①，国内庞大、强劲的市场需求将为无人驾驶汽车行业的发展提供独有的市场机遇，助推中国成为全球主要市场。波士顿咨询公司（BCG）预计②，15 年内中国将成为全球最大的无人驾驶汽车市场，占全球需求的至少四分之一③；美国 IHS 汽车信息咨询公司预测，到 2035 年，全球无人驾驶汽车的销量将达到 2100 万辆，而中国将拥有超过 570 万辆无人驾驶汽车④。为便于无人驾驶技术的研发与测试，为大规模应用营造适宜环境，我国政府部门正加紧研制智能网联汽车规范，组织起草智能汽车创新发展战略⑤，确保把握无人驾驶发展先机。

七、福利型数字经济强劲发展，中国分享经济已经走在世界前列

分享经济是福利型数字经济的主要代表。在现阶段，分享经济主要表现为利用网络信息技术，通过互联网平台将分散资源进行优化配置，提高利用效率的新型经济形态。作为全球新一轮科技革命和产业变革下涌现的新业态新模式，分享经济正在加快驱动资产权属、组织形态、就业模式和消费方式的革新。

近年来，分享经济在全世界都取得了长足发展。美国、欧洲、非洲、亚洲

---

① 中国汽车工程学会：《新能源与智能汽车技术路线图》，2016.11.26。

② 外媒：中国将成无人驾驶汽车最大市场，占比超 1/4，2016 年 4 月 26 日，http://www.sohu.com/a/203395297_145327。

③ http://news.xinhuanet.com/info/2016-04/26/c_135311959.html。

④ http://tech.sina.com.cn/it/2017-12-07/doc-ifypnsin6991456.shtml。

⑤ http://auto.sina.com.cn/zz/sh/2017-09-11/detail-ifyktzim9516446.shtml。

等地区均涌现出大量分享经济企业，市场规模取得高速增长。2017 年 8 月美国银行发布的报告显示：新兴市场，特别是亚洲的新兴市场，将成为全球分享经济最为强劲的长期增长引擎。某种程度上，分享经济的发展已经成为影响一个国家或地区的重要力量。尼尔森报告显示，一些东南亚国家将分享经济列为影响该地区的首要颠覆性科技趋势（5 分制的 4 分），拉丁美洲（4）和印度（3.5）对其排名也很高。

当前，全球分享经济已经从最初的汽车、房屋迅速渗透到快递、货运物流、人力、金融、机械、农业等领域。据普华永道预计，P2P 借贷和众筹、人力资源、在线短租、交通出行及流媒体音乐视频等将成为增长最快的垂直领域，2013—2025 年的年复合增长率高达 17%～63%，如图 2-49 所示。

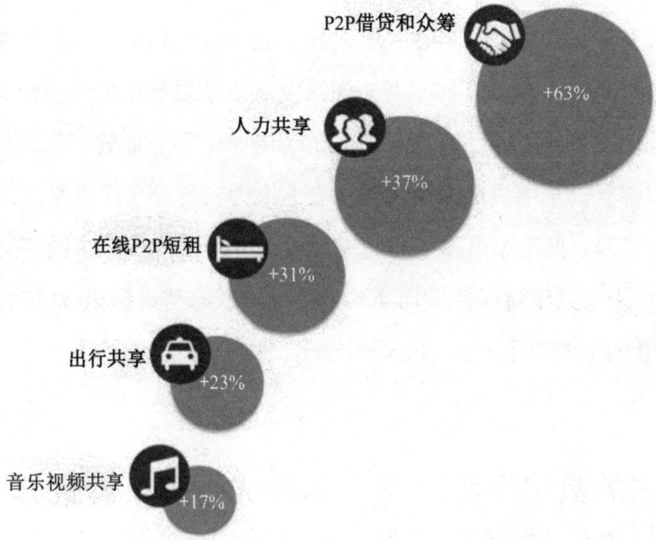

图 2-49　2013—2025 共享经济主要领域年均增速[①]

① 来源：PwC。

面对分享经济的迅猛发展，一些国际咨询机构纷纷发表相关研究成果。如英国市场调研公司 Juniper Research 的研究结果显示，2017 年全球分享经济的市场规模为 186 亿美元，到 2022 年将达到 402 亿美元。美国咨询机构 BIA/Kelsey 的报告显示，2016 年美国分享经济的潜在市场规模约为 7850 亿美元，欧洲市场约为 6450 亿美元。据美国银行估计，共享经济目前的市场规模约为 2 万亿美元，预计还将大幅增长。由于统计范畴有所差别，虽然不同咨询机构之间得出的市场规模差异较大。但有一点是相同的，即未来 5～10 年，全球分享经济将保持高速发展态势，分享经济大趋势是不变的。

中国分享经济发展已经走在世界前列。国家信息中心数据显示，2016 年中国参与分享经济人数超过 7 亿人，市场规模约 4.9 万亿元，较上年增长 47%。

进入 2017 年，中国分享经济迎来新一轮发展高峰，共享单车、共享雨伞、共享充电宝、共享篮球、共享睡眠舱、共享健身房、共享宿舍等各种各样的新业态新模式不断涌向。2017 年 7 月，国家发展改革委等八部门联合印发《关于促进分享经济发展的指导性意见》，围绕市场准入、行业监管、营造发展环境等进行了全面部署，从中央层面再次明确表态大力支持分享经济发展，在市场上释放了积极信号。据国家信息中心测算，2017 年年底中国分享经济交易规模达 4.5 万亿元，未来几年将保持年均 40%的高速增长态势，到 2020 年分享经济将占中国 GDP 的 10%以上，到 2025 年这一比例将提升至 20%左右。

八、中国的数字经济跻身全球领先行列，助推“一带一路”沿线国家共享数字经济红利

中国的数字化发展不断取得新进展，在世界舞台上的角色日益醒目，对全球经济的影响力也逐渐扩大。2017 年 5 月，习近平主席在“一带一路”国际合作高峰论坛开幕式上提出，我国要坚持创新驱动发展，加强在数字经济、人工

智能、纳米技术、量子计算机等领域的合作，推动大数据、云计算、智慧城市建设，打造一条数字丝绸之路。

（一）中国跻身全球数字经济引领者行列

近年，越来越多的中国企业通过并购、商业模式扩展、技术供应等方式积极参与数字经济全球化，中国已位居全球数字经济发展的最前沿。①中国已成为全球数据流动的主要参与国，能够对全球跨境商品、服务、金融和数据流动产生明显影响。目前，我国数字服务领域已实现净出口，2012—2016 年，连续保持年均 100 亿～150 亿美元的贸易顺差。②中国日渐成为全球数字化投资大国，对全球数字经济初创企业的影响迅速扩大，2014—2016 年间，中国的对外风险投资总额达到 380 亿美元，约 80%的投资流向发达经济体，其中又有 75%流入数字经济相关领域。③中国向海外拓展数字化驱动的商业模式，如无桩共享单车企业 ofo 和摩拜现已进入新加坡、英国和美国市场，美图秀秀积极寻求全球拓张，在海外多地设立分公司[①]。

（二）中国数字经济激活“一带一路”沿线国家发展转型潜力

中国积极与“一带一路”沿线国家在数字经济领域开展合作，既激活了沿线国家的发展活力，也带动“中国品牌”“中国方案”走向世界。①以数字经济为基础，加强与“一带一路”沿线国家信息通信基础设施的互联互通，打造互联互通生态链，构造网络空间命运共同体。截至 2017 年二季度，已与“一带一路”沿线 12 个国家建成 34 条跨境陆缆和多条国际海缆，直接联通亚洲、非洲、欧洲等各个国家。②以数字经济为动力，带动毗邻发展中国家数字化水平有效

① 数据来源：麦肯锡全球研究院《中国数字经济如何引领全球新趋势》，2017 年 9 月。

提升，缩小与发达国家之间的数字鸿沟，2016 年，借助“一带一路”信息化建设，沿线国家信息社会水平同比增速达到 2.78%，高于全球 2.10%的增长速度[①]。③以数字经济为牵引，阿里巴巴（中国）有限公司、华为技术有限公司、腾讯控股有限公司、联想控股股份有限公司、京东集团等国内先进企业积极参与技术创新和模式应用的国际推广，源源不断地将“中国品牌”“中国方案”带到沿线各国，助力中国品牌出海拓展，助力沿线国家经济社会发展[②]。

① 数据来源：外交部和发改委“一带一路”国际合作高峰论坛 http://www.cac.gov.cn/2017-05/11/c_1120954714.html。

② 数据来源：国家信息中心“一带一路”大数据中心，《“一带一路”大数据报告（2017)》。

第三章

省域数字经济发展态势

中国各省级行政区数字经济的发展由于战略导向、经济基础、产业结构、资源禀赋等不同而表现出明显的梯级分布特征，数字经济发展地区集聚效应显著，数字经济规模、增速、占比在稳步提升中呈现明显的区域差异。2016年，中国各省级行政区数字经济的良好发展势头更加强劲，各省级行政区数字经济高速增长，占GDP的比例明显提升，基础型数字经济稳步推进，融合型数字经济的增长引擎作用进一步凸显，新生型数字经济蓬勃发展。

一、数字经济规模区域差异明显

2016年，中国各省级行政区数字经济规模稳步增长，但省际差距有扩大趋势，各省级行政区数字经济规模呈现自东向西逐级递减的梯级分布特征，短期内各省级行政区在梯队间和梯队内排名有小幅调整。

2016年各省级行政区数字经济总体规模从高到低依次为：广东、江苏、山东、浙江、上海、北京、福建、湖北、河北、天津、陕西、吉林、广西、黑龙江、贵州、内蒙古、山西、新疆、甘肃、宁夏、青海[1]。2008年和2016年中国各省级行政区数字经济总体规模情况如图3-1所示。

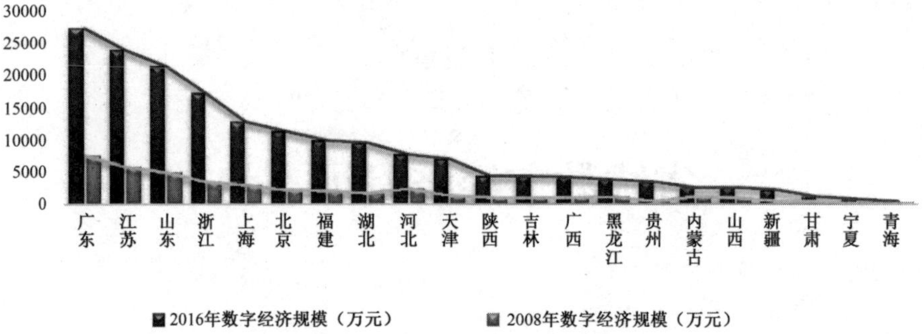

数据来源：课题组测算

图3-1　2008年和2016年各省级行政区数字经济规模

（1）各省级行政区数字经济规模稳步增长，但省际差距有扩大趋势。2016年，广东、江苏、山东三个省级行政区数字经济规模已超过2亿元，分别为2.71亿元和2.39亿元，浙江、上海、北京数字经济规模超过1亿元。与2008年相比，各省级行政区数字经济规模均呈现不同程度的增长，其中增长幅度最大的五个省级行政区分别为广东、江苏、山东、浙江、上海，增长幅度最小的五个省级行政区分别为内蒙古、山西、甘肃、宁夏和青海。但省际数字经济规模差距在拉大，排名第1的省级行政区与排名第21的省级行政区数字经济规模差距已由2008年的7503万元扩大到2016年的26670万元。

（2）各省级行政区数字经济规模梯级分布特征明显。各省级行政区数字经济规模是省域数字经济活动的总和，反映了该省级行政区以信息通信技术产业（ICT）为内核，ICT制造、服务与集成的总量。按照2016年各省数字经济规模大小，可将全国各省级行政区划分为四个梯队：第一梯队包括广东、江苏、山

① 鉴于数据可靠性及可获取性，本报告仅汇报了21个省份的测算结果。

东、浙江、上海、北京六个省级行政区，数字经济规模均在 10000 亿元以上；第二梯队包括福建、湖北、河北、天津四个省级行政区，数字经济规模在 6000 亿～10000 亿元；第三梯队包括陕西、吉林、广西、黑龙江、贵州、内蒙古、山西、新疆八个省级行政区，数字经济规模在 2000 亿～6000 亿元之间；第四梯队包括甘肃、宁夏、青海三个省级行政区，数字经济规模在 2000 亿元以下，如图 3-2 所示。

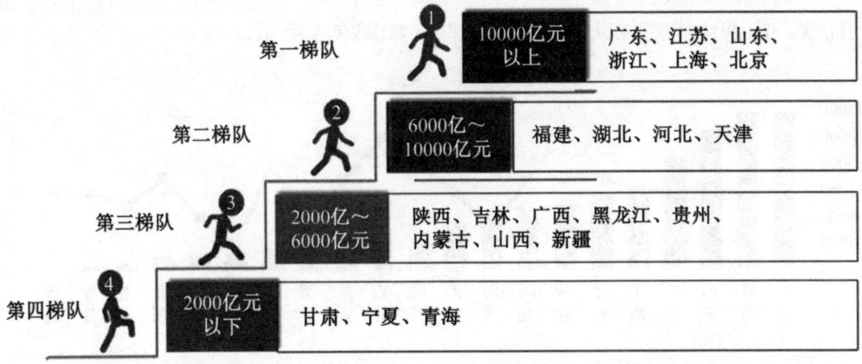

资料来源：课题组绘制

图 3-2　各省级行政区数字经济规模四个梯队

（3）各省级行政区数字经济规模呈现出自东向西逐级递减趋势。第一梯队省级行政区集中在东部沿海，广东、江苏、山东、浙江、上海、北京等地不仅是信息通信技术产业大省，也是传统产业发达的强省，以信息资本投入传统产业而带来的增长份额也较大；第二梯队省级行政区集中在东部和中部地区，福建、湖北、河北、天津等地 ICT 产业规模较大，河南等地虽不是 ICT 产业大省，但传统产业发展聚集，使得数字经济总量跻身于第二梯队；第三梯队省级行政区散布于中部、东北和西南地区；第四梯队省级行政区主要集中于西北地区。

（4）短期内各省级行政区在梯队间和梯队内有小幅调整。首先，各梯队之间的数字经济规模差距相对较大，同一梯队内数字经济规模差距相对较小。2016年，北京与福建、天津与陕西、广西与黑龙江分别是四个梯队的“分水岭”省级行政区，后一梯队第一名与前一梯队最后一名数字经济规模的差距分别达到1529.94亿元、2759.59亿元和851.42亿元；其次，2015—2016年间各省级行政区数字经济规模全国排名在所属梯队间和梯队内都有小幅调整。与2015年相比，2016年北京由第二梯队跃升至第一梯队，重庆、天津由第三梯队跃升至第二梯队，山西由第三梯队降至第四梯队，如图3-3所示。

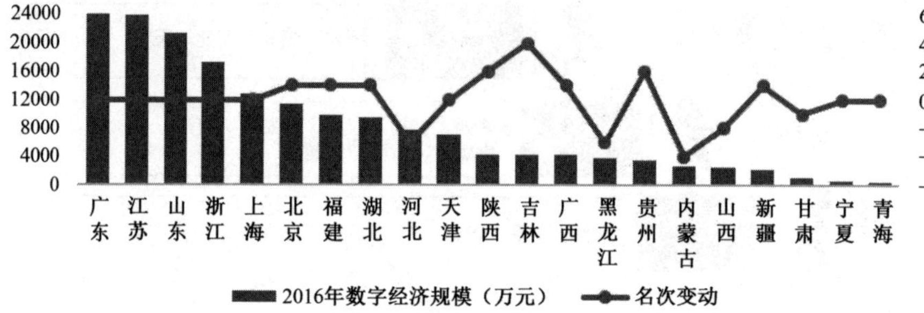

数据来源：课题组测算

图3-3　2016年各省级行政区数字经济规模排名变化

专栏3-1　广东省深化制造业与互联网融合

广东是全国经济第一大省和制造业大省。2016年广东省规模以上工业企业累计完成工业增加值突破3万亿元，达31917.39亿元，在全国位居三甲。在新常态背景下，制造业增速放缓，广东省推动制造业与互联网深入融合，旨在发挥创新在经济发展中的作用，推动制造业提质增效与转型升级，加强制造业国际竞争力。

2016年，广东省政府发布了《深化制造业与互联网融合发展的实施意见》，重点从制造业与互联网融合平台建设、培育制造业与互联网融合新模式、提升制造业与互联网融合水平等方面推进两化融合。平台建设方面，加快建设和完善制造企业互联网“双创”平台、工业云平台、工业电子商务平台。新模式方面，从设计、制造、生产和供应链管理等多个维度推动新模式的形成与发展。融合水平方面，提升融合基础的基础创新能力、制造业与互联网协同创新能力、绿色制造能力等。

计划到2018年，广东省制造业与互联网融合进一步提升，重点行业骨干企业“双创”平台普及率达到85%，工业云企业用户超过2万家；与2015年年底相比，重点行业骨干企业新产品研发周期缩短15%；全省规模以上制造企业关键工序数控率达到50%、网络化率达到70%、互联网销售率达到65%、互联网采购率达到60%；全省国家级互联网与工业融合创新试点企业达到40家，省级试点企业超过300家。与2015年年底相比，试点企业库存周转率提高28%，能源利用率提高8%。

二、数字经济呈现持续快速增长态势

各省级行政区数字经济保持良好增长态势，2008—2016年，增速显著提升和严重放缓的省级行政区并存，领先地区更具备可持续增长动力。

2016年各省级行政区数字经济增速由高到低依次为：山西、广西、内蒙古、广东、湖北、上海、浙江、北京、山东、宁夏、江苏、陕西、青海、河北、福建、甘肃、新疆、黑龙江、天津、吉林、贵州。2008年和2016年中国各省级行政区数字经济增速情况如图3-4所示。

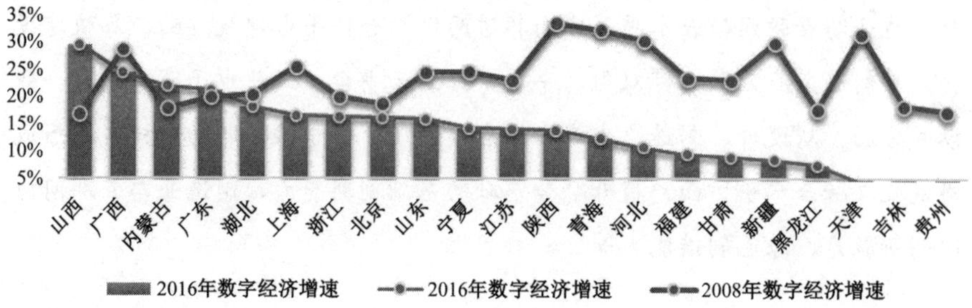

数据来源：课题组测算

图 3-4　2008 年和 2016 年中国各省级行政区数字经济增速

（1）数字经济规模增速显著提升和严重放缓的省级行政区并存。2008—2016 年间，东部地区大部分省级行政区数字经济保持较快增长，中西部地区呈现明显的两极分化态势。从 2016 年数字经济增速较 2008 年提升前三名与放缓前三名省级行政区的对比情况来看，增速提升最快的地区既有广东这样发达的省级行政区，也有山西、内蒙古这样的中西部省级行政区；增速提升较慢的地区同样也包含了东部的天津和中西部的青海和新疆，如图 3-5 所示。

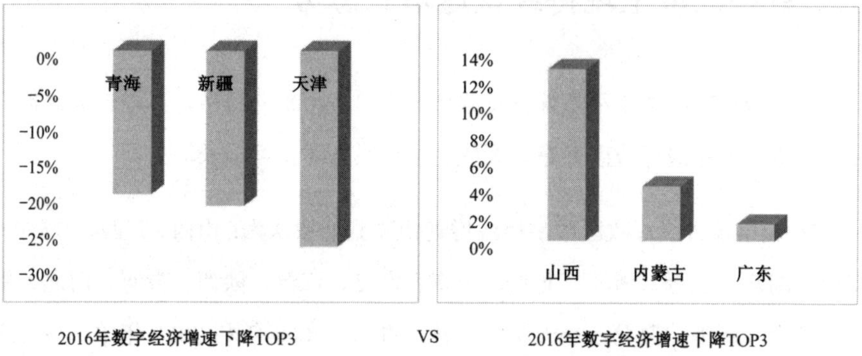

数据来源：课题组测算

图 3-5　各省级行政区数字经济增速提升/下降 TOP5 对比

（2）领先地区数字经济继续保持良好增长态势，数字经济具备可持续增长动力。2016 年，广东、北京、浙江等发达地区数字经济增速仍高于全国平均水平，在规模、占比、增速方面均引领全国发展。随着信息技术，特别是互联网在各个行业的深度融合渗透，领先地区的数字经济新模式、新业态不断创新，新市场、新空间不断拓展。一方面，领先地区互联网金融异军突起，电子商务快速成长，智能汽车、可穿戴设备等智能产品层出不穷，以互联网为载体、线上线下互动的新兴消费蓬勃发展。另一方面，领先地区融合创新正在沿着产业链下游的消费品行业向中游装备及上游原材料行业不断延伸，催生出众包研发、柔性生产、智能制造等新型生产模式。

专栏 3-2　上海加快推进工业互联网建设

上海市产业基础雄厚，近年来在制造业“两化”融合方面已经取得了积极成效。2017 年，上海市进一步提出用三年左右的时间初步形成工业互联网发展生态体系，充分发挥工业互联网的基础性作用，力争成为国家级工业互联网创新示范城市。

2017 年 2 月，上海市政府发布《上海市工业互联网创新发展应用三年行动计划（2017—2019 年）》。行动计划指出，未来三年上海市将聚焦战略性新兴产业、传统优势制造业、生产性服务业等两化融合基础较好、带动效应较大的电子信息、装备制造与汽车等六类重点产业，围绕工业互联网创新发展应用生态，推动企业互联互通改造，搭建各类服务平台，积极培育新模式新业态，形成工业互联网工作推进的新格局，形成产业发展新动能。

计划到 2019 年，上海工业互联网发展生态体系初步形成，全市基于互联互通的智能制造能力、基于数据驱动的创新发展能力及基于组织创新的资源动态配置能力实现总体提升，力争成为国家级工业互联网创新示范城市；打造 30 个工业互联网标杆工厂，培育 300 个创新发展应用项目，全市范围内建设 3～5 个实践示范基地、10 个功能型平台（标准、试验验证、人才培训及安全检测等），涌现出 20 家以上具有一定国际竞争力，能够提供自主、安全、可控的系统集成与解决方案的服务商。

三、数字经济占 GDP 比例明显提升

中国各省级行政区数字经济占 GDP 的比例有不同程度提升，1996—2016 年间，各省数字经济占比排名出现较大变化，东部省级行政区实现跨越式赶超。未来，数字经济可成为缩小区域宏观经济发展差距的利器，有助于减弱中国非均衡发展模式带来的不利影响，开辟新的发展模式。

2016 年各省级行政区数字经济占 GDP 比例由高到低依次为：上海、北京、天津、浙江、福建、吉林、贵州、山东、湖北、新疆、广东、江苏、宁夏、黑龙江、广西、河北、陕西、青海、山西、甘肃、内蒙古。2008 年和 2016 年中国各省级行政区数字经济占 GDP 比例情况如图 3-6 所示。

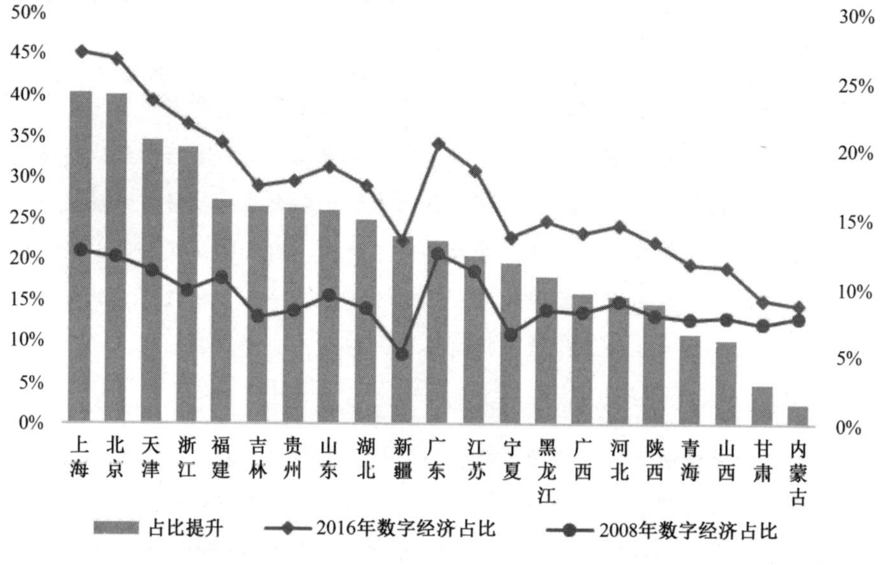

数据来源：课题组测算

图 3-6　2008 年和 2016 年各省级行政区数字经济占 GDP 比例及占比变动

（1）省际数字经济 GDP 占比阶梯分布特征明显。从 2016 年各省级行政区

数字经济占GDP比例梯级分布情况来看，上海、北京数字经济占GDP比例已超过40%，分别为45.3%和44.4%，另有天津、浙江、福建数字经济占GDP比例也超过30%，青海、山西、甘肃、内蒙古等少数中西部省级行政区数字经济的GDP占比低于20%，其余大部分省级行政区数字经济占比在20%～30%之间。较2008年，各省级行政区数字经济占GDP比例有不同程度的提升，其中提升幅度最大的五个省级行政区分别为上海、北京、天津、浙江、福建，提升幅度最小的五个省级行政区分别为陕西、青海、山西、甘肃和内蒙古。

（2）各省级行政区数字经济GDP占比排名在20年间发生颠覆性转变。1996—2016年间，各省级行政区排名出现较大变化。1996年各省级行政区数字经济占GDP比例较大的省级行政区集中于中西部地区，东部地区则占比偏低。但东部地区数字经济的GDP占比增长迅速，1996年上海、北京、广东、江苏等省级行政区数字经济占GDP比例处于倒数五名，而2016年这些东部省级行政区均已跃升为前十名；中西部地区数字经济占比则增长缓慢，如内蒙古从1996年的第三名跌落至2016年的最后一名，19年间数字经济的GDP占比仅增长了7.4%，如图3-7～图3-9所示。

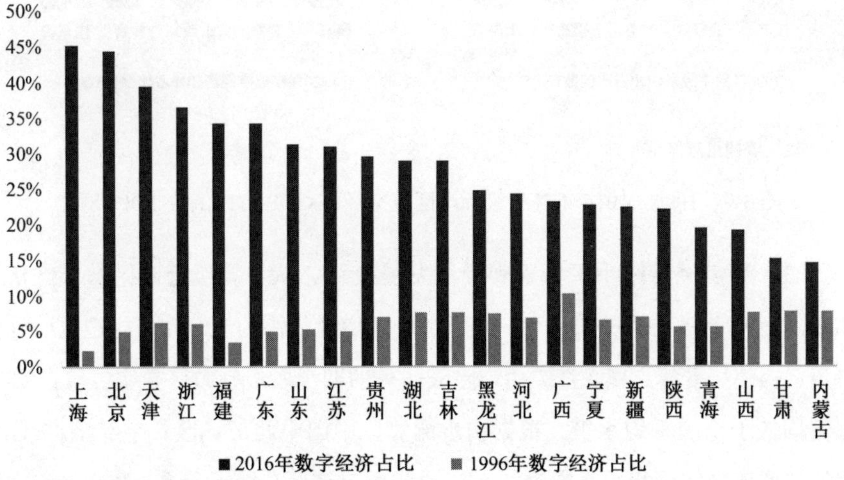

数据来源：课题组测算

图3-7　1996—2016年各省级行政区数字经济占GDP比例

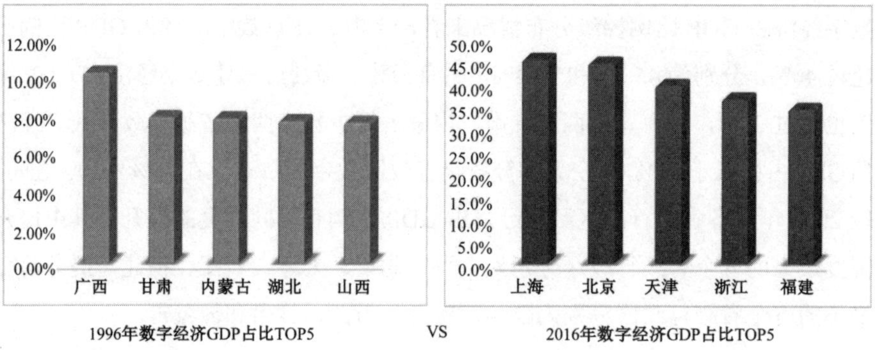

数据来源：课题组测算

图 3-8　1996—2016 各省级行政区数字经济 GDP 占比 TOP5 对比

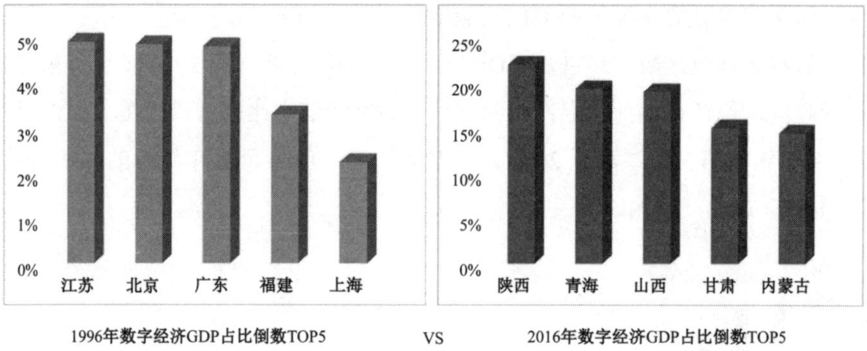

数据来源：课题组测算

图 3-9　1996—2016 年各省级行政区数字经济 GDP 占比倒数 TOP5 对比

（3）数字经济缩小区域宏观经济发展差距。从分省级行政区数字经济占 GDP 比例与增速分布来看，2016 年数字经济增速最快的五个省级行政区（天津、贵州、福建、吉林、黑龙江）中，除天津外的四个省级行政区数字经济占 GDP 比例均低于全国平均水平。根据初步测算，中国中西部地区数字经济占 GDP 比例与增速之间的相关系数为-0.81，说明对于这两个地区而言，数字经济占比较低则增速更快。数字经济有助于减弱中国非均衡发展模式带来的不利影响，开辟新的发展模式。

专栏 3–3 大数据、云计算助力北京城市治理

北京是全国的政治中心、文化中心、国际交往中心、科技创新中心，是中国共产党中央委员会、中华人民共和国中央人民政府和全国人民代表大会的办公所在地。近年来，随着经济的不断发展，北京市人口资源环境矛盾日益突出，人口过多、交通拥堵、环境污染等“大城市病”久治不愈，科技创新优势发挥严重不足。

在信息化浪潮正席卷全球，大数据作为重要的基础性战略资源，成为稳增长、促改革、调结构、惠民生和推动政府治理能力现代化的必然选择。2016年，北京市政府发布《北京市大数据和云计算发展行动计划（2016—2020 年）》，围绕首都城市战略定位，夯实大数据和云计算发展基础，加快高速宽带网络、物联传告、公共平台等六个领域的建设；深化大数据和云计算创新应用，在政府决策、城市管理、公共服务、产业转型和协调发展方面激发大数据、云计算的重要作用。

四、基础型数字经济平稳发展

基础型数字经济主要受制于各省级行政区的经济基础与产业结构，总体来看，各省级行政区基础型数字经济平稳增长，但省际差距较大，广东、江苏等东部省级行政区基础型数字经济持续领先，中西部地区仍有很多省级行政区基础型数字经济接近空白。

2016 年中国各省级行政区基础型数字经济规模排名自高到低依次为：广东、江苏、山东、浙江、北京、上海、福建、湖北、天津、陕西、广西、河北、吉林、山西、贵州、黑龙江、新疆、内蒙古、甘肃、宁夏、青海。2008 年和 2016

年各省级行政区基础型数字经济规模如图 3-10 所示。

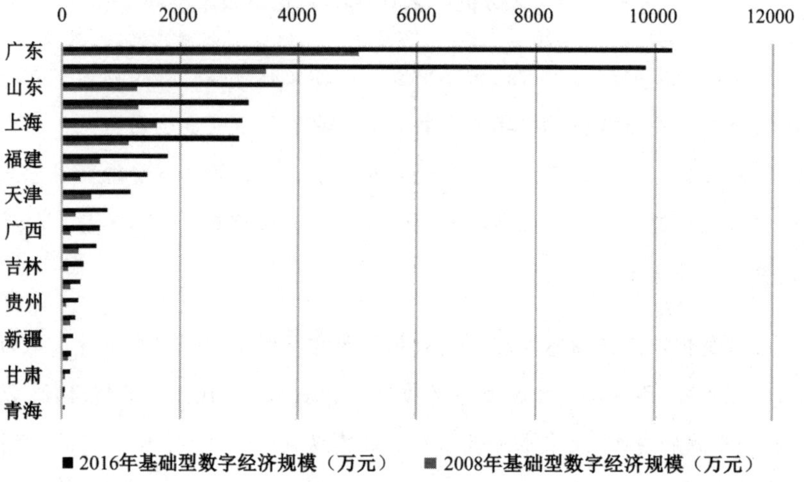

数据来源：课题组测算

图 3-10　2008 年与 2016 年各省级行政区基础型数字经济规模

（1）2008—2016 年间，约一半的省级行政区基础型数字经济规模实现大发展。从基础型数字经济规模绝对增长量来看，江苏省提升幅度最大，增加 6383 亿元，广东其次，提升 5255 亿元，山东位列第三，提升 2483 亿元。北京、浙江、四川、上海、辽宁、福建、湖北、河南、重庆九个省级行政区提升幅度则均在 1000 亿元以上。从基础型数字经济规模相对增长量来看，重庆增长最快，为 2008 年的 9.47 倍，广西、湖北、四川、河南四个省级行政区基础型数字经济规模增长较快，实现翻两番（增长量分别为 2008 年规模的 3.93 倍、3.70 倍、3.57 倍、3.42 倍）。绝对增长量或相对增长量较大的省级行政区约占全国省级行政区的一半。

（2）2008—2016 年间，各省级行政区基础型数字经济规模排名变化不大。吉林省基础型数字经济排名显著上升（较 2008 年上升 3 位），山东、陕西、黑龙江省基础型数字经济排名上升明显（均上升 2 位）；上海、贵州、新疆基础型数字经济排名显著下降（较 2008 年下降 2 位），天津、广西、河北、内蒙古四个省级行政区基础型数字经济排名下降较为明显（均下降 1 位），如图 3-11 所示。

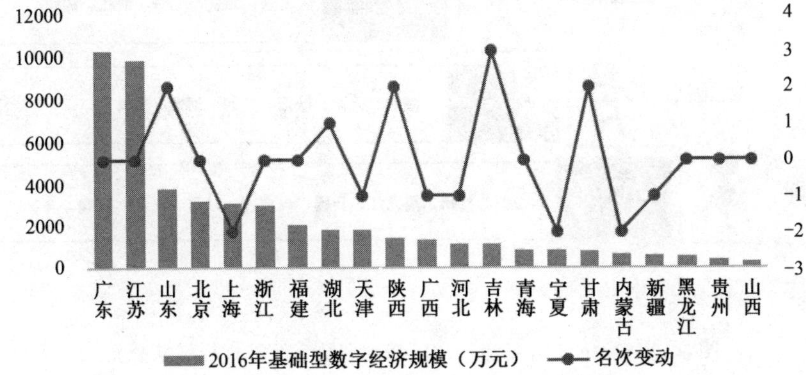

数据来源：课题组测算

图 3-11　2016 年各省级行政区基础型数字经济规模及与 2008 年排名变化

（3）基础型数字经济集中度较高，各省级行政区基础型数字经济规模分布呈现“金字塔”结构。2016 年，各省级行政区基础型数字经济规模可分为四个梯队，省级行政区数量最多的第四梯队行政区基础型数字经济接近空白，基础型数字经济规模排名靠前的省级行政区大部分集中于东部沿海、环渤海及西部地区。位于第一梯队的广东省和江苏省基础型数字经济规模“一骑绝尘”，均达到 9000 亿元以上，仅这两省的规模总和就占全国总和的 41.37%。第二梯队为山东、北京、上海、浙江、福建五个省级行政区，其基础型数字经济规模均在 2000 亿～4000 亿元之间，五个省级行政区规模总和约占全国规模总和的 30.83%。第三梯队为湖北、天津、陕西、广西、河北、吉林六个省级行政区，其基础型数字经济规模均在 1000 亿～2000 亿元之间，六个省级行政区规模总和约占全国规模总和的 17.70%。山西、贵州、黑龙江等剩余的八个省级行政区处于第四梯队，其基础数字经济规模均在 1000 亿元以下，这 16 个省级行政区规模总和仅占全国规模总和的 10.10%，如图 3-12 所示。

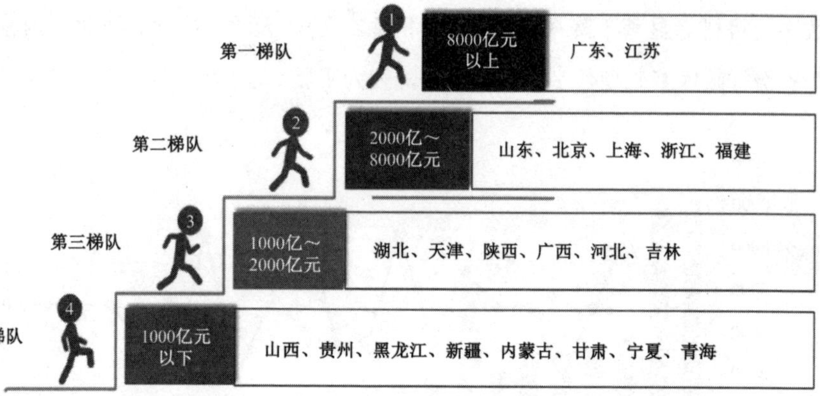

资料来源：课题组绘制

图 3-12　2016 年各省级行政区基础型数字经济规模梯队分布

专栏 3–4　江苏苏南群智能制造示范区

江苏是近代中国民族工业发祥地之一，早在“十五”期间就被党中央、国务院列为全国改革开放和转型发展先行先试省份之一。发展至今，江苏工业规模质效全国领先，增加值约占全国的八分之一，全球的 1.5%，智能制造发展优势明显。

近两年，江苏各地尤其是“中国制造 2025”苏南城市群，集群持续“发力”智能制造，产业加速向高端化、智能化、绿色化、服务化、品牌化方向发展。苏南智能制造示范区是江苏省的重点项目，以南京、常州为重点探索智能制造个性化定制新模式，积极申请国家大数据产业集聚区建设试点，带动新型工业化发展；支持各地建设一批面向智能制造的企业研发机构，加强智能制造自主装备研发和标准建设，推动智能制造软件产品研发，推进智能制造网络基础设施建设；加大为工业企业服务力度，支持服务机构牵头开展智能工厂建设项目诊断，培育一批智能制造装备提供商、智能制造软件提供商和系统集成商。

截至2017年12月，江苏省累计有12个项目入选国家智能制造试点示范项目计划、26个项目获得国家智能制造专项支持、2个项目入选中德智能制造合作试点示范。6家企业入选国家制造业和互联网融合发展试点示范，6家企业入选国家两化融合管理体系贯标示范，73家企业入选国家两化融合管理体系贯标试点企业；共评定50家省制造业和互联网融合发展示范企业、230家省制造业和互联网融合发展试点企业、259家省两化融合管理体系贯标试点企业；已经创建智能车间388家，车间自动化、智能化装备比例达83%，智能装备联网率达86%。大中型企业基本实现电商应用全覆盖，制造业关键生产工序数控化率超过50%。基于大数据、云计算、物联网的服务应用和创业创新日益活跃，有力推动着全省经济新旧动能转换，助力江苏从制造大省向制造强省跨越。

五、融合型数字经济突飞猛进

2016年，中国各省级行政区融合型数字经济规模从东部到西部逐渐下降，排名靠前的省级行政区大部分集中于东部沿海、环渤海及中部地区。2008—2016年，北京、贵州、天津、上海、新疆、广东等省级行政区融合型数字经济增长幅度最大，也成为这些省级行政区数字经济总体规模排名跃升的主要推动力。

2016年，全国各省级行政区融合型数字经济规模排名从高到低依次为：北京、贵州、天津、上海、新疆、广东、宁夏、湖北、江苏、福建、浙江、吉林、山东、陕西、广西、青海、黑龙江、河北、甘肃、山西、内蒙古。各省级行政区2008年和2016年融合型数字经济的规模情况，如图3-13所示。

（1）2008—2016年间，各省级行政区融合型数字经济规模均有不同程度的增长。从融合型数字经济规模绝对增长量来看，山东、广东、江苏提升幅度最大（分别增长13792.2亿元、13405.2亿元、10902.8亿元），浙江、上海、北京、湖北、福建五个省级行政区提升幅度均在6000亿～10000亿元（分别为9468.2亿元、8306.7亿元、7204.1亿元、6443.1亿元、6329.5亿元），天津、河北两个省级行政区提升幅度则均在5000亿元以上（分别为5087.8亿元、5012.2亿元）；从融合型数字经济规模相对增长量来看，北京增长最快（为2008年的7.32倍），贵州、天津、上海、新疆、广东、宁夏等17个省级行政区则增长较快，2008—2016年的八年间，融合型数字经济规模均实现了翻两番以上。

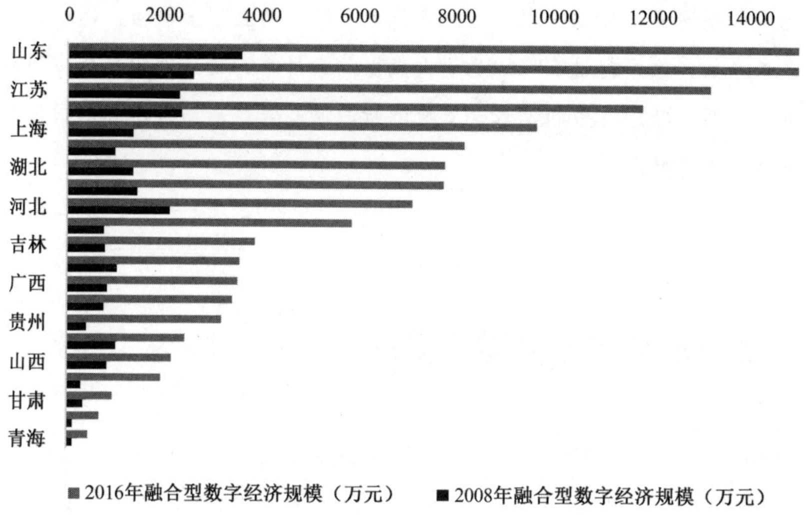

数据来源：课题组测算

图3-13　2008年与2016年各省级行政区融合型数字经济规模

（2）2008—2016年间，部分省级行政区融合型数字经济规模排名变化明显。天津、上海、广西、河北四个省级行政区排名显著上升，较2008年分别上升6位、4位、4位、3位。湖北、内蒙古、山西、陕西、吉林、贵州六个省级行政区融合型数字经济排名下降较为显著，较2008年分别下降2位、2位、2位、3位、5位、5位，如图3-14所示。

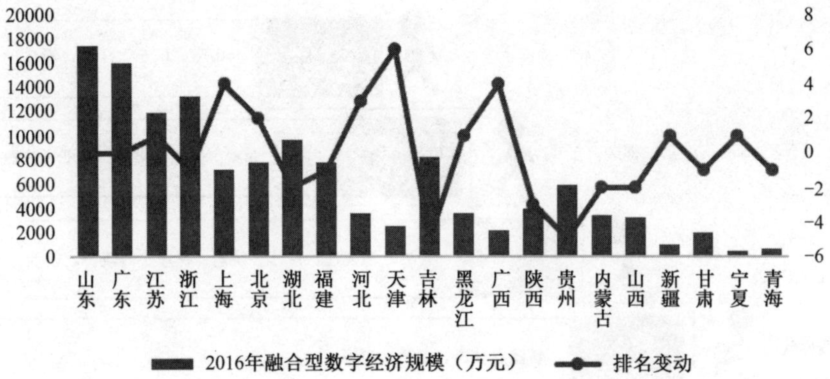

数据来源：课题组测算

图 3-14　2016 年各省级行政区融合型数字经济规模与 2008 年排名变化

（3）各省级行政区融合型数字经济规模地域分布呈现明显差异，按规模大小可分为四个梯队。2016 年，各省级行政区融合型数字经济规模从东部到西部逐渐下降，排名靠前的省级行政区大部分集中于东部沿海、环渤海及中部地区。具体如图 3-15 所示。

第一梯队包括山东、广东、江苏、浙江四个省级行政区，均位于东部沿海地区，其融合型数字经济规模均达到 10000 亿元以上，四个省级行政区规模总和约占全国规模总和的 44.59%。

第二梯队包括上海、北京、湖北、福建、河北、天津六个省级行政区，其融合型数字经济规模均在 5000 亿～10000 亿元以上，六个省级行政区规模总和约占全国规模总和的 35.39%。

第三梯队包括吉林、黑龙江、广西、陕西、贵州、内蒙古、山西七个省级行政区，其融合型数字经济规模均在 2000 亿～5000 亿元之间，七个省级行政区规模总和约占全国规模总和的 16.97%。

第四梯队包括新疆、甘肃、宁夏、青海四个省级行政区，其基础型数字经济规模均在 2000 亿元以下，四个省级行政区规模总和占全国规模总和的 3.05%。

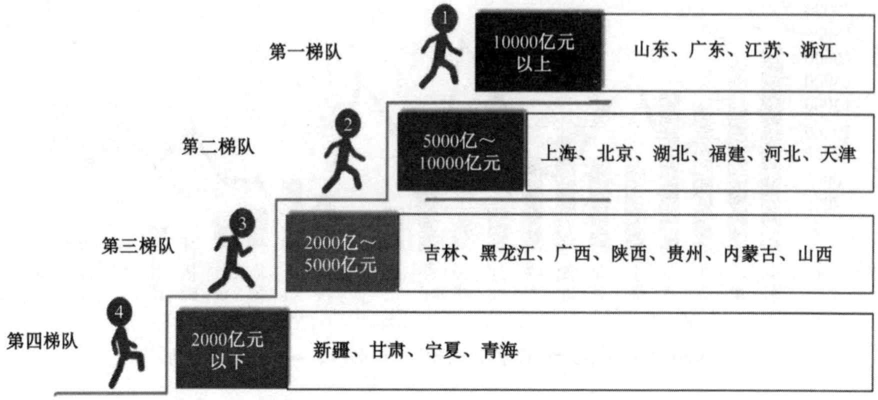

资料来源：课题组绘制

图 3-15　2016 年各省级行政区融合型数字经济规模梯队分布

各省级行政区数字经济结构与其产业构成存在明显正相关性。

- 以山东、广东、浙江、江苏为代表的东部沿海地区经济大省呈现了基础型数字经济排名与融合型数字经济排名双高现象。
- 以河北、河南、湖南为代表的重工业大省，传统产业占比较大，在传统产业转型升级过程中，融合型数字经济蓬勃发展，排名也跻身全国前列。
- 北京市制造业占 GDP 比例相对较小，且随着近年来非首都功能迁出，其融合型数字经济规模在全国并不靠前。

第四章

重点行业数字经济发展现状

随着全球新一轮产业变革的不断深化，中国各个重点行业加快开展数字经济建设，深入推动信息化和工业化融合，实现数字化、网络化、智能化快速发展，各行业数字经济发展呈现鲜明的差异化特征。整体来看，电力、烟草、电子、交通设备制造、石化等行业数字经济发展水平较高。原材料、装备、消费品等行业数字经济发展各有侧重，分别围绕智能制造、研发创新、互联网化转型展开了积极探索。

一、数字经济在重点行业发展的总体情况

中国数字经济在重点行业的发展水平和阶段不尽相同，各行业的发展需求和生产特征也存在差异。基于各自数字化、网络化、智能化的重点需求状况，各行业围绕信息化发展的不同侧重点，展开了积极的探索，探索过程中发现的核心问题和桎梏，将作为行业下一阶段重点突破的方向。

（一）各行业数字经济总体情况

（1）面向制造业的数字经济蓬勃发展，我国各重点行业的数字经济发展在

研发、制造、产业链等方面呈现不同特征，发展路径各异。其中，装备行业的数字经济总量规模最大，以数字化研发工具的创新应用为突破口发展数字经济，是各行业中数字经济发展最具潜力的领域；以石化行业为代表的原材料行业以强化制造环节的智能化水平为着力点，在生产设备数字化率、数字化生产设备联网率和智能制造就绪率方面位于各行业领先水平；食品、医药、石化、汽车的产业链协同水平较高，整体上来看，未呈现出典型的行业特征，如图 4-1 所示。

水平高 水平低

		数字化研发设计工具普及率	生产设备数字化率	数字化生产设备联网率	智能制造就绪率	实现产业链协同的企业比例
装备行业	机械	77.3%	38.7%	29.7%	2.8%	5.5%
	汽车	83.5%	47.5%	—	9.2%	6.9%
原材料行业	建材	50.0%	44.1%	39.2%	4.3%	5.9%
	钢铁	47.6%	47.7%	—	5.5%	3.3%
	石化	55.5%	53.7%	52.8%	7.4%	8.2%
消费品行业	轻工	61.2%	39.7%	32.1%	4.4%	5.8%
	食品	48.5%	43.9%	37.5%	5.1%	9.2%
	纺织	59.2%	45.6%	37.4%	5.7%	5.7%
	医药	55.3%	46.5%	35.5%	5.9%	9.1%

图 4-1　2017 年重点行业数字经济发展全景图

（2）电力、烟草、电子、交通设备制造、石化等行业两化融合发展水平较高，实现综合集成的企业比例超过 20%。2017 年，各行业两化融合发展水平排名从高到低依次为电力、烟草、电子、交通设备制造、石化、医药、食品、机械、轻工、纺织、采掘、冶金、建材，整体呈现出能源行业高于制造业行业高于采掘的态势。其中，对于制造业而言，装备行业两化融合发展水平较高，高于全国平均水平，原材料、消费品行业的两化融合发展水平基本持平。实现综合集成的企业比例超过 20%的行业包括电力、烟草、电子、交通设备制造、石化等，如图 4-2 所示。

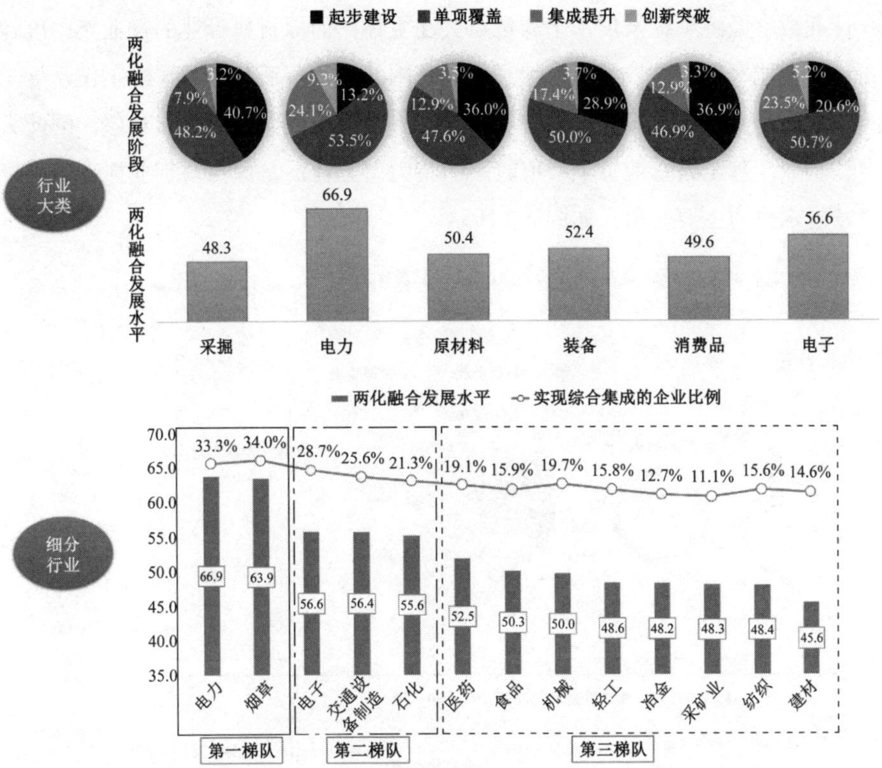

图 4-2　2017 年行业两化融合发展水平及阶段分布情况

（二）原材料和消费品行业数字经济发展面临的结构性问题突出，装备行业和电子行业数字经济发展急需在共性关键环节取得整体性突破

（1）原材料和消费品行业数字经济发展面临较为突出的结构性问题。原材料与消费品行业两化融合发展阶段的分布特征虽然比较类似，均是起步建设阶段企业占比较高，但这两个行业数字经济发展面临的问题和提升路径却不尽相同——消费品行业作为典型的中小企业主导、劳动密集型行业，行业整体集中度不高，行业内 80%左右的小微型企业主营业务收入占整个行业主营业务收入的比例约 50%，是提升整个行业活力的重要组成，因此需要将中小企业作为提

升行业数字经济整体发展水平的重点关注主体；而原材料行业的行业集中度较高，且产能严重过剩，行业持续开展大范围的淘汰落后和兼并重组工作，处于两化融合起步建设阶段的大部分小型企业将是淘汰或兼并的重点对象，因此大中型企业，甚至是行业贡献产值较高的特大型企业，是原材料行业提升数字经济发展水平的主要对象，如图 4-3 所示。

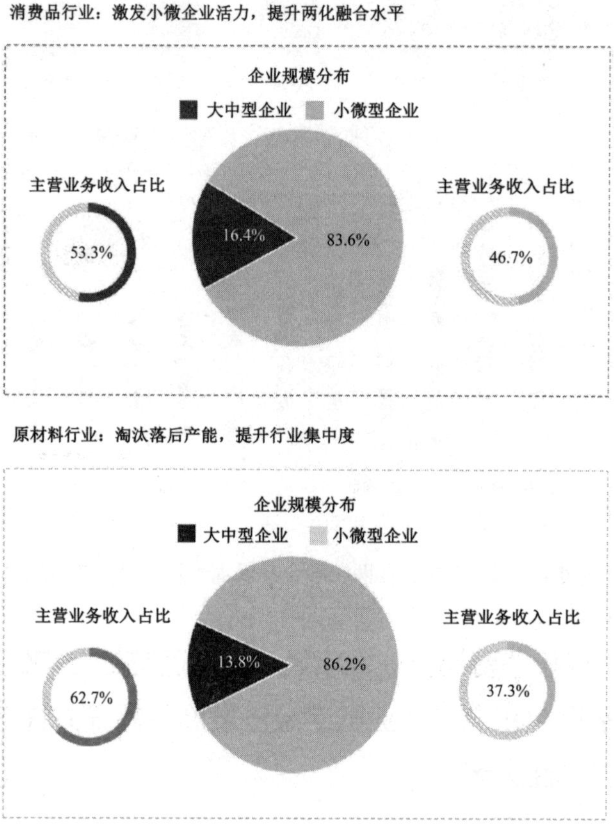

图 4-3　消费品、原材料行业企业规模分布及相应创收情况[①]

（2）装备行业和电子行业数字经济发展急需在共性关键环节取得整体性突破。对于装备、电子信息行业，向集成提升阶段迈进是发展数字经济的下一步

① 来源于《中国统计年鉴 2016》，经整理计算。

重点，但在突破集成的重点方向上各有侧重。对于装备行业，行业中有 80%[①]的以零部件等配套加工为主的小型企业，需要主制造商在产业链层面带动小型企业的数字经济发展，通过在统一平台上进行协同设计和制造资源共享，目前，装备行业中有 30.7%的大中型企业能够实现跨企业的产品协同设计与制造，这一比例在小微型企业中为 21.6%，装备行业尚需提升整个行业的协同运作水平；对于电子信息行业，行业整体数字经济发展起点较高，在底层生产装备、产品设计研发、精细生产管控、客户市场服务等方面的信息技术应用有良好基础，行业内关键工序数控化率、数字化研发设计工具普及率、实现生产环节信息化覆盖的企业比例均超过 50%，但是行业的产业链协同发展有所欠缺，目前电子信息行业仅有 8.3%的企业实现产业链协同，需尽快提高产业链业务协同水平，进一步提升产业链上下游企业间协同关系的紧密度，提高全产业链的整体竞争实力，如图 4-4 所示。

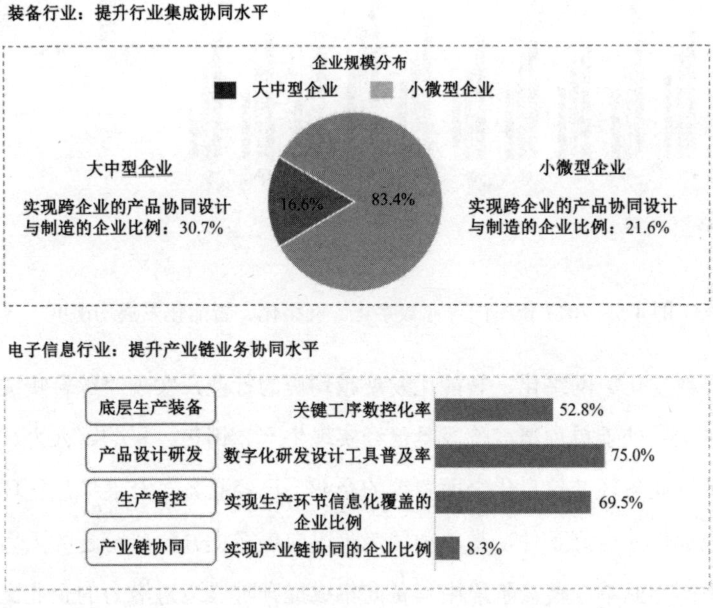

图 4-4 装备、电子信息行业数字经济发展重点分析

① 来源于《中国统计年鉴 2016》，经整理计算。

（三）装备行业数字化、网络化、智能化发展相对均衡，数字经济发展进程实现行业整体跃升的潜力最大

（1）不同行业数字经济发展均衡程度存在一定差异，装备行业在数字化、集成互联、智能协同方面发展更为均衡。通过计算各个行业单项应用、综合集成、协同创新三个指标水平之间的差距比率发现，不同行业在数字化、网络化、智能化发展均衡程度存在一定差异，大体上呈现出装备行业发展最为均衡，消费品、原材料行业次之的态势，如图 4-5 所示。

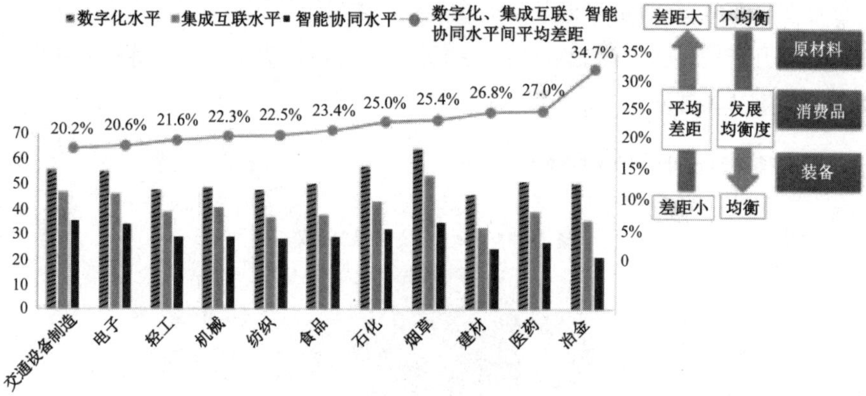

图 4-5　2017 年不同行业数字化、网络化、智能化发展均衡度

（2）数字化、网络化、智能化发展越均衡的行业，实现“综合集成”跃升的潜力越大。处于单项覆盖阶段且已经实现生产、销售、采购、人力、财务、办公等关键业务环节信息化全面覆盖的企业，已经具备了开展信息化环境下的业务集成运作的良好条件，是单项覆盖阶段向集成提升阶段跨越的主力军。通过比较不同行业单项覆盖阶段中具备向集成提升阶段迈进潜力的企业比例，可以发现，数字化、网络化、智能化发展越均衡的行业，具备突破综合集成潜力的企业比例越高，如图 4-6 所示。

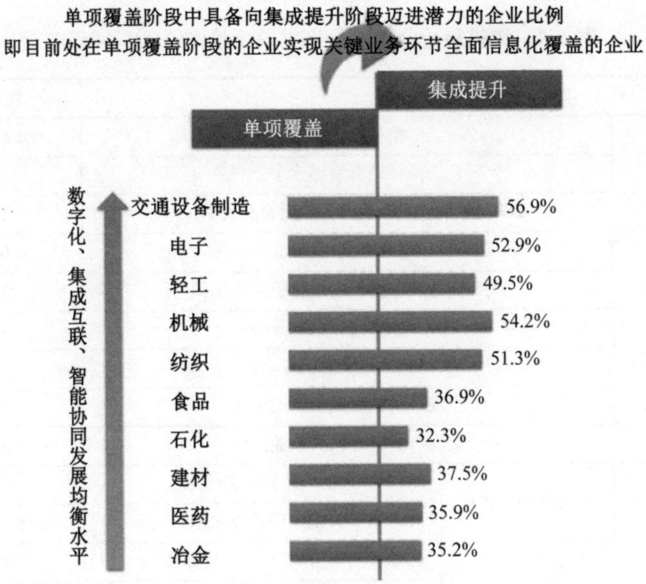

图 4-6　2017 年不同行业两化融合发展阶段跃升潜力

二、不同行业的数字经济发展路径各异

原材料、装备、消费品等行业所处产业链位置、行业结构、生产特征、发展需求各有不同，各行业推动数字经济发展具有鲜明的差异化特征。

（一）原材料行业重点关注智能制造水平的提升

随着经济发展进入新常态，原材料行业成为践行“三去一降一补”任务的攻坚区，通过信息技术深度融入研发、设计、制造、采购、销售、服务等环节，加速面向客户需求的研发设计、工艺设计等迭代优化，驱动生产组织由推动式向拉动式转变。2017 年，我国原材料行业数字经济总量达到 8525.4 亿元，两化融合发展水平达到 50.4，低于全国平均水平，16.4%的企业达到集成提升及以上阶段，如表 4-1 所示。

表 4-1　原材料行业数字经济发展全景图（2017 年）

<table>
<tr><th colspan="3">指　　标</th><th>数　　值</th></tr>
<tr><td rowspan="2">总体水平</td><td colspan="2">数字经济总量</td><td>8525.4 亿元</td></tr>
<tr><td colspan="2">两化融合发展水平</td><td>50.4</td></tr>
<tr><td>发展阶段</td><td colspan="2">达到集成提升及以上阶段企业比例</td><td>16.4%</td></tr>
<tr><td rowspan="6">关键指标</td><td colspan="2">信息化投入占比</td><td>0.21%</td></tr>
<tr><td colspan="2">关键业务环节全面信息化的企业比例</td><td>32.1%</td></tr>
<tr><td colspan="2">应用电子商务的企业比例</td><td>46.8%</td></tr>
<tr><td colspan="2">实现管控集成的企业比例</td><td>13.5%</td></tr>
<tr><td colspan="2">实现产供销集成的企业比例</td><td>14.6%</td></tr>
<tr><td colspan="2">实现产业链协同的企业比例</td><td>6.0%</td></tr>
<tr><td rowspan="8">新型基础设施建设</td><td rowspan="2">自动控制与感知</td><td>生产设备数字化率</td><td>48.4%</td></tr>
<tr><td>关键工序数控化率①</td><td>59.0%（39.5%）</td></tr>
<tr><td rowspan="4">工业软件</td><td>数字化研发设计工具普及率</td><td>51.2%</td></tr>
<tr><td>ERP 普及率</td><td>50.9%</td></tr>
<tr><td>PLM 普及率</td><td>10.7%</td></tr>
<tr><td>MES 普及率</td><td>19.3%</td></tr>
<tr><td>工业网络</td><td>数字化生产设备联网率</td><td>44.8%</td></tr>
<tr><td>工业云平台</td><td>云平台应用率</td><td>35.3%</td></tr>
<tr><td rowspan="5">新模式新业态</td><td colspan="2">重点行业骨干企业“双创”平台普及率</td><td>65.1%</td></tr>
<tr><td colspan="2">实现网络化协同的企业比例②</td><td>—</td></tr>
<tr><td colspan="2">开展服务型制造的企业比例</td><td>—</td></tr>
<tr><td colspan="2">开展个性化定制的企业比例</td><td>—</td></tr>
<tr><td colspan="2">智能制造就绪率</td><td>5.6%</td></tr>
</table>

（1）原材料行业以强化制造环节的智能化水平为着力点，打造集约高效、实时优化的生产新体系。行业智能制造转型趋势显著，石化、大型钢铁行业智能制造就绪率分别达到 6.8%、18.3%，在各重点行业当中居于前列。围绕提质

① 针对关键工序数控化率，括号外为按照企业规模设置权重的加权平均值，反映该指标国家（行业、区域）的综合水平；括号中为算术平均值，反映该指标企业平均水平。《中国制造 2025》中测算的是算术平均值。下同。

② 实现网络化协同的企业比例、开展服务型制造的企业比例、开展个性化定制的企业比例三个指标仅针对离散型行业计算。下同。

增效的目标，原材料行业在质量全过程管控、设备预防性管理、能源综合管理、供应链集成等方面不断提升智能化水平，不断探索基于数据的产业生态圈、产业链集成共享平台等新模式，如图 4-7 所示。

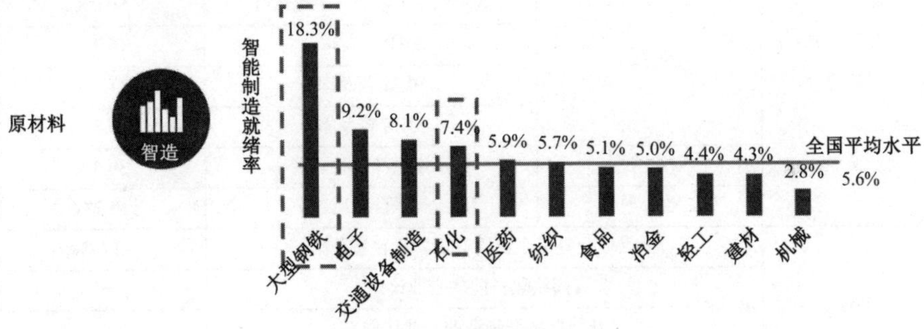

图 4-7　原材料行业数字经济发展侧重点

以建材行业为例，作为原材料行业的重要分支，2017 年数字经济总量达 1438.6 亿元，总量位居原材料行业前列，两化融合发展水平达到 45.6，部分企业已初步形成探索内部集成互联及企业间的业务协同和模式创新的机制，14.6%的企业达到集成提升及以上阶段，4.3%的企业初步具备探索智能制造的条件，但整体仍低于制造业平均水平（19.3%和 5.6%），如表 4-2 所示。

表 4-2　建材行业数字经济发展全景图（2017 年）

指　标		数　值
总体水平	数字经济总量	1438.6 亿元
	两化融合发展水平	45.6
发展阶段	达到集成提升及以上阶段企业比例	14.6%
关键指标	信息化投入占比	0.25%
	关键业务环节全面信息化的企业比例	31.0%
	应用电子商务的企业比例	41.6%
	实现管控集成的企业比例	12.9%
	实现产供销集成的企业比例	12.9%
	实现产业链协同的企业比例	5.9%

续表

指标			数值
新型基础设施建设	自动控制与感知	生产设备数字化率	44.1%
		关键工序数控化率[①]	49.2%（36.5%）
	工业软件	数字化研发设计工具普及率	50.0%
		ERP 普及率	46.3%
		PLM 普及率	11.3%
		MES 普及率	16.3%
	工业网络	数字化生产设备联网率	39.2%
	工业云平台	云平台应用率	35.2%
新模式新业态	重点行业骨干企业“双创”平台普及率		72.17%
	实现网络化协同的企业比例[②]		—
	开展服务型制造的企业比例		—
	开展个性化定制的企业比例		—
	智能制造就绪率		4.3%

（2）建材行业着力推动生产实施与 IT 设备更新改造和换代升级，孕育出多种新型发展模式。①开展跨界经营，建设建材集团大数据中心和云计算中心，实现基于大数据的商业智能与决策支持、集中分析与对标云、营销云、物资云等功能，切实落实“互联网+建材”的行业应用，加快推进制造业向制造服务业转型；②通过搭建绿色建材信息系统着力完善绿色建材标准评价体系，利用互联网、大数据等信息技术构建绿色建材公共服务系统，并推动循环经济产业链的绿色功能产业转型；③提升企业两化融合过程中的数据收集与分析能力，充分挖掘数据价值，实现产品个性化定制，提升建材产品的差异化和多样性，完善供给侧结构。

---

① 针对关键工序数控化率，括号外为按照企业规模设置权重的加权平均值，反映该指标国家（行业、区域）的综合水平；括号中为算术平均值，反映该指标企业平均水平。《中国制造 2025》中测算的是算术平均值。下同。

② 实现网络化协同的企业比例、开展服务型制造的企业比例、开展个性化定制的企业比例三个指标仅针对离散型行业计算。下同。

专栏 4-1　中国巨石玻纤产业智能制造基地正式投入生产

2017 年 9 月，位于桐乡经济开发区中国巨石玻纤产业智能制造基地（以下简称“智能制造基地”）正式投入生产，首线运行实现 15 万吨的玻纤生产。智能制造基地于 2016 年 5 月奠基启动建造，旨在以互联网思维和手段，建立采购、生产、销售、运营全生命周期的数字化模型，构建实现产业链的一体化经营，推动企业经营模式向流程制造服务模式转型。

智能制造基地本着定位高、要求严、技术新、实力强的原则，从原辅材料生产加工起步，按“产品高端化、产业一体化”的战略部署，未来将逐步建立集信息共享、生产计划、过程协同、设备控制、资源优化、质量监管、决策支持为一体的智能管控平台，实现玻璃纤维智能化、精细化生产、人机料法环（人员、机器、原料、方法、环境）资源优化配置，最终达到资源更节约、环境更友好、效率更提高、质量更攀升、成本更降低、节能减排更显现、生产运行更安全、结构调整更优化的目标。

（二）装备行业着眼于提升全产业价值链水平

目前我国装备制造产业规模已位居世界首位，产业链覆盖较全，但现阶段装备行业仍然面临着产能过剩和结构失衡等问题，聚焦高端装备发展，夯实装备升级基础是“十三五”期间的核心议题，《中国制造 2025》明确将高端装备创新工程作为五大工程之一。2017 年，我国装备行业数字经济总量达 7367.8 亿元，两化融合发展水平达到 52.3，高于原材料和消费品行业，行业中 21.1% 的企业达到集成提升及以上阶段，积极探索企业内部集成互联及企业间的业务协同和模式创新如表 4-3 所示。

表 4-3　装备行业数字经济发展全景图（2017 年）

指　标			数　值
总体水平	数字经济总量		7367.8 亿元
	两化融合发展水平		52.3
发展阶段	达到集成提升及以上阶段企业比例		21.1%
关键指标	信息化投入占比		0.28%
	关键业务环节全面信息化的企业比例		47.9%
	应用电子商务的企业比例		56.6%
	实现管控集成的企业比例		16.6%
	实现产供销集成的企业比例		22.4%
	实现产业链协同的企业比例		5.6%
新型基础设施建设	自动控制与感知	生产设备数字化率	40.5%
		关键工序数控化率	40.0%（39.5%）
	工业软件	数字化研发设计工具普及率	79.8%
		ERP 普及率	62.0%
		PLM 普及率	24.5%
		MES 普及率	27.3%
	工业网络	数字化生产设备联网率	33.6%
	工业云平台	云平台应用率	42.6%
新模式新业态	重点行业骨干企业"双创"平台普及率		68.7%
	实现网络化协同的企业比例		30.1%
	开展服务型制造的企业比例		24.2%
	开展个性化定制的企业比例		7.2%
	智能制造就绪率		5.5%

（1）装备行业以数字化研发工具的集成应用和基于产品的智能服务为双向突破口，提升产业价值链水平。装备行业围绕产品全生命周期研发创新开展积极探索，行业数字化研发设计工具普及率达到 79.8%，其中交通设备制造行业超过 80%，数字化研发设计工具的普遍应用为装备行业以客户需求为核心开展定制化协同研发、基于智能化产品的敏捷售后服务等创新性探索奠定了良好基础，如图 4-8 所示。

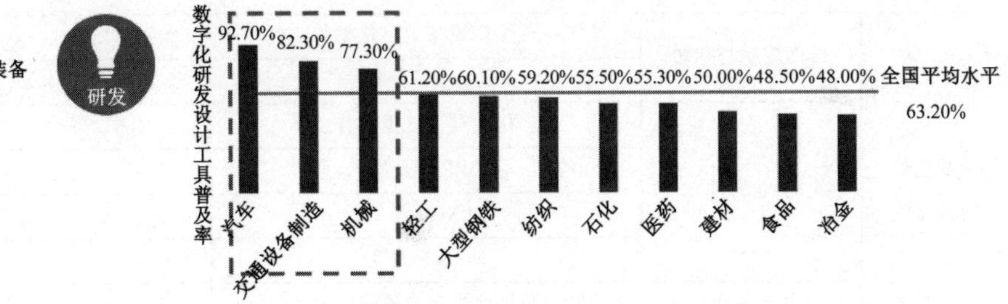

图 4-8 装备行业数字经济发展侧重点

以汽车行业为例，作为装备行业中数字化研发设计工具普及率最高的行业，2017 年数字经济总量达 747.2 亿元，两化融合发展水平达到 57.9，27.1%企业达到集成提升及以上阶段，积极探索企业内部集成互联及企业间的业务协同和模式创新，初步具备探索智能制造条件的企业比例达 9.2%，高于装备行业平均水平（21.1%和 5.5%），如表 4-4 所示。

表 4-4 汽车行业数字经济发展全景图（2017 年）

指标		数值
总体水平	数字经济总量	747.2 亿元
	两化融合发展水平	57.9
发展阶段	达到集成提升及以上阶段企业比例	27.1%
关键指标	信息化投入占比	0.25%
	关键业务环节全面信息化的企业比例	55.8%
	应用电子商务的企业比例	63.2%
	实现管控集成的企业比例	22.2%
	实现产供销集成的企业比例	30.5%
	实现产业链协同的企业比例	6.9%

续表

指　　标			数　　值
新型基础设施建设	自动控制与感知	生产设备数字化率	47.5%
		关键工序数控化率①	54.1%（45.5%）
	工业软件	数字化研发设计工具普及率	83.5%
		ERP 普及率	—
		PLM 普及率	—
		MES 普及率	—
	工业网络	数字化生产设备联网率	—
	工业云平台	云平台应用率	—
新模式新业态	重点行业骨干企业“双创”平台普及率		66.2%
	实现网络化协同的企业比例②		34.2%
	开展服务型制造的企业比例		31.4%
	开展个性化定制的企业比例		8.7%
	智能制造就绪率		9.2%

（2）汽车行业在生产、交易、服务等方面进行数字经济的重点布局，推动产业迈向价值链中高端。数字经济是汽车行业智能化发展的基础和核心要素，不仅渗透于汽车设计、物流供应、生产流程、管理模式和制造组装等供给侧诸多环节，更逐步渗透于产品营销、维修保养、设施服务、金融保险、车联网服务、人车交互、可视化、出行服务、交通安全管理和商业模式等需求侧应用领域，延伸和创造更多的价值空间。①从制造数字化水平来看，我国汽车制造商在智能装备应用、网络互联建设、运营管理系统应用、基于模型的企业开展及工业互联网平台应用等方面有初步进展，但较国外主流的先进汽车制造企业仍

① 针对关键工序数控化率，括号外为按照企业规模设置权重的加权平均值，反映该指标国家（行业、区域）的综合水平；括号中为算术平均值，反映该指标企业平均水平。《中国制造 2025》中测算的是算术平均值。下同。

② 实现网络化协同的企业比例、开展服务型制造的企业比例、开展个性化定制的企业比例三个指标仅针对离散型行业计算。下同。

有一定差距，开展数字化转型的基础尚未牢固，如图 4-9 所示。②从研发方式来看，汽车设计模式逐步向多主体协同设计转变，汽车部件的电子化水平显著提升，控制决策的智能化、自主化也实现大幅跃升。③从交易方式来看，包括乘用车、客车、卡车等在内的汽车 O2O 电商交易平台建设逐步完善，新兴汽车超市模式的出现将为汽车行业资源整合方式、交易模式带来巨大变革。④从汽车后市场服务来看，在一定程度上新建商业模式和架构，出现了一批从导航升级到车联网全覆盖、智慧物流的智能解决方案，大型车企的战略定位由传统的汽车制造厂商转变成用户出行方案解决商。

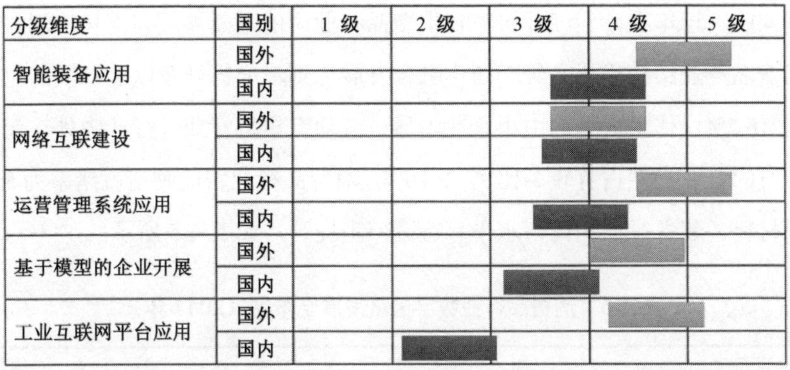

数据来源：中国汽车产业发展报告（2017）

图 4-9　汽车行业企业制造数字化发展成熟度综合评级及国际比较（2017 年）

专栏 4–2　北汽集团：成立华夏出行，布局共享经济

作为传统的汽车制造企业，北汽集团正处于传统的制造型企业向制造服务型和创新性企业转型发展的关键时期，2017 年 4 月，打造出行服务平台——华夏出行有限公司，初步建立以“多触点、简界面、全服务、大平台”开放式综合出行服务生态系统为核心的创新商业模式，以出行为中心，整合出行产业链条，形成具有北汽集团特色的人、车、路、网、商全产业链业务闭环发展。

2017年8月，华夏出行正式发布“摩范”品牌，以新能源汽车的分时租赁模式为主布局汽车共享，该项目率先在北京启动示范运营，携手政府在石景山地区打造了全国首个共享汽车示范运营区，随后，分别在西安、厦门、青岛、长沙等城市登录运营，初步实现全国性的战略布局。

（三）消费品行业着力打造用户需求的快速响应能力

2017年，我国消费品行业数字经济总量约4925.4亿元，两化融合发展水平达到49.6。近年来，“互联网+”在消费品行业中的不断渗透和深化应用，促进了消费品产业结构优化升级。两化融合发展达到集成提升及以上阶段的企业比例为16.2%，作为典型的中小企业主导、劳动密集型行业，行业中处在起步建设阶段的企业仍然占有较高比例。2016年，消费品行业智能制造就绪率为5.3%，与原材料、装备行业相比，水平有待进一步提升，如表4-5所示。

表4-5　消费品行业数字经济发展全景图（2017年）

指标			数值
总体水平	数字经济总量		4925.4亿元
	两化融合发展水平		49.6
发展阶段	达到集成提升及以上阶段企业比例		16.2%
关键指标	信息化投入占比		0.26%
	关键业务环节全面信息化的企业比例		36.2%
	应用电子商务的企业比例		57.3%
	实现管控集成的企业比例		13.9%
	实现产供销集成的企业比例		17.9%
	实现产业链协同的企业比例		7.2%
新型基础设施建设	自动控制与感知	生产设备数字化率	43.9%
		关键工序数控化率	42.3%（31.2%）
	工业软件	数字化研发设计工具普及率	56.0%
		ERP普及率	53.0%
		PLM普及率	13.6%

续表

指 标			数 值
新型基础设施建设	工业软件	MES 普及率	16.9%
	工业网络	数字化生产设备联网率	35.6%
	工业云平台	云平台应用率	40.0%
新模式新业态	重点行业骨干企业“双创”平台普及率		75.8%
	实现网络化协同的企业比例（轻工、纺织）		29.0%
	开展服务型制造的企业比例（轻工、纺织）		19.2%
	开展个性化定制的企业比例（轻工、纺织）		7.0%
	智能制造就绪率		5.3%

（1）消费品行业基于互联网构建用户需求的精准采集、快速传导和实时响应的新能力。消费品行业与用户和终端消费者接触紧密，食品、服装行业工业电子商务普及率为 60.6%、59.3%，分别较全国平均水平高出 5.2%、3.9%。企业积极利用互联网、大数据等技术更好地了解消费者需求，不断进行营销模式和产品差异化创新，在以用户为核心的个性化定制、精准营销及产品全生命周期追溯和监管方面开展创新性的探索，如图 4-10 所示。

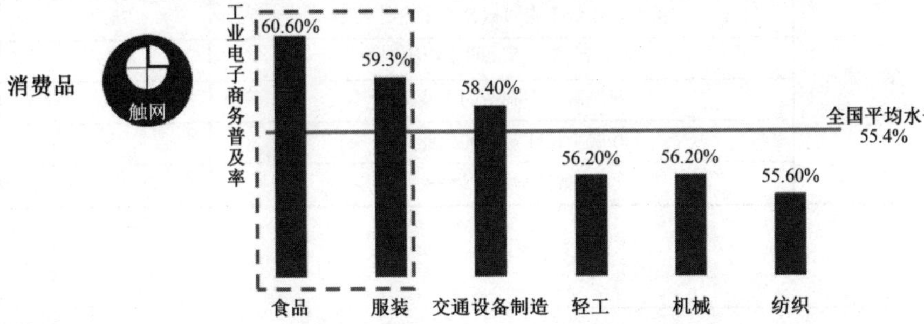

图 4-10 消费品行业数字经济发展侧重点

以食品行业为例，作为工业电子商务普及率最高的消费品行业，2017 年数字经济总量达 1224.5 亿元，两化融合发展水平达到 50.3，15.9%的企业达到集成提升及以上水平，初步具备探索智能制造条件的企业比例达 5.1%，略低于消费品行业平均水平（16.2%和 5.3%），如表 4-6 所示。

表 4-6　食品行业数字经济发展全景图（2017 年）

<table>
<tr><th colspan="3">指　标</th><th>数　值</th></tr>
<tr><td rowspan="2">总体水平</td><td colspan="2">数字经济总量</td><td>1224.5 亿元</td></tr>
<tr><td colspan="2">两化融合发展水平</td><td>50.3</td></tr>
<tr><td>发展阶段</td><td colspan="2">达到集成提升及以上阶段企业比例</td><td>15.9%</td></tr>
<tr><td rowspan="6">关键指标</td><td colspan="2">信息化投入占比</td><td>0.24%</td></tr>
<tr><td colspan="2">关键业务环节全面信息化的企业比例</td><td>32.2%</td></tr>
<tr><td colspan="2">应用电子商务的企业比例</td><td>60.6%</td></tr>
<tr><td colspan="2">实现管控集成的企业比例</td><td>12.7%</td></tr>
<tr><td colspan="2">实现产供销集成的企业比例</td><td>17.3%</td></tr>
<tr><td colspan="2">实现产业链协同的企业比例</td><td>9.2%</td></tr>
<tr><td rowspan="8">新型基础
设施建设</td><td rowspan="2">自动控制与感知</td><td>生产设备数字化率</td><td>43.9%</td></tr>
<tr><td>关键工序数控化率[①]</td><td>40.7%（29.3%）</td></tr>
<tr><td rowspan="4">工业软件</td><td>数字化研发设计工具普及率</td><td>48.5%</td></tr>
<tr><td>ERP 普及率</td><td>48.0%</td></tr>
<tr><td>PLM 普及率</td><td>12.2%</td></tr>
<tr><td>MES 普及率</td><td>13.9%</td></tr>
<tr><td>工业网络</td><td>数字化生产设备联网率</td><td>37.5%</td></tr>
<tr><td>工业云平台</td><td>云平台应用率</td><td>40.8%</td></tr>
<tr><td rowspan="5">新模式
新业态</td><td colspan="2">重点行业骨干企“双创”平台普及率</td><td>78.5%</td></tr>
<tr><td colspan="2">实现网络化协同的企业比例[②]</td><td>—</td></tr>
<tr><td colspan="2">开展服务型制造的企业比例</td><td>—</td></tr>
<tr><td colspan="2">开展个性化定制的企业比例</td><td>—</td></tr>
<tr><td colspan="2">智能制造就绪率</td><td>5.1%</td></tr>
</table>

① 针对关键工序数控化率，括号外为按照企业规模设置权重的加权平均值，反映该指标国家（行业、区域）的综合水平；括号中为算术平均值，反映该指标企业平均水平。《中国制造 2025》中测算的是算术平均值。下同。

② 实现网络化协同的企业比例、开展服务型制造的企业比例、开展个性化定制的企业比例三个指标仅针对离散型行业计算。下同。

（2）以数字经济发展为契机，以消费者需求为中心，传统食品行业在生产、销售、安全等方面焕发新活力。在生产方面，通过打造以消费者为中心驱动的互联网化，实现食品供需双方的精准配对；在销售方面，新零售模式加速发展，初步实现全渠道/线上线下融合、“人货场”重构、无人零售、社区便利店等销售形式的变革；在食品安全方面，借助区块链技术使食品供应链上的生产者、供应商、加工业者、经销商、零售商、监管机构及消费者能随时获取到食品来源与状态信息，有效阻止食品安全问题的蔓延。

专栏 4–3　区块链巨头入场，食品安全溯源迎来颠覆性解决方案

2017 年，食品安全溯源领域迎来了跨界降维竞争者强势入场，区块链领先企业根源链及电商巨头京东等企业相继发布了针对食品安全溯源领域的解决方案。方案均采用了区块链、物联网、大数据等多维结合的食品安全溯源技术方式，有效保障了平台数据的不可篡改、时间戳和信息加密保护等特性，切实保护了品牌和消费者的利益。采用具有多重优势的区块链技术进行食品安全溯源，将成为食品企业品牌增值和产品畅销的利器。

以根源链为例，作为独立第三方食品安全溯源平台，实现了五位一体的产品体系建设，包括一套分布式的数字台账系统、一套溯源追踪的管理系统、一套跨平台的移动查询客户端系统、一套智能化物联网感知与探测系统和一套数字化的精准营销管理平台。根源链通过将“一车（库）一传感器，一物一码等”与区块链的身份认证安全策略相结合，可提供对食品从生产到消费使用全过程的溯源查证、过程追踪、动态监测、风险预警、应急处理和直销直采等多方位的管理服务。

三、数字经济驱动重点行业全要素生产率整体提升

全要素生产率，即生产活动在一定时间内的效率，包括人力、物力、财力开发利用的效率，其来源包括效率改善、技术进步、规模效应。2015 年，李克强总理在《政府工作报告》中提出要“增加研发投入，提高全要素生产率”，通过提升全要素生产率，提高我国经济的发展质量和效益。互联网时代，新一代信息技术持续渗透制造业的营销、服务、生产、研发等环节，重点行业加快数字化转型进程，融合型数字经济快速发展，有效驱动行业内部全要素生产率的整体提升，为重点行业供给侧结构性改革奠定坚实的基础。

（一）相关关系：重点行业全要素生产率与数字经济呈现显著正相关关系，两化融合发展可为行业技术进步奠定坚实基础

选取轻工、纺织、机械、建材等重点行业，基于 2014—2017 年行业两化融合发展水平得分和全要素生产率的季度数据[①]，对各行业的数字经济发展水平与其全要素生产率进行相关性分析，数据显示，轻工、纺织、机械、电子信息、石化、交通设备和建材等 7 个重点行业的两化融合发展水平与全要素生产率之间呈现显著的正相关关系，具体如图 4-11 所示。随着数字经济在行业内部持续快速发展，企业基础设施不断夯实，产品生命周期管控能力、生产管控水平不断提升；产业层面，产品和服务创新不断涌现，生产制造精细化、智能化水平不断提升，经营模式和管理模式不断健全，资源配置持续优化，数字经济与行

① 全要素生产率测算：选取总资产、企业 R&D 支出、行业主营业务收入等变量数据（数据来源：国研网统计数据库），基于 DEA 模型测算出各行业的全要素生产率的增长率的季度数据，以 2014 年第 1 季度为基期，基期全要素生产率绝对值水平设定为 1，进而计算得到各行业的全要素生产率季度数据。

业的渗透融合、两化融合持续深入推进将有效促进行业技术进步发展重点的全面落实，为行业技术进步奠定坚实基础。

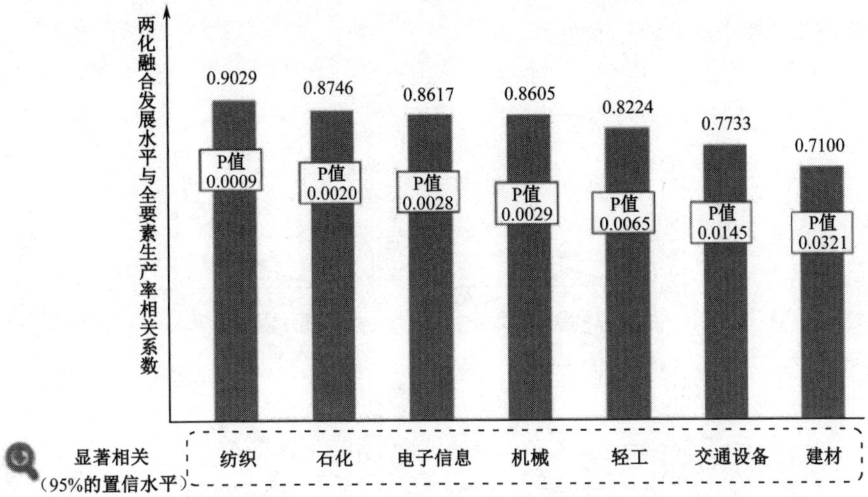

图 4-11　重点行业全要素生产率与数字经济相关性分析

（二）价值拐点：轻工、电子、机械、纺织行业两化融合发展水平接近或跨越中等水平，全要素生产率实现指数级加速提升

相较于 2014 年，轻工、电子、机械、纺织等行业两化融合水平增长率在 10%之上，远高于全国 7.9%的增长速度，行业全要素生产率提升也较为迅速。当行业两化融合发展水平接近或跨越中值线（50 分）时，两化融合水平增长速度趋于稳定，但行业全要素生产率继续增长，且增长幅度有扩大趋势。可见，在数字经济发展水平提升程度较大的行业中，数字化与制造业融合发展对企业技术创新动力和实际创新效益的提升作用并非呈简单的线性型增长趋势，而是表现为加速上扬的指数型同向发展态势，具体如图 4-12 所示。随着数字经济的快速发展，企业对劳动力、土地、资本等一般性生产要素的依赖程度逐渐降低，

而技术、管理、数据等高级生产要素的作用被不断激发，要素投入结构不断优化，企业通过激发数据这一新驱动要素的巨大创新潜能，不断催化和转化技术、管理、劳动力、土地、资本等要素作用，进而大幅提升全要素生产率，大力提升企业及整个产业核心竞争力。

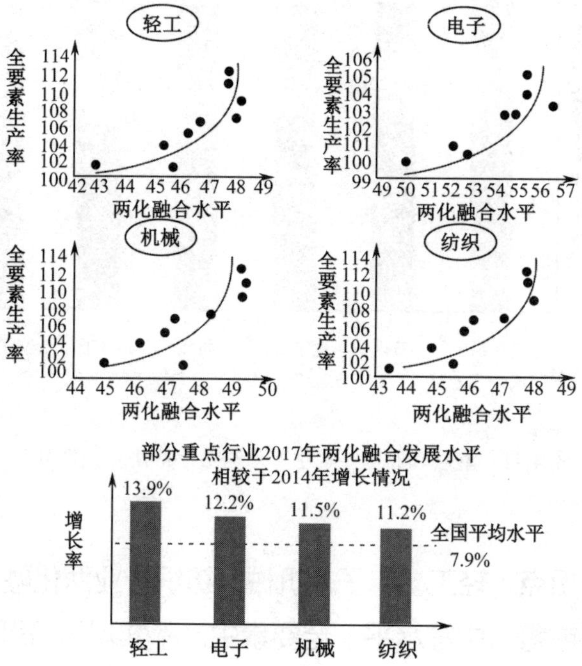

图 4-12　2014—2017 年部分重点行业全要素生产率与数字经济相关关系探究

| 下篇 |

专 题 篇

第五章

数字经济基础设施：升级与融合

在工业经济时代，经济活动架构在以“铁公机”（铁路、公路和机场）为代表的物理基础设施之上。数字经济时代到来后，通信网络、互联网、云等信息基础设施成为数字经济基础设施的核心组成部分。

随着数字经济的不断发展，数字经济基础设施的概念更广泛，既包括了传统意义上的信息基础设施，也包括了对物理基础设施的数字化改造。数字经济基础设施一般分为两种：专用型和混合型。专用型数字经济基础设施是指本质就是数字化的基础设施，如光纤宽带、无线通信网络、云资源池等。根据属性的不同，专用型数字经济基础设施又可以分为网络基础设施和平台基础设施两部分。混合型数字基础设施是指增加了数字化元素的传统实体基础设施。例如，安装了传感器的自来水总管、数字化交通系统等。这两类基础设施共同构成数字经济发展的基础，为数字经济的发展提供了保证。

数字经济基础设施在推进数字经济发展，实现网络强国战略中起到了十分重要的支撑和推动作用。数字经济基础设施主要实现了数据的存储、分析、传输和交互，以及通过数字化手段对传统基础设施的管理、调度和控制等。随着移动互联网、大数据、云计算等技术和产业的发展及“中国制造 2025”“互联网+”、智慧城市建设等为代表的传统产业和传统领域的数字化，每时每刻都在产生大量的、各种形式的数据。这些数据只有通过基础设施进行传输、计算、存储，才能用于数字产品的生产和消费，从而成为新的增长点。

与传统基础设施相比，数字经济基础设施具备演进性、泛在性、动态性和自主性等四大特征。演进性是指随着技术进步，数字经济基础设施可以根据需求的变化进行不断升级。以移动通信网络为例，2G 到 3G 的演进满足了互联网由固定到移动的扩展，3G 到 4G 的演进满足了移动场景下高清视频、直播和 VR 游戏等各种新需求，4G 到 5G 的演进又将满足无人驾驶等更加实时、智能的需求。数字经济基础设施的升级速度较传统基础设施速度更快、兼容性更好。

泛在性指的是数字经济基础设施更容易大范围普及，满足更多的应用需求。以宽带为例，我国在 2020 年全面建成小康社会的时候，农村实现村村通宽带，将成为推进速度最快、覆盖最广的基础设施。另外，数字经济基础设施使得用户能够低成本、低门槛地使用丰富的信息化应用。当前第一、二、三产业几乎所有的行业都用到了以移动网络、光宽网络、云计算等为代表的数字经济基础设施，而且依赖程度逐渐加大。在消费领域，2017 年 11 月末，全国已经有 12.5 亿人在使用移动互联网应用。数字经济基础设施已经和传统基础设施一样不可或缺。

动态性指的是数字经济基础设施的服务提供过程更加灵活，能够实时调整自身的各种属性来适应具体的业务和应用。如用户在使用云计算服务时可以根据业务需要定制存储和计算能力，并且云平台能够根据业务并发量自动采取合适的资源调度策略，保证每个用户的使用需求。

自主性指的是数字经济基础设施高度自动化，人为干预的成分非常小，无论是连接、存储还是分析都由系统自动完成，出现错误时可以自动矫正或重启，恢复到错误之前的状态，也会根据预设自动调整性能和容量满足不同需求。

本章按照数字经济基础设施三大部分即网络基础设施、平台基础设施和传统基础设施的数字化，分别介绍它们的发展历程、现状及未来的发展趋势。

一、网络基础设施加速向高速率、万物互联、智能化升级

网络基础设施是数字经济基础设施的核心，是“基础的基础”，主要由通信网络、互联网和物联网组成。过去十年，网络基础设施发生了翻天覆地的变化，在速度、覆盖、时延等方面提升明显。但是传统网络因其设计复杂、开放性不足、调整效率低等原因，已经无法适应下一代应用与业务对基础网络设施提出的更简单、更开放、更灵活、更广泛的要求。

更简单：需要能够方便地将网络功能元素与其他功能要素进行组合，从而产生多种新的不同功能、不同性能的系列产品，并最终形成更为优秀的产品形态，这就需要基础网络功能简单易用、界面友好。

更开放：互联网公司业务设计方式已经从“以用户为中心” 开始向“用户参与式”转变，通过用户深度地参与业务设计，更快、更准确地把控和满足用户需求。因此，互联网企业希望网络更加开放，更简单地实现调用和配置，也能更方便地通过产业链上下游的合作来完成拼图，构建整个系统。

更灵活：互联网业务快速迭代，要求网络必须具备快速灵活的拓展架构，方便配合其业务变化的现实需求。

更广泛：产业互联网将带来工作方式和环境的全新变化。人们可以通过虚拟的、移动的方式开展工作，这就需要将无处不在的传感器、嵌入式终端系统、智能控制系统、通信设施通过 CPS（Cyber-Physical Systems）形成一个纵横交错的智能网络，使人与人、人与机器、机器与机器及服务与服务之间能够实现横向、纵向和端对端的高度互联与集成，让物理设备具有计算、通信、精确控

制、远程协调和自治等五大功能，从而实现虚拟网络世界与现实物理世界的深度融合。

在 5G、虚拟化、万物互联和 IPv6 等新技术的驱动下，传统网络基础设施加快向新一代网络基础设施演进，以互联网化应用为核心，更强调以人为本和以应用为本，满足“资源+通信+信息应用”的综合服务需求。

5G 网络定义全新应用场景。移动互联网的高速发展使得社会对移动网络的需求超过固定网络，据 2016 年工信部数据统计，移动网络接入设备和数据流量均已超过固定网络。4G 网络已基本满足高速泛在应用需求，但却无法满足高清语音视频、无人驾驶、人工智能、虚拟现实等新技术的应用场景中高可靠和低时延的需求。

与 4G 网络相比，5G 网络不仅传输速率更高，而且在传输中呈现出连续广域覆盖、热点高容量、低功耗大连接和低时延高可靠的特点，将成为未来信息社会的重要基础设施和关键使能者。①5G 具备比4G更高的性能，支持 0.1～1GB/s 的用户体验速率，每平方千米一百万的连接数密度，毫秒级的端到端时延，每平方千米数十 TB/s 的流量密度，每小时 500km 以上的移动性和数十 GB/s 的峰值速率。特别的，相比 4G、5G 频谱效率提升 5～15 倍，能效和成本效率提升百倍以上。②网络切片技术，即在一个硬件基础设施中切分出多个虚拟的端到端网络，每个网络切片在设备、接入网、传输网及核心网方面实现逻辑隔离，适配各种类型服务并满足用户在优先级、计费、策略控制、安全、移动性等功能方面的不同需求，以及在时延、可靠性、速率等性能方面差异化的需求。图 5-1 所示为 5G 应用场景。

5G的技术创新可在传统行业领域拓展出全新应用：①超可靠低时延场景，如在线游戏和车联网；②低功耗大链接场景，如智慧城市、工业制造；③增强移动宽带业务场景，如 VR/AR 视频、演出和赛事等人群聚集地区的网络使用保障。其中，5G 在生产领域的应用创新将会带来巨大的影响：首先，生产制造设备无线化使得工厂模块化生产和柔性制造成为可能；其次，无线网络可以使工厂和生产线的建设、改造施工更加便捷，并且通过无线化可减少大量的维护工作，降低成本；再次，在智能制造自动化控制系统中，低时延的应用尤为广泛，如对环境敏感的高精度生产制造环节、化学危险品生产环节等；最后，工厂中自动化控制系统和传感系统的工作范围可以是几百平方千米到几万平方千米，甚至可能是分布式部署。根据生产场景的不同，制造工厂的生产区域内可能有数以万计传感器和执行器，需要通信网络的海量连接能力作为支撑。

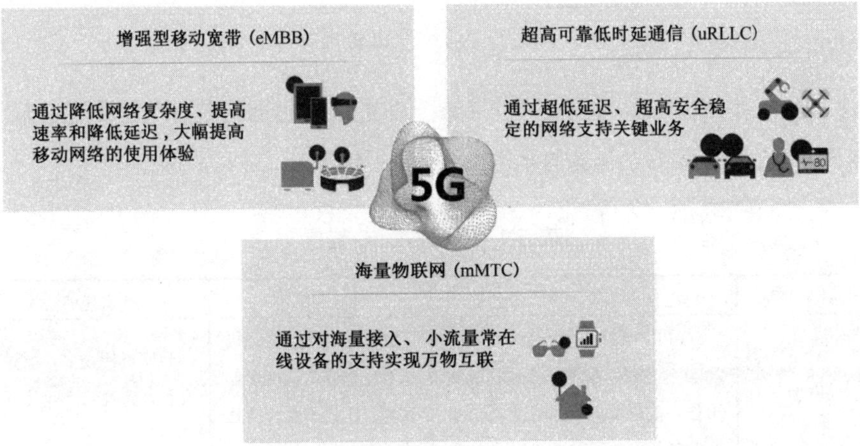

图 5-1　5G 应用场景

未来 5G 不仅仅是一次技术升级，更为我们搭建一个广阔的技术平台，催生无数新应用、新产业。当前 5G 标准正在加速制定过程中，主要由 3GPP 主持修订。图 5-2 是 3GPP 关于 5G 标准化路线图的描述，以及与国际标准化组织 ITU-R 路线图的关系。

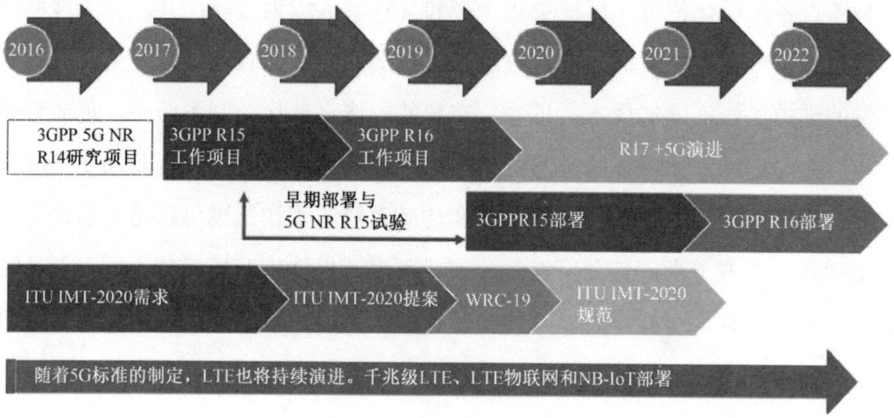

图 5-2　5G 标准化路线图

世界各国都对 5G 寄予厚望并积极开展相关的标准制定与产业发展工作。表 5-1 总结了主要参与国家与地区的 5G 进展情况。

表 5-1 主要国家 5G 进展

国家和地区	标准化组织及主要工作内容	商用时间	技术优势
欧盟	5G-PPP 项目，领导欧盟面向 2020 年的 5G 技术研究和标准化工作，确保欧盟在未来全球信息产业竞争中的领导者地位	2018 年启动 5G 规模试验，力争在 2020 年实现 5G 为垂直行业提供服务	科研机构众多，优势互补，完善的产业发展体系
美国	5G Americas，在整个生态系统的网络、服务、应用、连接和设备等层面，倡导和促进 LTE 无线技术的发展和能力，并将其发展到 5G	2016 年 7 月率先发布 5G 频率规划。2016 年启动外场试验，2018 年部分地区试商用	全球领先的芯片厂商与设备厂商，产业基础雄厚
日本	ARIB 5G 研究工作组，由 NTT DOCOMO 主导与其他数十家成员加速推动 5G 通信	2017 年启动 5G 的技术试验，2020 年东京奥运会时商用 5G	产业链全面
韩国	GIGA Korea 项目，从网络、设备、平台和应用四个方面，研究包括高频芯片、3D 显示、虚拟现实、UHD 平台、智慧家居平台、高清视频、远程会议等 5G 相关技术	2018 年平昌冬奥时展示 5G 雏形系统，2020 年正式商用	产业链全面

在经历了“2G 跟随、3G 突破、4G 同步”之后，5G 时代中国正奋力谋求获得“领跑者”地位，立志占据 5G 技术制高点，引领世界产业的发展。标准方面，首先，我国在 3GPP 5G 相关标准组中的话语权大幅提升，投票权从 24 个涨到 49 个，占总数的 23%；其次，我国引导了 3GPP 5G 标准路线与发展的节奏；最后，我国还牵头了包括 5G 无线接入技术需求，和 5G 系统架构总体设计在内的多个重要研究项目。网络建设方面，我国三大运营商的 5G 测试在 2017 年全面进入第二阶段，预计将在 2019 年试商用，2020 年全面商用。

2017 年是 5G 发展的标志性一年。2017 年 12 月 20 日，3GPP 第 78 次会议正式宣布 3GPP 5G NSA 标准冻结。中国、美国、日本、韩国和欧洲等国家和地区的 5G，在技术研究、应用探索等方面得到了充足的发展。中国也完成了第二阶段的产品互通试验，领先设备商推出了端到端 5G 预商用系统，为 2018 年的 5G 预商用奠定了基础。在应用探索方面，对低时延的车联网应用，2017 年 LTE-V2X 产业发展进入快车道，LTE-V2X 3GPP 标准于 2017 年 3 月完成；我国 LTE-V2X 相关标准于 2017 年年底基本完成。在物联网方面，当前 NB-IoT 实现了小规模商用。截至 2017 年 11 月，中国、韩国和欧洲等国家和地区的 25 张 NB-IoT 网络商用，其中，中国市场占 90%。而 NB-IoT 芯片销售数量规模达数百万，预计 2018 年将超过千万级，甚至亿级。

万物互联开启智能化时代新阶段。互联网已满足了人与人之间的通信需求，然而要实现人类社会的智能化，万物互联是必经之路，根据调研机构预测，到 2020 年左右，世界上将有超过 500 亿台设备实现联网，将有超过 2120 亿设备与 300 亿自动连接的设备，传输数据量将会超过 3000 万兆数据。物联网产生的海量数据可以帮助我们更好地了解这个世界，做出更为准确的判断和更为精准的控制。物联网体系架构如图 5-3 所示。

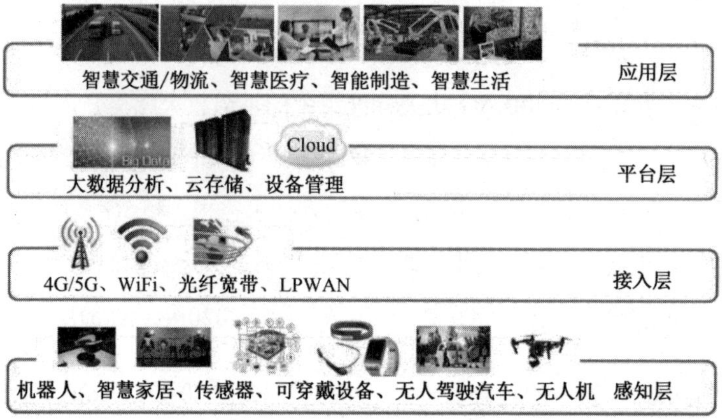

图 5-3 物联网体系架构

物联网主要有三个关键技术：连接、标志及数据的操作。物联网是设备通过无线技术的连接方式将数据传送到物联网系统，无线连接是系统中极为重要或最为薄弱的链路，因此，选择一种能够匹配设备及其周边环境的无线技术非常重要。目前，行业中共有 12 种无线技术可供物联网应用场景选择，其中以授权频段 NB-IoT 最为典型，被广泛应用于各大领域。图 5-4 为 NB-IoT 的主要应用场景。

图 5-4 NB-IoT 应用场景图

NB-IoT 技术具备强链接、高覆盖、低功耗、低成本的特点，相比非授权频段技术安全性高、干扰小，与现有蜂窝基站复用不需独立组网，是标准化程度高的优势，是未来支撑广域低功耗（LPWA）业务场景的主流技术。当前中国电信已建成世界范围内第一张，也是最大的一张 NB-IoT 商用网络，支撑智慧城市等行业的快速发展。

表 5-2 总结了 NB-IoT 与其他接入技术（2G/4G 等）主要区别与对比。

表 5-2　3GPP 的不同 IoT 技术比较

技术特征＼接入技术	2G	4G	NB-IoT
覆盖范围	小于 15km	小于 11km	小于 15km
频带	8～900MHz	7～900MHz	7～900MHz
带宽	2.4MHz	1.44MHz	200kHz
速率	10kB/s	小于 1MB/s	小于 150kB/s
电池使用时间	2 年	无法使用	大于 10 年
模块成本	2 美元	25 美元	5 美元

物联网平台是指同时具备设备管理、数据存储和业务使能的综合性平台，一般能够兼容多种物联网设备接入和通信协议，支持连接管理、设备认证、流量控制、数据汇聚、安全保障、业务使能等多种能力，并通过开放 API 供上层业务和应用调用。通过面向传统行业和政企客户的定制化物联网应用解决方案，支撑传统行业的数字化转型。未来同时具备设备管理和业务使能的综合性平台将逐渐显现出优势，成为产业主流。

虚拟化技术支持网络架构转型升级。移动网络与物联网都是接入网络，由光纤宽带构成的核心网承担了所有的数据传输重任。当前核心网络的总体架构由“传送承载”和“业务控制”两个大的功能层级和多个子层构成，是一个复杂封闭的体系，同时有 IT 支撑系统作为其辅助系统，保障网络的正常运行，这样设计的目的是保证业务独立运营。但同时也存在一些根本性的问题：①网络由大量单一功能的专用设备构成，结构复杂缺乏灵活性；②网元封闭，设备功能扩展性差；③形成“业务烟囱”，每个新业务都要开发新设备、新协议，不同业务彼此难以融合，无法快速灵活部署；④运营复杂，成本居高不下。因此未来网络架构需要进行重定义设计，以进一步巩固网络发展基础，提升公共服务水平。

未来网络整体架构将向智能化的方向发展。通过深化开源技术应用，引入SDN/NFV/云等新技术，构建新型的简洁、敏捷、开放和集约的智能型网络：简洁指网络的层级、种类、类型、数量和接口减少，运营和维护的复杂性和成本降低；敏捷指网络提供软件编程能力，资源弹性可伸缩，便于网络和业务的快速部署和保障；开放指网络能够形成丰富、便捷的开放能力，主动适应互联网应用所需；集约指网络资源不在分散分域，而是能够统一规划、部署和端到端运营。

网络重构的重点是敏捷和开放两个方面。一方面，敏捷网络提供业务随选的能力。当前的网络特性是高速泛在的，无论何时何地都可以具备超高带宽的网络连接，然而用户的多元化需求却无法很好地得到满足，传统大型企业对价格不敏感，只要求有专网保证带宽和速率，云端接入体验好即可，动态调整的需求也有限。而越来越多的小微企业对价格十分敏感，而且业务发展速度快，希望配套信息服务能够及时跟进，另外还有金融医疗、园区楼宇商场等，都有特殊的需求。据统计，在双创激励下，我国中小企业规模已超7700万户，年增长10%，2020年全国中小企业信息化服务市场规模将达5000亿，另外《2017年国务院政府工作报告》中也提出要“大幅降低互联网专线接入资费”。随选能力正是为应对此种情况而生，它包括带宽随选、路径随选、网络功能随选、云+网一站式服务、用户自服务门户。适用的场景有点到点、点到数据中心、点到互联网。另一方面，开放网络提供资源自动配置能力。传统面向大众市场的业务已经趋于饱和，面向企业客户的市场是发展重点。企业客户更需要融合运营商能力与互联网能力的融合通信/云通信。通过能力开放平台，运营商将原本彼此独立的网络资产（如码号、语音、流量、短信、计费、定位、安全、QoS保障等）以API的形式开放给业务合作伙伴，通过更灵活的解决方案和商业模式聚合应用开发者、OTT业务提供商、行业SI，共同打造云通信生态。

当前国内外先进运营商都在进行网络的智能化转型升级，美国AT&T最早开始也最为成功，国内的中国电信发布CTNet 2025计划，预计在2025年左右实现整体网络的虚拟化和智能化。

IPv6 助力互联网摆脱限制升级换代。随着互联网+、物联网和工业互联网等网络应用融合发展，全球对 IP 地址的需求还将持续增长。据预测，到 2020年中国IP地址需求可能超过100亿，IPv6是用于替代现行版本互联网IP协议（IPv4）的下一代 IP 协议，可以为数以千亿台的设备提供网址，为万物互联奠定基础。我国是世界上较早开展IPv6试验和应用的国家，在技术研发、网络建设、应用创新方面取得了重要阶段性成果，已具备大规模部署的基础和条件。IPv6的规模部署，构建高速率、广普及、全覆盖、智能化的下一代互联网具有十分重要的意义：首先，IPv6是互联网演进升级的必然趋势，基于互联网协议第四版（IPv4）的全球互联网面临网络地址消耗殆尽、服务质量难以保证等制约性问题，IPv6能够提供充足的网络地址和广阔的创新空间，是全球公认的下一代互联网商业应用解决方案；其次，IPv6是技术产业创新发展的重大契机，推进IPv6规模部署是互联网技术产业生态的一次全面升级，深刻影响着网络信息技术、产业、应用的创新和变革；最后，IPv6是网络安全能力强化的迫切需要，加快IPv6规模应用为解决网络安全问题提供了新平台，为提高网络安全管理效率和创新网络安全机制提供了新思路。

和IPv4相比，IPv6协议主要在地址长度、IPSec可选扩展、数据报头QoS支持等方面做了扩充和优化，正是由于这些技术上的改变，以IPv6为核心的下一代互联网相对于建立在IPv4协议上的现代互联网有以下优点：

- 地址充足。IPv4 的 32 位地址扩展到了 IPv6 的 128 位地址。
- 简单快捷。简化固定的基本报头，提高处理效率。
- 扩展方便。引入灵活的扩展报头，协议易扩展。
- 层次结构。地址格式更具层次性，便于路由聚合。
- 即插即用。地址配置简化，实现自动配置。
- 内置安全。网络层的 IPSec 认证与加密，提高端到端安全。
- QoS 考虑。新增流标记域，提升 IPQoS 特性。
- 移动便捷。Mobile IPv6 更好地解决 IP 移动性。

尽管 IPv6 协议相对 IPv4 有了极大的改进，但是由于 IPv6 不具备向下的兼容性，导致 IPv6 的普及遇到了很多困难。尤其是内容源网站并不支持 IPv6 或用户网络不提供 IPv6 接入，成为 IPv6 普及过程中面临的重要技术阻碍。目前，下一代互联网推进另一个重点研究方向就是如何实现 IPv4 向 IPv6 的平滑过渡，为此，IETF 和试商用的技术提供商提供了多种过渡技术和解决方案，如表 5-3 所示。

表 5-3　IPv4 向 IPv6 的过渡技术方案

过渡技术	双栈技术	隧道技术	翻译技术
技术特点	IPv4、IPv6 共存方式，也是隧道方式的基础	实现 IPv6 孤岛或 IPv4 孤岛互通，包括 Teredo、ISATAP、6over4 隧道、6to4 隧道、6PE、6VPE、VPLS、PW 等	实现 IPv6 用户与 IPv4 用户的互通，对地址进行翻译，如 NAT-PT，BIS/BIA 等
优点	IPv4、IPv6 设备部署在同一个网络里，便于设备实现与 IPv4 后向兼容	渐进式 IPv6 部署方案，对元网络冲击小	对终端主机透明；渐进式部署
缺点	仍需要维持 IPv4 域：如 IPv4 地址采用公网地址，并无法解决地址短缺问题	需要较多的网络配置，大规模部署具有扩展性问题；多种隧道也存在共通问题；不能解决 IPv4 和 IPv6 的互通	破坏了 IP 网络的透明性：默写应用协议，如 SIP 需要 ALG 功能；NAT/ALG 负荷高，可能导致 QoS 恶化
适用范围	任何 IPv4、IPv6 网络	实现 IPv4 或 IPv6 孤岛互通	IPv4、IPv6 用户之间的访问

尽管 IPv6 的计划是取代 IPv4，但是预计在 2025 年以前 IPv4 仍会被支持，以便给新协议的修正留下足够的时间。

二、平台基础设施逐渐成形并向云与边缘计算融合化及感知智能化方向发展

平台基础设施是在网络技术设施之上，聚合存储、计算、分析等多种通用能力并以标准 API 或 SDK 形式对外开放，以供上层应用调用的软件系统的统称。平台基础设施的发展是动态的，一般而言，信息通信领域创新技术都是专门为支持某项业务而生，如果某项技术的通用性越来越强，被越来越多的业务所使用，此项技术就会逐渐脱离应用层，下沉成为平台基础设施的通用能力。早期的云计算和大数据、当前的人工智能和区块链、未来的边缘计算都属于这类通用型技术，它们共同构成信息基础设施的平台部分。平台基础设施的作用将逐渐超过网络基础设施，为数字资源的管理和上层应用提供坚实的基础。

平台基础设施具备集约性、受技术驱动演进速度快、自动化运营要求高、弹性/柔性四个特征：首先是集约性，平台基础设施多数汇聚了应用所需的各种通用能力，将以往需要多个步骤、多地解决的问题汇集在一起解决，极大地提升了效率。其次是受技术驱动演进速度快，相比于下层的网络技术设施，平台基础设施更软件化虚拟化，更贴近应用，可以根据应用的实际需求快速做出调整，如为满足中小企业入云需求，云平台由私有云向公有云过渡，又迅速演化出边缘计算满足海量物联网设备接入的需求。还有就是平台基础设施的自动化运营要求高，平台基础设施诞生的目的就是要自动高效的处理业务流程，减少故障提高效率。例如，人工智能平台，就是将多种人工智能算法聚合在一起，自动处理数据得到分析结果。弹性/柔性指的是平台技术设施的部署、改变都是非常简单的。既可以集中部署也可以分布式部署，同时可以根据任务量灵活增

减。例如，云计算平台，可以在一个大的资源池里灵活划拨应用所需资源，实时调整减少运营成本。

云网加速融合，公有云占比增大。云计算发展较早，技术成熟度和平台的普及程度较高。技术方面，未来将会有几点变化：首先容器技术将助力云计算进一步发展，其次是更加高效的Unikernerl技术，再次，还有X86在基础计算架构领域一统天下的局面将改变，最后是云计算与物联网技术的结合成为新的技术与业务发展方向。

平台方面，云计算平台技术成熟度高、功能相似、性能接近，同质化趋势明显。访问云的网络连接质量、使用便捷度已经成为影响云平台使用感知的关键，运营商、互联网公司及专业第三方等都已经高度关注云的接入质量和体验。因此，云网融合，即网络随云资源池需求而动态调整，计算、存储和网络资源统一分配调度成为行业发展的趋势。国内外领先云服务商如亚马逊、阿里都推出了云间高速网络，中国电信、日本NTT等有云有网的运营商也为云业务优化了专网设施。

产业方面，目前包括微软、谷歌、亚马逊等在内的国际厂商都有公有云服务，由于价格低廉，部署方便，并且具备很好的灵活性，很多企业都选择公有云作为IT基础设施。国内厂商阿里巴巴、百度、盛大等也在提供类似服务。我国公有云市场虽起步较晚，但发展迅速，近几年增速都在 40%以上。预计到 2022 年，我国公有云市场将会占到全球除北美市场外的 1/3。成熟的公有云产业为我国的产业智能化转型、中国制造 2025 和“互联网+”提供了坚实的基础。中国云服务市场规模如图 5-5 所示。2016 年中国公有云市场结构如图 5-6 所示。

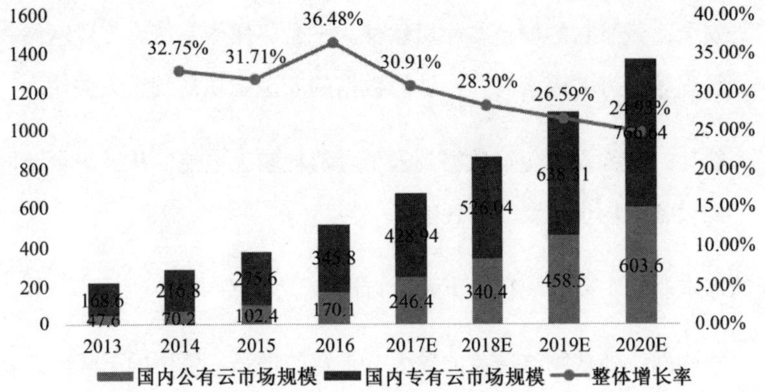

数据来源：中国信通院云计算白皮书

图 5-5　中国云服务市场规模（亿元）

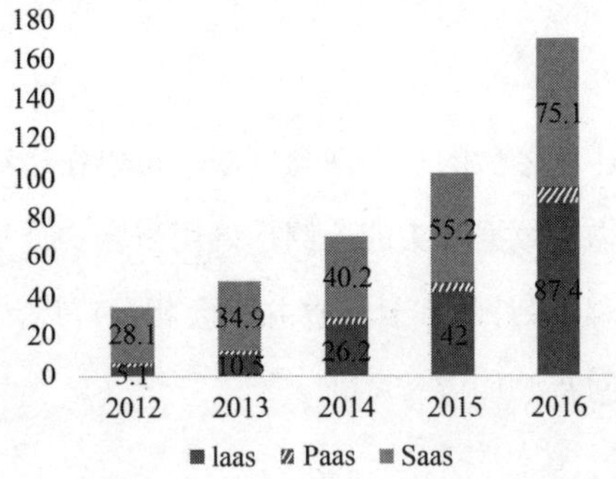

数据来源：中国信通院云计算白皮书

图 5-6　2016 年中国公有云市场结构（亿元）

云计算的中心化能力在网络边缘存在诸多不足，物联网、智能制造的新需求驱动了边缘计算的兴起和发展。云计算的不足主要体现在以下几个方面。

- 计算：线性增长的集中式云计算能力无法匹配爆炸式增长的海量边缘数据。
- 传输：传输带宽负载急剧增加造成较长网络延迟，难以满足控制类数据、实时/准时流式数据传输需求。

- 安全：云平台的安全与应用软件、平台、操作系统、多段网络、权限管理等多方面因素有关，边缘数据的安全隐私受到极大关注。
- 能耗：边缘设备传输数据到云平台消耗较大电能，从云平台获取数据到设备现场也需要二次耗能。

新的需求驱动主要体现在以下两个方面。

- 物联网：随着网络覆盖的扩大、带宽的增强、资费的下降，万物互联触发了新的生产模式和商业模式，催生新的数据生产和消费方式。
- 智能制造：离散制造和流程制造亟待靠近现场、能提供可靠性强、实时性/准时性强的 ICT 系统，以实现 IT 与 OT 深度融合所需的局部数据闭环。

边缘计算是继云计算之后的一个理念创新，可以在边缘端解决以上问题。边缘计算特指在靠近物或数据源头的一侧，调用平台的计算、存储、应用核心能力，就近提供服务。边缘计算和云计算并不会相互排斥，而是相互融合创新，推动新的产业变革和创新。

边缘计算和云计算的对比如表 5-4 所示。

表 5-4　边缘计算和云计算的对比

性能	边缘计算	云计算
计算能力	计算能力分散，可满足海量物联网设备网络边缘侧计算需求	计算能力集中，满足大规模集中计算需求
安全性	高，可保护敏感数据隐私	低，数据入云，安全隐私无法得到很好保护
功耗	低，单一边缘设备无须高功耗即可完成计算任务	高，边缘设备数据传输到云，再从云获取数据需要二次消耗
部署成本	高，需要在所有边缘测部署	低，集中部署
应用范围	物联网等	云数据中心等

边缘计算已经成为平台基础设施的新战场：主要用于工业互联网和智慧城市等新场景，具备 CROSS 价值，成为连接物理与数字世界的关键，具备以下优势：

- 连接的海量与异构（Connection）。
- 业务的实时性（Real-time）。
- 数据的优化（Optimization）。
- 应用的智能性（Smart）。
- 安全与隐私保护（Security）。

边缘计算在诸多产业有非常大的应用前景，如图 5-7 所示。

图 5-7　边缘计算典型应用场景

边缘计算需要 IT 管理、OT 控制，通过 CT 连接走向融合。具体架构如图 5-8 所示。

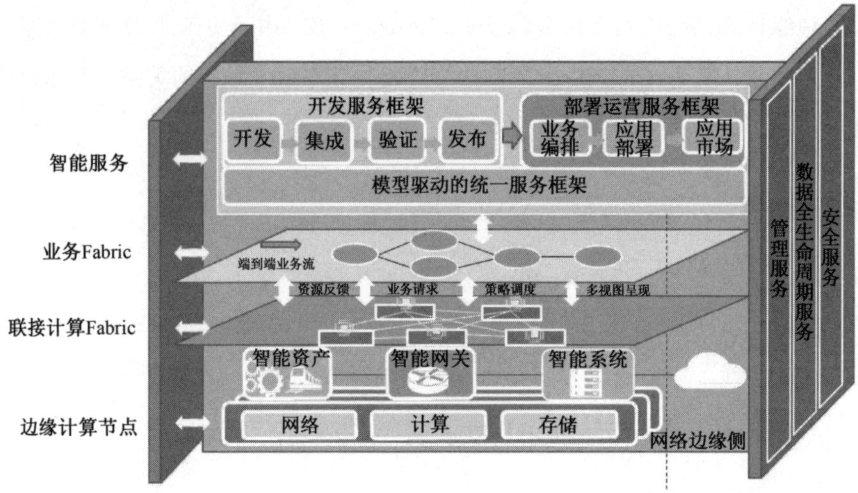

数据来源：边缘计算产业联盟白皮书

图 5-8　边缘计算架构

智慧城市及工业互联网边缘计算网关将成为基础设施端与云平台端重要的中间环节，将融合多种多元化的异构协议解析和业务模型及学习算法等能力。

开放边缘计算，催生产业新生态：边缘计算将与硬件终端、网络连接、云平台及应用组成完备行业智能化生态体系。

人工智能走向商用，成为智能化升级的核心。人工智能可以理解为让机器具备类似人类一样观察、总结、推理问题的能力。在计算机系统中，“经验”通常以“数据”的形式存在，因此，机器学习是从“数据”中产生“模型”的过程。有了“模型”，之后再遇到新的问题，代入模型就可以得到结论。受益于强大计算能力和海量数据，深度学习成为人工智中能最先走向应用的技术。深度学习以神经网络为架构，海量数据为原料训练算法，数据量越大深度学习的结果越好，从而提供更好的服务，获取更多的数据，这些数据反过来又可以用于训练，良性循环。根据发展方向不同，人工智能分为语音识别、图像识别、语言理解、机器人等应用技术。语音识别、图像识别是目前最成熟的两种，普遍准确率都超过 90%。和文字相比，语音更加自然简单，同时输入效率更高，解决了汽车、手表等设备不方便文字交互的问题，因此语音被认为是下一代人机交互的主要形式。图像识别的重要应用是人脸识别，通过提取人脸特征信息实现在金融、安防等多个领域的应用。一个比较知名的例子是人工智能科学家吴恩达用人工神经网络观看一周 YouTube 视频，自主学会识别哪些是关于猫的视频。

人工智能有望引领未来技术浪潮，但它的发展需要其他技术如云计算、大数据和物联网等共同助力推动。

谷歌和百度等知名互联网公司均将人工智能作为公司下一阶段发展重点，已经对外提供人工智能平台，即承载通用型的人工智能技术并向外提供服务，如谷歌的 TensorFlow、百度的 Apollo 开放平台。

当前我国从政府、研究机构到产业都对人工智能技术及应用非常关注，已经将其提升到关系国家发展战略的层面。2017 年 7 月国务院印发了《新一代人工智能发展规划》，确立了我国新一代人工智能发展“三步走”战略目标，力争在 2020 年实现我国人工智能总体技术和应用与世界先进水平同步；在 2025 年实现人工智能基础理论重大突破，部分技术与应用达到世界领先水平；在 2030 年人工智能理论、技术与应用总体达到世界领先水平，成为世界主要人工智能创新中心。

区块链解决平台中心化，成为价值传输基础设施。区块链是一种分布式的数据存储系统，云计算平台的一种体现形式。互联网构建起了信息传输的高速公路，但仍然不能很好地解决价值传输的需求，中心化成为瓶颈。如果网络上大家的交易都通过一个中心化的平台，势必造成这个中心过于庞大，提高了交易成本，降低了交易效率。区块链技术最开始是为解决交易的中心化问题而产生的，它通过让集体共同维护一个分布式的账本，很好地解决了这个问题。区块链具备很多优势，如去中心化、分布式记录存储、信息安全透明、交易脚本可编程等，所支持应用越来越多，已超出互联网金融延伸到各个行业：在金融行业，高效低成本解决信用中介问题；在生产行业，保证数据安全，实现供应链同步；在文化娱乐行业，保护版权等数字资产；在商业领域，实现“智能合约”，合约条款由网络强制执行，无法否认或修改。当前区块链技术仍在探索期，未来将会得到大量应用，成为平台基础设施重要的组成部分。

三、传统物理基础设施的数字化融合

随着数字经济向融合领域延伸，数字经济基础设施的概念更为广泛，不仅包括信息基础设施本身，也包括了传统物理基础设施中与信息基础设施相融合的部分。数字化赋予了物理基础设施中流动的比特新的意义，通过数字化使社会生产、商业运作与物理实体解耦从而更加方便灵活易用（如移动支付、社交网络）；并且通过对数字信息的重新组织与处理，挖掘其中新的机会与价值（如大数据分析）。简而言之，信息基础设施是连接物理基础设施与数字经济世界的纽带，是数字世界中商业创新、交互与送达的引擎。

新一代信息技术快速成熟并应用于各种传统行业，为传统行业带来巨大创新和业务量的快速增长、经济效益提升，从而正向拉动传统行业基础设施建设和重构。同时，信息基础设施的快速发展也离不开完备的、无处不在的传统行业基础设施的支撑，两者呈现相辅相成、螺旋式上升的关系。本章节将选取工业互联网、能源互联网和智能交通三个典型行业的基础设施数字化转型详细阐述。

（一）工业互联网——实现中国智能制造的关键基础

随着全球范围内新一轮科技革命和产业变革蓬勃兴起，工业互联网作为当前新一轮产业变革的核心驱动和战略焦点，日益成为新工业革命的重要基石。在国务院发布《关于深化“互联网+先进制造业”发展工业互联网的指导意见》中提到“工业互联网通过系统构建网络、平台、安全三大功能体系，打造人、机、物全面互联的新型网络基础设施，形成智能化发展的新兴业态和应用模式，是实现制造强国和网络强国建设的重要基础”。

在工业互联网中，网络是工业系统互联和工业数据传输交换的支撑基础，即通过工业全系统的互联互通，促进工业数据的无缝集成，实现产业上下游、跨领域的信息集成共享；平台是工业智能化的核心驱动，即通过平台汇聚工业数据，搭建全周期管理与应用模型，实现机器柔性生产、运营管理优化、生产协同组织与商业模式创新，推动工业智能化发展；安全是网络与数据在工业中应用的安全保障，即通过构建涵盖工业全系统的安全防护体系，保障工业智能化的实现。

工业互联网中的网络化是指机器、原材料、控制系统、信息系统、产品及人之间的互联，涵盖从物理层到应用层的各类连接形态。随着信息通信技术向工业领域加速渗透，工业网络化需求的性能不断提升，类型不断丰富，极大地拓展了传统工业网络的内涵和外延，为工业互联网的发展奠定了良好基础。在2016年7月份中国电信集团公司与中国信息通信研究院联合发布的《工业连接计划白皮书》中，重点提出了企业内连接和企业外连接。企业内的连接包括现场设备、工厂控制系统、私有云平台、生产工人四类对象间的互联关系；企业外的连接包括企业、公有云平台间的互联关系，企业和智能产品、用户的互联关系，以及对应工业互联网发展的四类应用场景，这四类场景分别为促进智能化生产的智能生产场景，促进网络化协同的网络协同场景，促进个性化定制的用户定制场景，促进服务化转型的服务化场景。工业连接框架示意图如图 5-9所示。

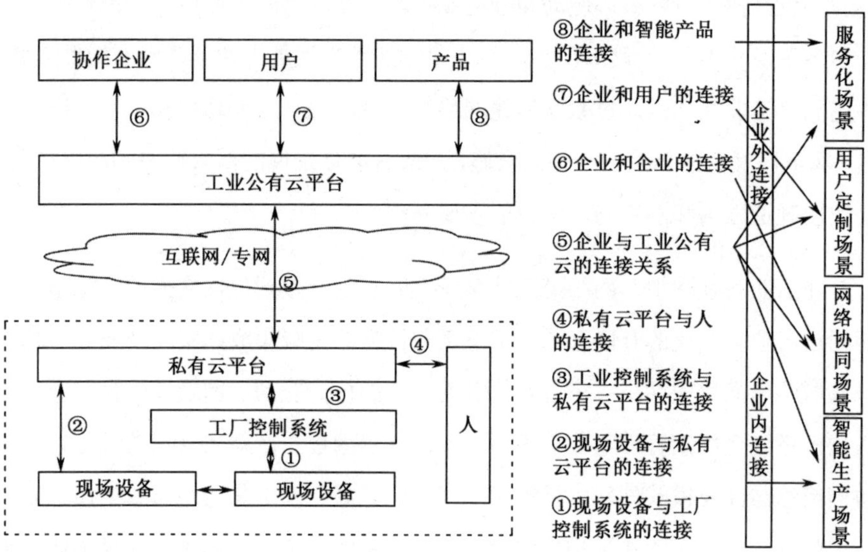

图 5-9　工业连接框架示意图

安全是工业互联网健康发展的重要保障。随着信息化和工业化深度融合，需要加快建立设备安全、控制安全、网络安全、平台安全和数据安全等多层次安全保障体系，加强推动攻击防护、漏洞挖掘、入侵发现、态势感知、安全审计、可信芯片等安全产品。其中，工业云中存储的数据具有较高的敏感性，涉及工业企业知识产权和商业机密，是其核心资产的重要组成部分，有些数据资料甚至关系到国家安全，因此对数据的窃取或者破坏将造成严重经济损失、社会影响甚至国家安全等问题。由于工业系统的重要性，工业云可能会面临更多的威胁，与通常 IT 环境下的云相比，必须更加重视安全性和恢复能力，当前的信息安全处于持续攻击的时代，即从“应急响应”到“持续响应”的处理过程。工业互联网安全防护方案如图 5-10 所示。

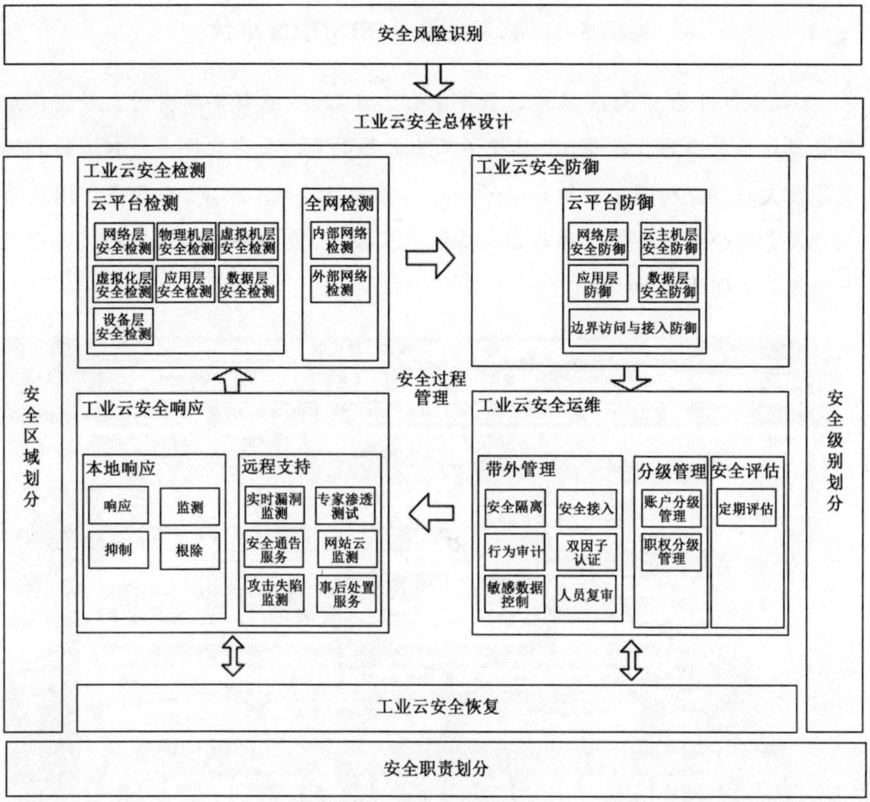

图 5-10　工业互联网安全防护方案

基于工业互联网的网络、平台与安全，工业互联网将构建面向工业智能化发展的三大优化闭环。一是面向机器设备运行优化的闭环，核心是基于对机器操作数据、生产环境数据的实时感知和边缘计算，实现机器设备的动态优化调整，构建智能机器和柔性产线；二是面向生产运营优化的闭环，核心是基于信息系统数据、制造执行系统数据、控制系统数据的集成处理和大数据建模分析，实现生产运营管理的动态优化调整，形成各种场景下的智能生产模式；三是面向企业协同、用户交互与产品服务优化的闭环，核心是基于供应链数据、用户需求数据、产品服务数据的综合集成与分析，实现企业资源组织和商业活动的创新，形成智能化生产、网络化协同、个性化定制、服务化转型等新模式。

案例 5-1 航天云网——SINDICS 平台

INDICS 平台在 IaaS 层自建数据中心，在 DaaS 层提供丰富的大数据存储和分析产品与服务，在 PaaS 层提供工业服务引擎、面向软件定义制造的流程引擎、大数据分析引擎、仿真引擎和人工智能引擎等工业 PaaS 服务，以及面向开发者的公共服务组件库和 200 多种 API 接口，支持各类工业应用快速开发与迭代，如图 5-11 所示。

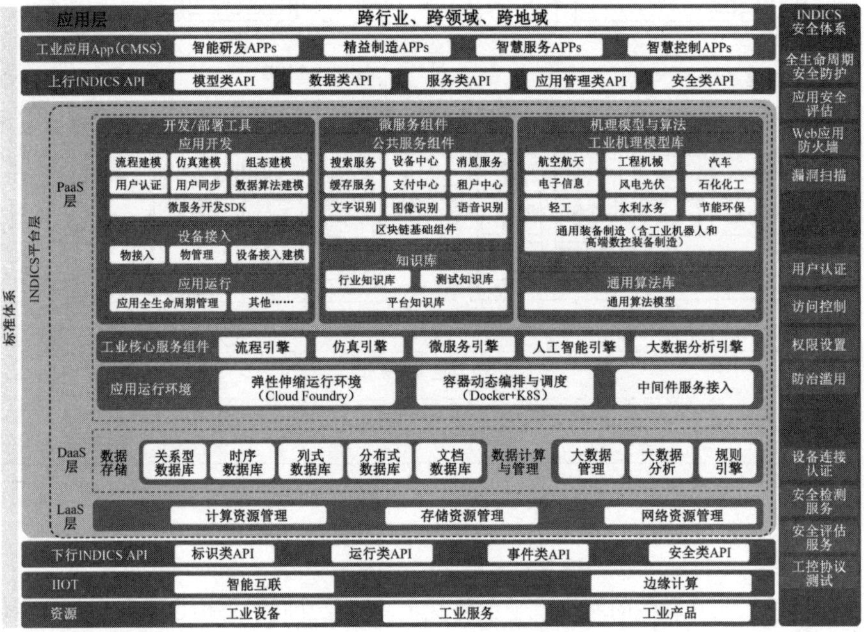

图 5-11 INDICS 平台架构

INDICS 提供 Smart IOT 产品和 INDICS-OpenAPI 软件接口，支持工业设备/产品和工业服务的接入，实现“云计算+边缘计算”混合数据计算模式。平台对外开放自研软件与众研应用 App 共计 500 余种，涵盖了智能研发、精益制造、智能服务、智慧企业、生态应用等全产业链、产品全生命周期的工业应用能力。

案例 5–2 树根互联——根云

根云平台主要基于三一重工在装备制造及远程运维领域的经验，由 OT 层向 IT 层延伸构建平台，重点面向设备健康管理，提供端到端工业互联网解决方案和服务。根云平台架构如图 5-12 所示，其主要具备三方面功能：一是智能物联，通过传感器、控制器等感知设备和物联网络，采集、编译各类设备数据。二是大数据和云计算，面向海量设备数据，提供数据清洗、数据治理、隐私安全管理等服务及稳定可靠的云计算能力，并依托工业经验知识谱构建工业大数据工作台。三是 SaaS 应用和解决方案。为企业提供端到端的解决方案和即插即用的 SaaS 应用，并为应用开发者提供开发组件，方便其快速构建工业互联网应用。

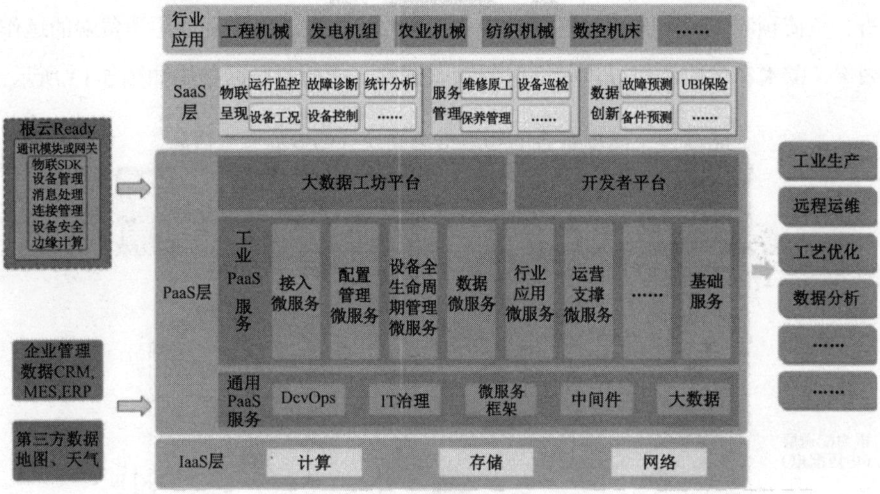

图 5-12　树根互联根云平台架构

目前，根云平台能够为企业提供资产管理、智能服务、预测性维护等工业应用服务。同时基于平台开展产业链金融创新，已有 UBI 保险、维保等产品实践，服务于保险公司等金融机构，提升其风险管控和金融服务能力。

（二）能源互联网——实现能源和信息系统高度融合

能源互联网可理解为是综合运用先进的电力电子技术、信息技术和智能管理技术，将大量由分布式能量采集装置、分布式能量储存装置和各种类型负载构成的新型电力网络、石油网络、天然气网络等能源节点互联起来，以实现能量双向流动的能量对等交换与共享网络。

能源互联网与信息通信基础设施关系密切，首先它利用先进的传感器、控制和软件应用程序，将能源生产端、能源传输端、能源消费端的数以亿计的设备、机器、系统连接起来，形成了能源互联网的“物联基础”。同时，大数据分析、机器学习和预测是能源互联网实现生命体特征的重要技术支撑：能源互联网通过整合运行数据、天气数据、气象数据、电网数据、电力市场数据等，进行大数据分析、负荷预测、发电预测、机器学习，打通并优化能源生产和能源消费端的运作效率，需求和供应将可以进行随时的动态调整。能源互联网架构如图 5-13 所示。

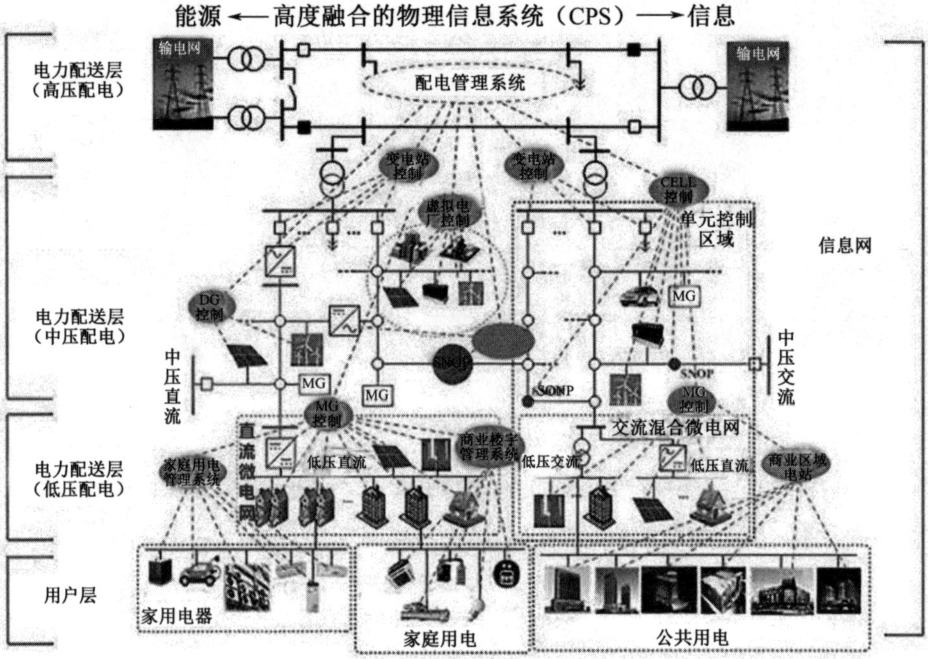

图 5-13　能源互联网架构图

能源互联网表现出五大要素。①可再生：可再生能源是能源互联网的主要能量供应来源，可再生能源发电具有间歇性和波动性的特征，其大规模接入会对电网的稳定性产生冲击，从而促使传统的能源网络转型为能源互联网。②分布式：由于可再生能源的分散特性，为了最大效率地收集和使用可再生能源，需要建立就地收集、存储和使用能源的网络，这些能源网络单个规模小、分布范围广，每个微型能源网络构成能源互联网的一个节点。③联网：大范围分布式的微型能源网络并不能全部保证自给自足，需要联网起来进行能量交换才能平衡能量的供给与需求。能源互联网关注将分布式发电装置、储能装置和负载组成的微型能源网络互联起来，而传统电网更关注如何将这些要素接进来。④开放性：能源互联网是一个对等扁平和能量双向流动的能源共享网络，发电装置、储能装置和负载能够即插即用，只要符合互操作标准，这种接入是自主的。⑤融合：能源互联网的基础设施建设不能完全摒弃已有的传统电网，特别是传统电网中已有的骨干网络投资大，在能源互联网的结构中，应该考虑对传统电网的基础网络设施进行改造，并将微型能源网络融入改造后的大电网中，形成新型的大范围分布式能源共享互联网络。

智能电网是能源互联网的一个环节，除了智能电网以外，能源互联网还包括：智能发电、智能用电、智能储能，以及电力价值链外的智能服务和智能交易环节。智能电网还是基于以前的传统电力业务，基于专网通信系统，不开放，相对封闭，不能和其他系统相融合。能源互联网是基于物联网和现代互联网的系统，主要面向可再生能源，基于标准接口的开放式系统，对于除了电力以外的各种用电设备（包括智能家电、电动车、分布式能源）开放，信息和能源可以基于现代互联网进行共享。智能电网是能源互联网的雏形，能源互联网的初级阶段。但同时能源互联网的发展会使得智能电网向开放式发展。

能源互联网是能源和信息技术的融合，将从根本上改变能源的生产和利用方式，从而形成能源供应向分散生产和网络共享的方式转变的大趋势。未来能源互联网的实践必将依靠分布式发电和智能微网、电动汽车ETG、输配电、配售电分离侧，智能设备、大数据云平台、电力交易市场等发展来提高能源利用效率，降低能源系统风险。

能源互联网将打破原先相对独立的不同类型能源的界限，在先进信息技术的基础上形成以电力系统为核心、多种类型能源网络和多种形式交通运输网络高度整合的新型能源供给利用体系。在横向上，它能够实现不同类型能源相互补充；在纵向上，它能够实现能源开发、生产、运输、存储和消费全过程的“源—网—荷—储”协调。

案例5-3　国家电网5G切片

2017年9月，中国电信北京研究院、中国电力科学研究院、华为共同启动了“5G电力切片基础前瞻联合创新项目”。中国电信、国家电网、华为作为世界500强中信息通信行业、电力行业的领军企业，三方在本项目中将充分发挥各自的技术、产业、市场优势，面向配电自动化、用电信息采集等场景，开展联合技术研发和测试，推动相关技术、标准、产品的成熟，验证通信和电力跨产业合作的应用场景，推动合作共赢产业生态的构建。

5G切片具有使能千行百业的巨大潜力。网络切片不仅是一种技术，同时也会带来新的商业模式，除了智能电网行业，在自动驾驶、工业控制、智慧城市等方面也大有可用，形成运营商与垂直行业合作多赢的局面，一起共创智能的数字化社会。

（三）智能交通——实现绿色高效安全出行，优化驾驶体验

现阶段，交通问题是制约我国经济增长的重要因素之一。截至 2017 年 3 月底，中国机动车保有量已经突破 3 亿辆，其中汽车达 2 亿辆，并以每年近 2000 万的数量激增。交通基础设施发展的滞后带来交通事故与堵塞、废气污染等问题。与时俱进发展智能交通基础设施、保障交通安全和提高交通效率，具有重要意义。

随着移动互联网、人工智能、大数据、云计算等新一代技术在汽车和交通领域的逐步应用，交通体系与出行方式变革已经开始。智能交通基础设施是将新一代信息通信技术引入交通基础设施而发展起来的，它能够更全面地获取交通状态并分析多维交通信息数据，及时地侦测道路交通异常，更准确地协调车辆和基础设施的运行情况，更有效地为出行者和货物运输提供交通信息与出行手段，从而大大提高交通出行的安全性、经济性和可控性。智能交通基础设施的能力主要体现在以下四个方面：

（1）泛在互联能力。城域网和高速无线通信网络的发展为实现“无处不在的智能交通”提供了基础条件。当前，智能交通服务借助成熟的宽带无线网络部署，能够为出行者和物流配送提供任意地点、任意时间、任何设备的及时可信交通信息咨询。未来，LTE-V2X、5G-V2X 等车用无线通信技术，将具备超低时延、超高可靠、超大带宽的无线通信能力，一方面可以把人车路云等交通参与要素有机地结合在一起，提供更多的感知信息，支撑实现远程遥控、高级阶段自动驾驶等创新应用；另一方面，有助于构建“一张网”的智能交通体系，促进汽车和交通服务的新模式新业态发展，对提高交通效率、节省资源、减少污染、降低交通事故发生率、改善交通管理等有重要意义。

（2）智能处理能力。人工智能超越了传统的基于法则的算法，呈现出深度

学习、跨界融合、人机协同、群智开放、自主操控等新的发展趋势。应用人工智能和机器学习等技术，将衍生出一系列创新的智能设备，并对现有的设备、应用和服务提供嵌入式的智能处理能力。嵌入道路中的智能传感器可以帮助动态交通信号灯确定灯光跳转的频率，协助在发生拥堵和道路交通事故时的操控，以便车流以最有效的方式通行，提高交通流的效率。同时，加快人工智能技术在智能交通领域应用，加强车载感知、自动驾驶等技术集成和配套，开发智能交通感知系统，有利于促进自动驾驶汽车在交通运输领域内的发展与应用。

（3）大数据分析能力。道路交通管理越来越离不开数据的支持。基于大数据和云计算处理能力，可以建立复杂场景下的多维交通信息综合大数据应用平台，有助于建立城市交通运行风险预警与应急处理体系，避免发生公共交通及危险品运输车辆的恶性事故，并实现智能化交通疏导和综合运行协调指挥，建成覆盖地面、轨道、低空和海上的智能交通监管和服务系统。阿里的城市大脑、滴滴出行的智慧交通平台等大数据产品已经在多个城市投入使用，海量交通大数据反映城市道路运行情况及相关民生态势，为城市管理者提供新的决策支持。

（4）配套能源供给能力。未来的道路交通运输系统必须要充分考虑新的能源供给配送体系。交通运输整个过程都需要能源的驱动。未来可再生能源、氢能等，将是我们可以采用的选项。如果要把它们应用于道路，就必须要有一支相适应的能源配送网络。新的电动汽车如果没有一个良好的能源配送网络，电动汽车是无法广泛推广应用的。

车联网是智能交通基础设施另外一个重要环节，它可以将交通基础设施、单车、新能源汽车等绿色交通工具与网络连接起来，为人们提供一个绿色、高效的行车环境，助力于新能源的普及和交通效率的提升。

车联网是以车内网、车际网和车载移动互联网为基础，按照约定的通信协议和数据交互标准，在车与车、车与人、车与道路基础设施及车与网络之间进行无线通信和信息交换的系统网络，是能够实现智能交通管理、智能动态信息服务和车辆智能化控制的一体化网络，实现高效的信息交互，实现智慧交通，从而实现车、人、路和基础交通设施的智能管控，为人们提供高效、绿色的出行，如图 5-14 所示。

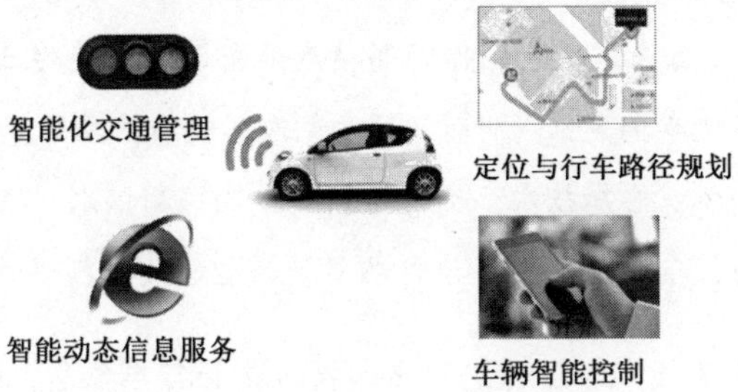

图 5-14　车联网示意图

车联网具有技术整合、信息共享、产业融合的特点。车联网是将定位技术、传感器技术、通信技术、互联网技术等多种先进技术有机地运用，并由此衍生出诸多增值服务。信息共享是将车、道路、人等信息共享，用户可以获取所需要的信息和应用交互，大大改善用车生活体验，使得出行更加高效，便捷；产业融合是指芯片厂商、网络提供商、软件提供商、汽车提供商等构建了全新的汽车产业生态，也使得传统的车企走向开放和融合。

国家政策大力扶持车联网发展，为车联网发展提供了良好的环境。李克强总理在 2015 年 3 月的“两会”政府工作报告中首次提出要制订“互联网+”行动计划。7 月初，工信部落实《国务院关于积极推进“互联网+”行动的指导意见》的行动计划，首次提出要出台《车联网发展创新行动计划（2015—2020）》，要求推动车联网技术研发和标准制定，组织开展车联网试点和基于移动通信技术的车联网示范。同时，智能网联汽车已经进入了国家“中国制造 2025”的战略规划，成为“中国制造 2025”的重点推动产业之一。工信部在 2016 年发布的《信息通信行业发展规划（2016—2020 年）》，将实现面向车联网的无线接入技术、操作系统、智能感知、智能认知等关键技术突破，推动车联网技术研发和标准制定作为发展目标之一。

案例 5-4 百度无人驾驶汽车

百度无人驾驶车项目于 2013 年起步，由百度研究院主导研发，其技术核心是“百度汽车大脑”，包括高精度地图、定位、感知、智能决策与控制四大模块。其中，百度自主采集和制作的高精度地图记录完整的三维道路信息，能在厘米级精度实现车辆定位。同时，百度无人驾驶车依托国际领先的交通场景物体识别技术和环境感知技术，实现高精度车辆探测识别、跟踪、距离和速度估计、路面分割、车道线检测，为自动驾驶的智能决策提供依据。

百度无人驾驶汽车可自动识别交通指示牌和行车信息，具备雷达、相机、全球卫星导航等电子设施，并安装同步传感器。车主只要向导航系统输入目的地，汽车即可自动行驶，前往目的地。在行驶过程中，汽车会通过传感设备上传路况信息，在大量数据基础上进行实时定位分析，从而判断行驶方向和速度。

案例 5-5 杭州城市大脑

2016 年阿里在云栖大会上正式启动了杭州城市数据大脑（简称“城市大脑”）项目。城市大脑是政府部门和企业打通信息关卡，为智慧城市治理建设的共享数据的大平台。在未来，这个智能中枢，能够让数据帮助城市来思考和决策，将杭州打造成一座能够自我调节、与人类良性互动的城市。

解决交通拥堵问题是城市大脑挑战的第一个难题。2016 年 9 月初，城市大脑交通模块率先在萧山区市心路投入使用，将道路监控、红绿灯等设施每天产生的海量数据统筹协同，计算出实时的交通优化方案。结合手机地图、道路线圈记录的车辆行驶速度和数量，公交车、出租车等运行数据，城市大脑即可在一个虚拟的数字城市中构建算法模型，通过机器学习不断迭代优化，计算出更“聪明”的方案：每个路口红绿灯设置为多长时间通行效率最高？哪些路口应该禁止左转？公交车辆和线路如何调度更为合理？道路修建是否有更好的选择？试验结果显示，通过智能调节红绿灯，道路车辆通行速度平均提升了3%～5%，部分路段提升了11%。

四、推动数字经济基础设施转型升级的建议

（1）树立引领意识，重点领域超前部署。当前我国在移动通信网络5G、人工智能及区块链等领域都具备国际领先优势，应树立引领意识，将优势进一步扩大。通过技术创新驱动基础设施向更广、更深、更强发展。努力成为移动通信领域5G标准和技术的全球引领者之一。掌控智能网络、下一代互联网、物联网领域的关键技术。实现人工智能、云计算、大数据、边缘计算、区块链、软件定义网络（SDN）、网络功能虚拟化（NFV）、操作系统、智能传感器等关键技术突破。实现信息通信技术研发和应用在军民融合多领域、多方向深度发展，并且加速产业化落地，利用中国庞大市场优势作为技术验证的试验田，待成熟之后抢占国际市场。

（2）加大信息基础设施投入和建设力度。加快构建新一代信息基础设施，为我国经济社会转型、全面发展数字经济提供坚实保障。①支持高速宽带网络建设，以超高速、大容量光传输技术升级骨干传输网，以光纤到户为基础推动大中城市家庭用户接入升级，以4G网络深度覆盖为重点推动无线宽带网络深度延伸覆盖，加快5G研发进程。②按照市场需求灵活部署物联网、云计算中心、大数据平台等应用基础设施，加大城市公用设施、电网、水网、交通运输网等智能化改造力度，推动政务、行业信息系统向云平台迁移，深化物联网在电力、能源、交通、城市管理、工业制造、现代农业等重点领域的部署和应用。③加快发展工业互联网，制造业是实体经济的主体，要把制造业数字化、网络化、智能化摆在突出位置，构建高速率、高可靠、低时延、灵活快速组织的网络互联体系，完善工业云和工业大数据等关键应用支撑平台。

（3）技术与产业结合，资本与市场驱动快速发展。培育形成一批具有国际影响力和产业引领能力的企业。鼓励基于互联网的大众创新、万众创业。实现技术研发、基础设施建设和部署、新业态培育的良性互动。积极推动信息通信技术与农业、工业制造、交通运输、生活服务等行业的深度融合。形成网络经济与实体经济良性协同的发展格局。鼓励信息通信产业走出国门，参与国际竞争，借助“一带一路”倡议实施，向国外输出好的产品和理念，与其他国家同行业共同分享宝贵经验，提高国际影响力和话语权。

（4）推进基础设施平台与数据的标准化。标准是互联互通、信息共享、业务协同的基础，统一的标准对促进信息通信产业发展及在传统行业中的推广应用具有极其重要的作用。一是推进平台的标准化，即提供标准的能力开放接口及调用规范；二是数据的标准化，即制定统一的数据存储与传输格式，实现不同平台之间的功能调用、数据共享，提高平台之间的联动性与功能划分，避免平台功能的重复性开发和数据多次处理的资源浪费。加快建立和完善 5G、工业互联网等前沿领域标准体系，积极抢占国际标准制定话语权；组织、协调行业监管部门、研究机构、制造企业、安全厂商等共同合作，研究制定相关的管理、技术、测评等标准规范，推动具有自主知识产权标准成为国际标准，增强产业发展主动权。

（5）建立健全数字经济基础设施的立法与安全保护。网络信息技术与各领域融合的广度、深度、速度都在逐步深化，网络空间的一些问题同时也融合到各个行业中去，成为数字经济发展面临的共性问题，如网络安全、数据管理、个人信息保护、知识产权保护、平台责任等。强化信息基础设施的安全与防护是发展信息技术设施的重中之重，要以维护国家安全为直接目标，增强风险意识和危机意识，统筹安全与发展、开放与自主的关系，突出动态化、综合化的防护理念，着力提升信息基础设施安全防护水平。首先要加快信息基础设施演进升级、加强核心技术自主创新、提高关键软硬件产品自主可控水平；其次是结合《网络安全法》建立健全信息基础设施安全标准体系和审查制度；再次是加强网络安全技术手段的研究和运用，攻防兼备，以技术手段支撑安全；最后是制订网络与信息安全人才培养规划，形成高等教育和社会培训相结合的人才培养机制，以人才队伍强化安全。

第六章

数字经济与企业组织模式变革

著名经济学家罗纳德·哈里·科斯（Ronald H. Coase）在1937年发表的《企业的性质》中提出“企业的显著特征就是作为价格机制的替代物”，并认为当市场的交易成本大于企业内部的组织成本时，企业组织就是比市场协调更有效率的调节机制，则交易就被企业组织内部化了。科斯指出，企业的本质是一种资源配置的机制，企业与市场是两种可以互相替代的资源配置方式。根据科斯的观点，如果所有的交易成本为零，则不论生产和交换活动怎样安排，经济活动的组织都是随机决定的，实际上也谈不上有什么企业组织，生产和交换活动都只是由市场“看不见的手”来引导。

在工业经济时代，社会生产力不断向前发展，专业化分工越来越精细，导致市场交易日趋频繁，交易成本急剧上升，企业组织对经济活动的作用尤为重要。这一时期的企业组织模式不断演进，经历了一个由简单到复杂的过程，形成了以职能为导向的金字塔式科层组织结构。进入数字经济时代，信息技术应用极大地变革了交易方式，有效提升交易速率和质量，从而使得企业内外部交易成本呈现明显下降趋势，从根本上动摇了传统科层组织存在的基础。为适应新时代数字经济的发展特征，新一轮企业组织模式变革在所难免。

本章将阐释企业组织是什么，以及是如何演变的？从科斯的交易成本理论出发探讨企业组织模式变革内在机理是什么？分析中国企业在数字经济时代如何进行组织模式变革？

一、企业组织及模式变革演进趋势

组织广泛存在于社会生活的各个领域，小至家庭、学校、企业，大至国家、社会等。组织是社会的细胞，是社会组成的基本单元，是社会运行的基础。企业组织是一种特定的组织形式，是为实现企业内外所有相关人员的共同愿景和目标，并对人、财、物等资源要素进行调配所建立的社会机构，其表明一个企业财产构成、内部分工协作及与外部经济社会联系的方式。

企业组织早在工业化发展初期就出现了，伴随着人类科技文明的进步和社会生产力的发展不断演进变化，并在不同的科技条件、生产力基础和社会形态上形成了与之相适应的企业组织模式。在工业化发展初期，企业多为手工业者或小型商贩，多个个体经过协商共同出资管理并参与到经营活动，企业规模小、人员少，出资人能够管理企业中的每一个员工、设备和具体经营事项，这种情况下企业内部没有明确的部门划分和人员分工，集体的协作和工作分配较为随机，企业组织模式相对简单。随着科学技术进步和社会生产力提高，企业在更广阔的范围内实现资源配置和交易活动，企业组织内部需要通过部门划分及人员的专业分工构建更加科学合理的运行方式，应对不断扩大的生产经营规模和激烈的市场竞争，这时期陆续出现U型、M型、矩阵制、多维制和超级事业部制、H型和模拟分权制等多种企业组织模式。

进入21世纪以后，互联网、大数据、人工智能等新一代信息技术加快向经济社会各领域融合渗透，人类社会正迈入以万物互联、软件定义、数据驱动、智能主导为典型特征的数字经济时代，信息交互、资源配置、市场交易等方式正发生根本性变革，企业内外部环境变化正推动企业组织模式深刻变革。从企业组织的构成形态、管理机制、运行方式等不同角度观察，越来越多的企业呈现出网络化、扁平化、柔性化等基本特征。

（一）边界无限延展的网络化形态

互联网等新一代信息技术实现了信息的快速和发散传递，企业开始构建以协作关系为基础的组织模式，将严密的传统组织拆解为分工更加细化的独立个体（小型团队乃至个人），根据目标和任务，个体之间随时建立协作关系，任务完成便解除关系，随后根据下一项任务所需重新组合。这种方式使得新时期企业具备了自适应、自学习、自组织等特点，同时，通过新一代信息技术的广泛融合应用，网络化组织催生出互联网平台这一典型形态，其开放、共享、协同、无边界的特征，使得企业不断突破地域、领域、技术的界限，让技术、资金、人才等创新要素的汇聚更加迅速和便捷，企业组织模式正从单个企业向跨领域多主体的协同创新网络转变。一方面，企业产品及服务的研发生产资源逐渐向平台迁移，互联网平台突破了物理空间的限制，让企业的设计开发、生产制造等优势资源在虚拟空间得到充分整合与共享，同时消除了各部门之间的信息壁垒，打通了产学研用的合作通道，形成跨领域、跨部门的网络化协同创新模式。另一方面，劳动者在实际生产服务中的合作逐渐向网络化合作转变，众多分散的生产者和消费者能够通过互联网随时随地聚集在虚拟的网络平台上，共同参与产品研发生产和销售服务的互动交流，这种方式使得企业边界无限延展，有效激发了社会的创造潜力，也因为消费者的参与让市场的个性化需求得以实现。

（二）层级缩减的扁平化管理机制

为应对快速变化的市场环境，企业开始依托互联网等信息技术不断增强内外的信息交流与沟通，并通过破除公司自上而下垂直高耸的结构，减少管理层级，增加管理幅度，裁减冗员来建立一种紧凑横向的扁平化组织。这种组织打破了传统的专业分工，根据任务需求形成以团队或个体自由组合的结构，成员能够拥有更多的权力进行自主决策甚至自我管理，进而使组织变得更加灵活、敏捷、富有创造性。分开来看，①扁平化组织模式拓宽了企业领导层的管理范围，逐渐缩短了企业最高决策层到一线员工之间的距离，在很大程度上精简了管理流程，增强了企业各层次之间的沟通，加快了企业内部信息的传递速度，从而有效提高了企业对市场需求的反应速度。②由于互联网、大数据、云计算等新一代信息技术在企业管理中的广泛使用，企业各部门间实现了互联互通和有机结合，减少对辅助人员的需求，进而通过裁减冗员有效降低企业的运营成本，以及应用新技术全面提高企业的运行效率。③扁平化组织模式使企业对权力进行再次分配，中下层管理人员甚至普通员工在一定程度上可以参与决策，有效促进了员工之间的沟通协作，激发了员工的工作热情和创新潜力，进而不断增强企业凝聚力和发展动力。

（三）高效灵活的柔性化运行方式

在数字经济时代，很多传统企业出现效率低下，无法适应快速变化的市场需求等情况，这要求企业构建快速响应、精准管理、灵活制造、高效服务的新型组织模式，因此破除刚性组织模式的柔性化组织被赋予更多时代意义。一方面，企业通过实施柔性生产服务，深入变革传统的标准化、大批量生产方式，以满足消费者多样化、个性化需求为中心，向多品种、小批量、按需定制转变。柔性生产以其快速敏捷、产品种类丰富多样等优势逐渐被企业所采纳，而且还能在保证正常生产计划的情况下，插入紧急制造任务，缩短产品生产周期，提高设备利用率和员工劳动生产率，并改善产品质量。另一方面，与柔性生产服务相适应，企业在管理上同样实施柔性管理，以满足客户需求为导向，以“人性化”为中心，构建平等、开放、共享、协同、创新的企业发展战略、企业文化等，从而把组织的愿景转变为员工主动创新的自觉行动，提升其发展活力和市场竞争力。

总的来看，数字经济时代互联网、大数据、云计算等新一代信息技术的快速发展正促使组织形态向极大和极小两个方向发展，目前已出现海尔、滴滴出行、阿里等半企业、半市场的组织，他们均以自身为中心构建企业价值网络，而随着技术的不断演进和分工极端细化，企业将演变成为极小的个体甚至个人，从而逐渐消失。从另一个角度看，当网络发展到一定阶段，全社会的劳动者都将聚集在由网络构成的虚拟空间里，彼此间互联互通，按需自由组合，获取酬劳，形成一个极大的网络化“企业”，其实就是无组织的企业形态。

二、企业组织模式变革的动力机制

根据交易成本理论，企业组织模式取决于通过市场交换产生的交易成本与在企业组织内部产生的交易成本的比较。从组织经济学来看，交易行为实际上也是一个信息处理过程，涉及信息的获取、存储、传递、处理和分发，信息成本则是交易成本的重要组成部分。数字经济时代企业组织之所以呈现出网络化、扁平化、柔性化等基本特征，是因为新一代信息技术应用从根本上变革传统的信息交互方式，并由此引发企业交易行为的巨大改变。

（一）新一代信息通信技术应用改变信息交互方式

在数字经济时代，最根本的是什么变了？是信息的组织方式变了，信息如何被采集、如何被加工、如何被处理的手段变了，信息传递的速度变了、广度变了、深度变了，信息本身的及时性变了、准确性变了、可靠性变了。数据是数字经济时代信息的基本载体，企业纷纷探索构建数据自动流动的运行体系，通过数据的自动采集、自动传输、自动处理、自动执行，把正确的数据在正确的时间发送给正确的人和设备，从而解决生产经营过程中的不确定性、多样性和复杂性问题。

（1）信息获取无所不在。数字经济时代是无所不在的感知时代，无所不在的智能设备和终端集成加速度传感器、陀螺仪、亮度传感器、地磁传感器、方向传感器、压力传感器等多种数据采集的传感器，数以亿计的摄像头部署在世界的每个角落，所有生产装备、感知设备、联网终端甚至生产者本身都在源源不断产生数据，网上搜索、浏览、购物、邮件随时随刻都在被记录，这些数据将会渗透到企业运营、价值链乃至产品的整个生命周期，成为企业组织行为的重要因素和资源。

（2）信息传递无所不在。无所不在的感知将会带来无所不在的连接，从而使得信息传递无所不在。固定网络、无线网络、物联网络覆盖了世界的每一个角落，过去的通信是人和人的通信，是 70 亿人和 70 亿人之间的通信，现在的通信正在解决人和物的通信，70 亿人和百亿量级的智能终端之间的通信正在形成的过程中。未来，还将会出现物和物之间的通信，10 年以后，可能是 1000 亿和 1000 亿这个量级上的通信。互联网中传输的信息也不单纯是人发布的文本、声音、影像等信息，还包括大量工业设备、仪器仪表输入的控制和感知信息。

（3）信息交互无所不在。在信息海量、交互即时、开放共享、相对自由的互联网环境下，人与人、人与物、物与物之间的信息交互更为通畅，满足了随时、随地、任何人、任何物的信息交互需求，信息交流与传播的速度更快捷、方式更灵活、形式更多样、内容更丰富。企业在数字转型中构建了万物互联的环境，人与人、人与设备、设备与设备及数字世界和物理世界之间更加互联互通，基于连接的资源共享、业务优化、价值创造方式将会发生变化，展现在企业面前的是一个泛在的商业网络。

（二）泛在、及时、准确的信息交互大幅降低交易成本

数字经济时代所建立起的泛在、及时、准确的信息交互方式，对传统的管理模式和交易模式产生了深远影响，既直接带来信息成本降低，也间接带来议价成本、决策成本、监督交易、违约成本等其他类型的交易成本降低。

（1）从信息成本来看，互联网突破了原有地域、行业、认知的限制，在全产业链甚至全球范围内更高效地汇聚、更便捷地开放、更有效地配置要素资源；大数据能够实现对企业能力和客户需求的精准分析，从而在更广范围内实现供给侧与需求侧的精准匹配和跨地域合作的临时搭建；开源平台、3D 打印等新技术的应用使得企业内外部人员直接参与到产品构思、设计、制造、改进等环节，创新主体互动、创新资源组织和创新成果转化方式更加网络化、全球化和便捷化。总的来看，新的信息技术应用促使信息成本大大降低。

（2）从议价成本来看，软件定义在数字空间重建企业生产经营全要素、全流程的过程，当所有交易都在数字空间完成，系统就可以解构出其中的价格信息，用算法形成一套定价机制。这样的价格是经过市场价格发现以后得来的相对公允的价格，双方可以在此基础上更快地形成价格共识，从而降低价格发现的成本。

（3）从决策成本来看，通过线上协作平台实现企业内外部管理和协同大幅度降低，基于大数据分析的人工智能还可以分析不同决策将导致的后果并对决策进行指导和优化，进一步降低决策成本。

（4）从监督成本来看，当企业与企业、企业与客户能够拥有共享的互联网协作平台，沟通与协作可以更便捷地在互联网上进行，监督交易进行的成本也随之下降。

（5）从违约成本来看，基于互联网的信用体系将会重建，互评机制得以建

立，违约成本也会大大降低。利用区块链技术建立的信用共享平台，正加快构建信息不对称、不确定的环境下的完整可靠信用体系，为构建全体共治的新型协作关系提供可能。

（三）交易成本降低带来企业组织模式深刻变革

通过上述分析，可以看到数字经济时代信息交互方式的巨大改变导致交易成本明显下降，这也会导致企业参与产业协作、市场竞争、价值创造的方式发生变化，企业组织的形态、流程、机制、主体也会随之发生变化。

（1）组织形态发生改变。根据交易成本理论，工业经济时代的企业之间有非常明晰的界限，随着数字经济时代交易成本的降低，企业通过市场交易来获取产品的比例越来越大，也说明企业组织的有效可能性边界（即企业的内边界）在不断缩小，外边界在不断扩大，换句话说，企业组织结构更加网络化。以前的企业组织有一个比较高的壁垒，外面的资源很难进去，里面的资源也很难与外部融通，交易成本的降低使得企业的边界产生了很大变化，企业开始从封闭型向开放型转变，企业内外部形成一个网状的交融，使得企业边界变得更加模糊化、弹性化、无边界化。

（2）业务流程发生改变。从企业内部看，由于各类信息系统的使用，信息处理、传递都可以由信息系统自动完成，高层可以通过网络与基层直接进行信息沟通，缩短了纵向信息链，加快了高层与基层的垂直信息传递，提高了高层与基层的信息对称性，减少了决策与行动之间的时滞。从企业外部看，智能终端和产品使得企业与消费者的互动更加及时、对消费者需求的把握更加精准，以往以生产者为中心的正向整合生产要素的业务流程，正在向着以消费者为中心的逆向整合生产要素的业务流程转变，技术和产品研发部门不再是企业创新的发起者，对客户现实需求和潜在需求的深度挖掘、实时感知、快速响应、及时满足水平将成为企业新型能力。

（3）协调机制发生改变。传统的企业组织管理以领导者为核心，纷繁的管理层级使得管理者对企业员工的工作状况很难全面掌控。在数字经济时代，企业员工的工作状况通过人力资源管理系统的绩效评估体系和激励系统自动跟踪，每位员工工作的各种数据通过给定方式传送到数据库，使管理者可以有效、实时地了解职员工作状况。这时的企业需要建立以人为本的组织架构和分配机制，充分调动人的积极性、主动性和创造性，降低激励成本，最终按劳动者贡献程度分享企业获取的经营成果。

（4）参与主体发生改变。人员是推动生产力发展的决定性因素。伴随着个体对于知识和信息的把握，以及个体能力借助于技术发挥得更加强大的时候，成员不再依赖于组织，而是依赖于自己的知识与能力。成员与组织之间的关系，也不再是层级关系，而是合作关系，甚至是平等的网络关系。这些改变，意味着雇佣关系已经开始解除，人们之所以还在一个组织中，是因为组织拥有资源与平台，倘若资源与平台进一步社会化、网络化，个体的自主性就会更加清晰地显现出来。企业将会从金字塔式等科层组织重塑为以创业小微为基本单元的“创客公地”，员工从被动接受指令的执行者颠覆为主动为用户创造价值的创客和动态合伙人。企业通过建立新的组织模式，让员工拥有更多的机会和更广阔的舞台发挥自身优势，充当自己的CEO，从而充分释放个人的潜在能力。

三、数字经济时代中国企业组织模式变革的典型实践

传统企业组织模式的弊端在数字经济时代被放大，组织臃肿、层级过多、流程复杂、效率低下等已成为中国企业不得不面对的现实问题。中国政府推出的“大众创业、万众创新”（“双创”）政策，也是在探索企业组织管理层面的巨大创新，不断推动企业发展理念、战略、组织、流程、管理和商业模式革新。

海尔、韩都衣舍、小米、华为等领军企业正在加紧构建适应数字经济时代的新型组织模式，以应对快速变化的内外部环境。

（一）海尔："人单合一"模式

海尔集团自1984年创立以来，从资不抵债、濒临倒闭的集体小厂发展成为全球大型家电第一品牌，离不开与时俱进的组织变革。海尔先后经历了四次组织结构调整，经过了名牌战略、多元化战略、国际化战略、全球化战略和网络化战略五个发展阶段，不断探索颠覆传统科层制的新型企业组织架构，具体如图6-1所示。

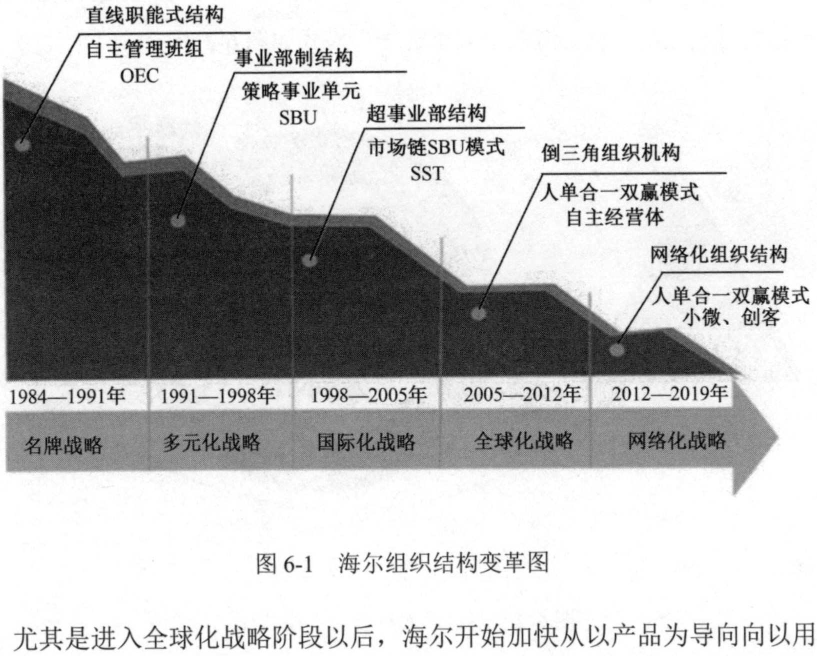

图6-1　海尔组织结构变革图

尤其是进入全球化战略阶段以后，海尔开始加快从以产品为导向向以用户为导向转变，注重一切以用户为中心。海尔集团CEO张瑞敏于2005年正式提出"人单合一"模式。"人"即员工；"单"不是狭义的订单，而是用户资源；通过把每一个员工和用户结合到一起，让员工在为用户创造价值的同时实现自身价值。随着“人单合一”模式的实践探索，张瑞敏于2010年发现互联网的运用可以降低海尔交易成本，之后海尔从2012年开始打造了“人单合一”模式下的网络化组织结构。

在海尔“人单合一”模式下，“人”分为三种：第一种是平台主，负责管理、协调、服务平台上的“小微”；第二种是“小微主”，指每一个创业团队选出的领导者；第三种是创客，指“小微”中的成员。这三种“人”之间没有上下级关系，而是相互协作、服务的关系，他们通过海尔打造的网络平台获取资源，进行创业创新，从而促使海尔的整体架构从科层制转变为网络化的组织模式。在海尔打造的互联网平台上，有上千个“小微”，海尔通过平台一方面为“小微”提供开放的资源支持；另一方面，通过开放地吸引资源、快速地聚散资源，使海尔的平台生态更加丰富，从而吸引更多的小微到平台创业，快速变现价值，实现相关方利益最大化。海尔“人单合一”模式如图6-2所示。

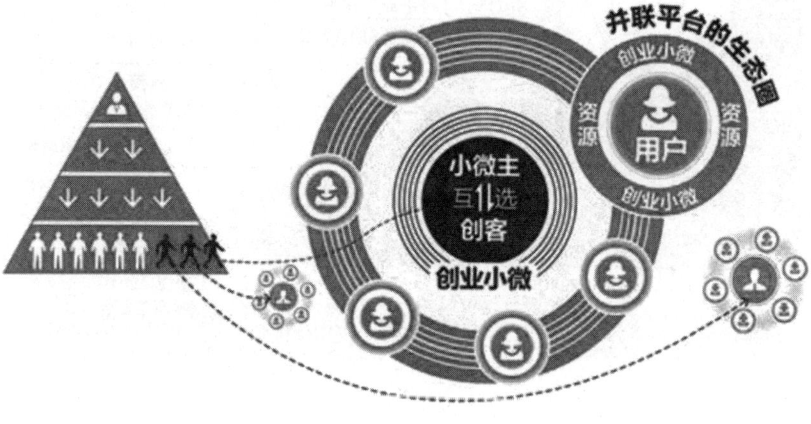

资料来源：海尔官网

图6-2　海尔“人单合一”模式图

海尔实行“人单合一”模式的组织架构以来，从2006—2016年年底，公司实现了近十年收入复合增长率达到6.1%，利润复合增长率达到30.6%的业绩，利润复合增长是收入复合增长的5倍。利润复合增长远远超过收入复合增长，体现了海尔“人单合一”模式下，成本得到有效控制，企业效益大幅提升。海尔刚刚发布的2017年最新财务报告披露：海尔集团实现全球营业额2419亿元，同比增长20%；全球利税总额首次突破300亿元，其中经营利润同比增长41%。海尔大型家用电器2017年品牌零售量占全球市场10.5%，连续九年蝉联全球第一，其品牌份额是第二名的1.75倍。2017年海尔平台上互联网交互产生的交易额首次超过1万亿元，同比增长273%，这意味着，海尔通过用户社群生态圈搭建的触点网络已经开始产生效应，以此为基础产生的生态收入也已开始大幅增长。

（二）韩都衣舍：“大平台+小前端”模式

2008年正式开业的韩都衣舍在设计、生产、行业经验、渠道上并无明显优势。经过一年的探索，韩都衣舍于2009年转型为互联网自有品牌，并开创了“基于产品小组制为核心的单品全程运营体系”，成为独特的“研产销”一体商业模式。

大多数传统服装企业面对变幻莫测的市场环境，利用不断地试错的方法检验更加有效的生产经营方式，从而产生相对较高的成本。韩都衣舍借助互联网平台销售服装，试错成本和交易成本相对较低，创始人赵迎光充分授权一线员工，并且取消产品经理职位，由“小前端”的团队负责人决定设计师设计的服装是否需要批量生产上市。韩都衣舍“大平台+小前端”模式如图6-3所示。

韩都衣舍把传统科层制的金字塔结构转变为赋能型的倒金字塔结构，让员工成为与市场接触的一线主体，并让他们参与到企业的战略决策中，从而促使员工变成公司内部的自主经营体，也就是小前端，最少的三人就能组成一个小前端。公司高层的任务则转变为整合前端自主经营体需要的资源，为员工服务或者赋能。韩都衣舍目前拥有七大赋能平台，包括摄影、淘内运营、淘外运营、生产、储运、客服、其他职能，这七大平台目前共为300个左右“小前端”服务。韩都衣舍的这种组织模式一方面保持了前端团队的小型化和灵活性，能够更好地匹配市场需求和进行创新；另一方面通过后台赋能平台有效地保证每一条业务线的高效运转。

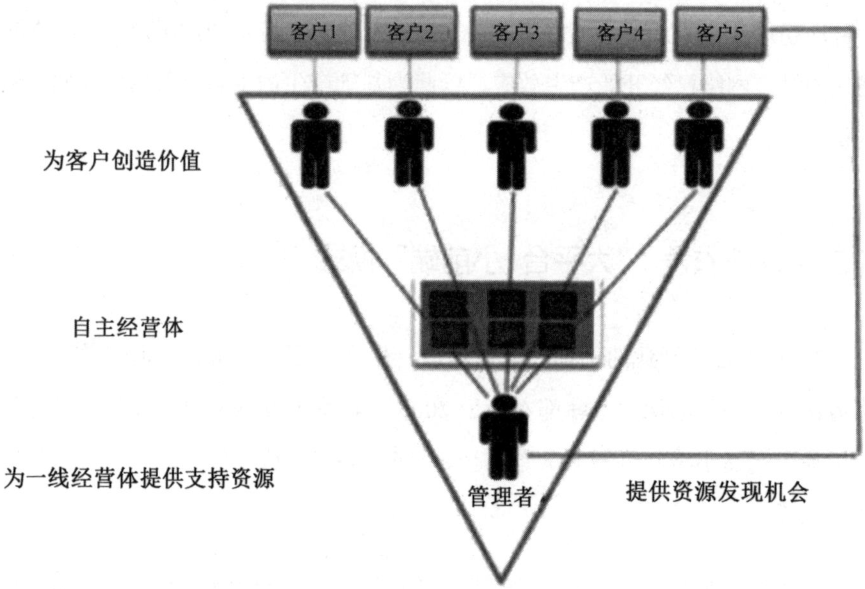

图6-3　韩都衣舍“大平台+小前端”模式

韩都衣舍从过去“公司+雇员”到如今“大平台+小前端”组织模式的转变，使得企业生产能力不断提升。韩都衣舍的“大平台+小前端”模式有力发挥了平台和资源整合作用。依托智汇蓝海作为生态赋能型孵化器，韩都衣舍将商业智能与大数据应用作为自己的核心竞争力，完善了电子商务发展的二级生态系统和赋能体系，为企业的长远和稳定发展奠定了坚实的基础。

韩都衣舍通过组织模式的创新，凭借“款式多、更新快、性价比高”的特点实现了快速成长，从2008年成立到2014年成长为全国领先的互联网服饰品牌，如图6-4所示。韩都衣舍在天猫平台上创下了多个销量冠军，2016年实现了收入高达 14.31 亿元，净利润 8838 万元的经营业绩。与国内传统知名上市服饰企业森马和美特斯邦威（美邦）相比，公司的营收增长率高于森马和美邦，公司利润增长率更是遥遥领先，并且利润增长率是营收增长率的 10 倍，体现出韩都衣舍互联网企业的“大平台+小前端”在成本控制方面高于传统服饰企业，如图 6-5 所示。

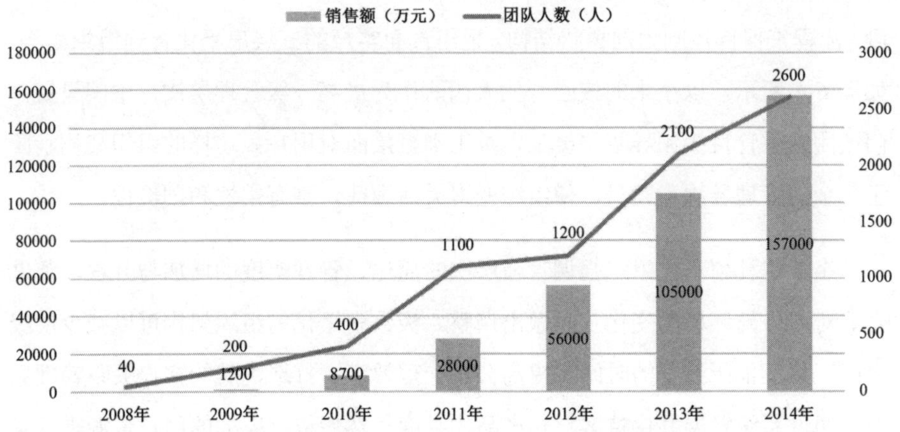

数据来源：韩都衣舍财务报告

图 6-4　韩都衣舍 2008—2014 年发展成长历程图

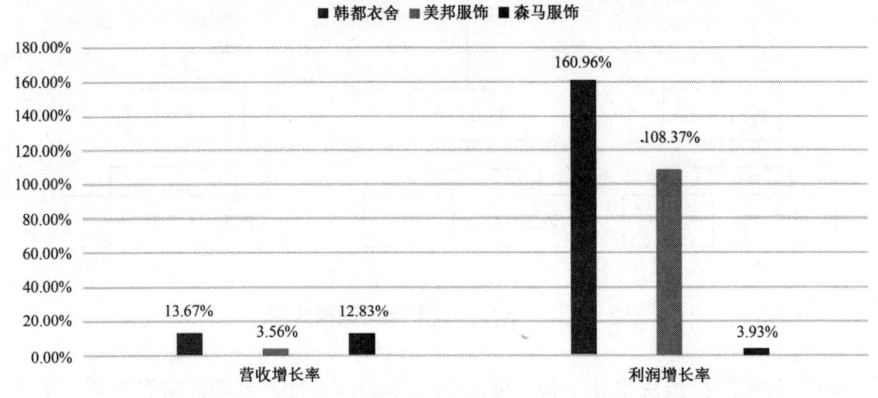

数据来源：韩都衣舍财务报告

图 6-5　2015—2016 年韩都衣舍、美邦、森马经营增长对比

（三）小米：极致扁平化模式

小米公司创立于2010年4月，此时互联网在中国的普及率已经达到34.3%。为了应对快速互联网环境下快速变化的市场竞争，小米摒弃了传统公司通过制度、流程来保持控制力的树状结构，采用直面客户的三层扁平化管理组织架构，如图6-6所示。以小米的核心合伙人团队作为最高一级管理层次，中间设置部门或团队主管直接领导基层员工，员工则直接面对用户。这样的组织架构消除了多余的管理层次和冗员，使组织变得灵活敏捷，富有柔性和创造性。

小米这种扁平化组织强调管理层次的简化、管理幅度的增加与分权，帮助企业对内外部环境的变化及时做出调整。极致扁平化的组织架构可以减少层级之间互相汇报所浪费的时间，提高公司管理效率，打造优越的客户关系管理系统，通过系统发展并保持客户对产品的黏度，然后依靠庞大的用户资源来寻求盈利点。

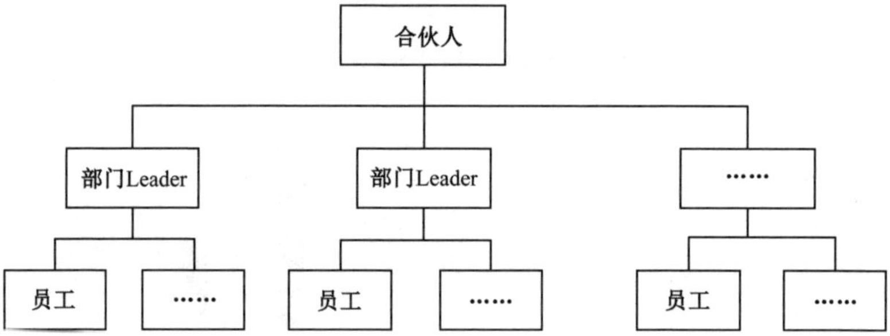

图6-6　小米极致扁平化组织模式图

小米公司的极致扁平化结构，使组织成员的创造性、灵活性得到加强，士气和生产效率提高带来产品成本的降低，从而使公司的整体运营成本降低，市场竞争优势增强，小米正是通过这样的优势实现了产品价格低、高性能，赢得了客户的青睐。小米在成立之后的短短五年内创造了国内手机市场份额从0.50%到15%，估值从 2.5 亿美元 1000 亿美元的辉煌成绩，如图 6-7 和图 6-8 所示。

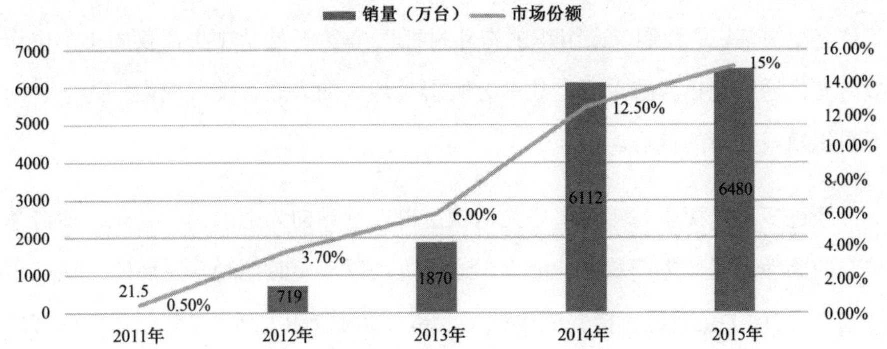

数据来源：小米公告

图 6-7　2011—2015 年小米手机销量和市场份额

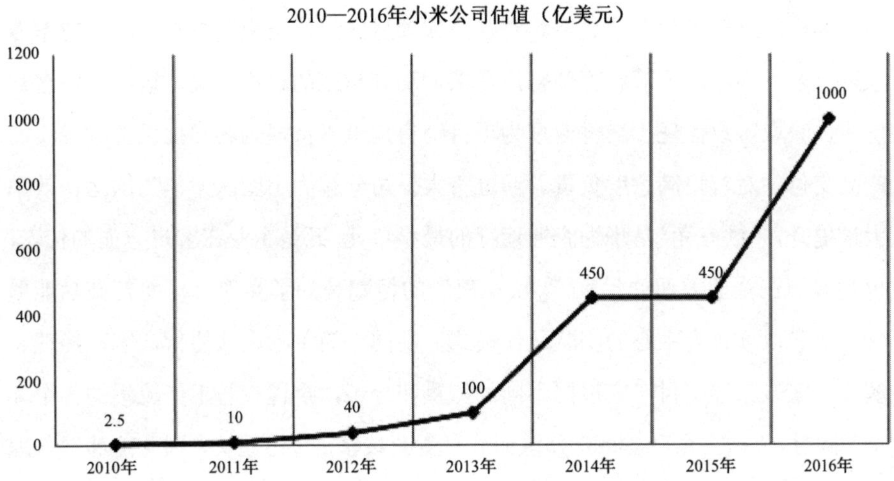

数据来源：小米公告

图 6-8　2010—2016 年小米公司估值

（四）华为：“铁三角”模式

作为全球领先的信息与通信技术（ICT）解决方案供应商，华为的成功离不开与时俱进而又高效的企业组织模式。在30年的发展历程中，华为先后进行了多次组织结构变革，进入数字经济时代，任正非提出，“简化组织管理，让组织更轻更灵活，是我们未来组织的奋斗目标”。华为开始从中央集权向小单位作战转变，通过缩小作战单元，让前方听得见炮火的人做决策，成为华为新时期下组织模式变革的核心。

经过多年的探索与实践，华为构筑了以市场导向为主的企业文化，塑造了较强的柔性管理、生产及供应能力，通过打造适应新时期经营发展的“铁三角模式”，实现了企业组织模式的柔性化变革，如图6-9所示。“铁三角”以客户需求和服务为中心，是项目管理团队的核心，由客户经理、解决方案专家、交付专家组成团队或工作小组，各自负责相关任务，从而形成更加灵活敏捷的运作模式，而其他部门都是为“铁三角”提供支撑服务的后方保障。客户经理是面向客户的“铁三角”领导者，对客户或项目的经营结果负总责；解决方案专家通过客户沟通，理解和管理客户需求，制订相应的解决方案，进而创造客户价值，获取客户信任；交付专家为项目销售提供支持，为客户提供高效优质的产品交付，对客户满意度负责。通过将大公司分解为小团队，华为的运作效率大幅提升，“铁三角”是华为企业运行的最小单元，既是企业在客户方面的代表，也是客户在企业方面的代表，“铁三角”的精髓是为了实现目标而打破功能壁垒，形成以项目为中心的团队运作模式，不同于简单的团队协作，客户经理、解决方案专家和交付专家根据不同的侧重和分工，全程参与工作流程的各个环节，同时，“铁三角”之间充分保证信息资源共享，传达通畅，因此能够深入理解客户需求，有效提升客户的信任，关注良好有效的产品交付和款项的及时回收。“铁三角”是华为在探索企业组织模式创新道路上迈出的重要一步，有效构建了能够随时响应市场需求变化的柔性化企业组织模式。

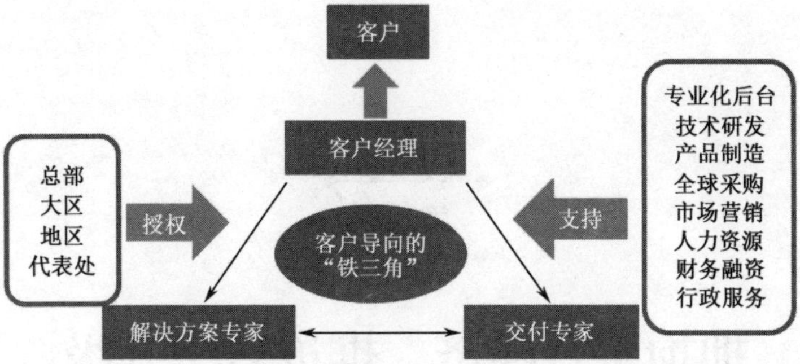

图 6-9　华为“铁三角”模式图

与金字塔结构相比，华为的“铁三角”模式强化了企业内外各要素的水平流动，增强了各部门间的相互协作，促使项目组成员之间的信息交流和知识共享更加频繁。“铁三角”模式下的管理、生产、营销、服务环节的改善和协同可以迅速提升用户价值，进而倒逼其他如生产、仓储、采购、安全等业务流程的优化。此外，华为的“铁三角”模式为企业带来了效益的显著提升，近三年来公司营业收入和利润都获得稳步提升，成为 ICT 行业的领军者，如图 6-10 所示。

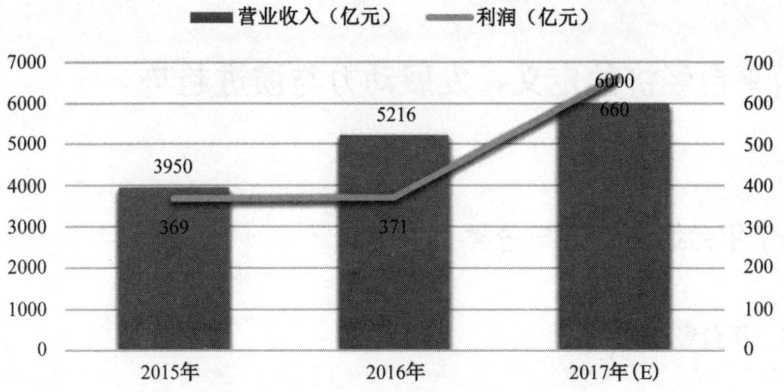

图 6-10　2015—2017 年华为经营业绩图

第七章

拥抱平台经济，推进转型升级

2017 年全球市值最大的十家公司中，有七家是数字经济中崛起的平台型公司。而在十年前，最大市值的十家公司几乎都还是石油、银行和工业企业等传统行业企业。十年间，数字领军企业以技术为支撑，创建产业平台这一新的商业模式，重塑了产业生态，开创了平台经济新局面。中国企业转型升级，必须拥抱平台经济，加速数字化转型。

一、平台经济的定义、发展动力与演进趋势

（一）平台经济特征与分类

1. 平台经济的特征

平台经济是一种技术驱动的新的经济形态，其核心是由多方参与形成的生态系统，如图 7-1 所示。这一经济形态的参与者主要有三类：平台的拥有者与运营者（有些场景下两者可能不一致），供给端平台使用者（如产品与服务提供商等） 和需求端平台使用者（消费者、用户等）。平台经济模式下，供给端平

台使用者和需求端平台使用者借助平台实现互动与交易，共同完成价值创造流程。平台通过以下维度赋能价值创造流程：价值主张、价格的撮合、交易双方的保护、互动的个性化及合作伙伴关系的形成。

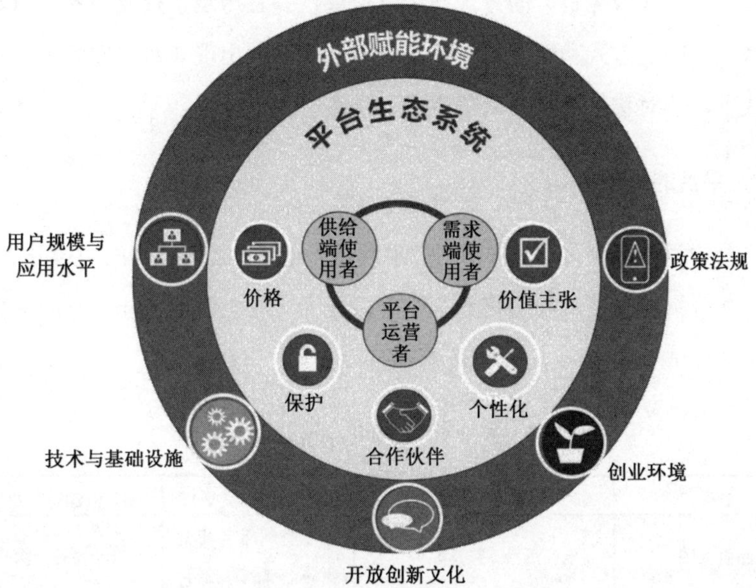

图 7-1　平台经济生态系统

企业融入平台经济，将通过在全新的平台生态系统中创造价值，重新定义未来的发展。平台经济的核心价值来源于以下三大原则。

（1）网络效应/双边市场。当两大用户群体（通常指生产者和消费者）相互产生了网络价值时，便会形成网络效应和双边市场，而这种互惠互利则能推动供需双方的规模经济。在越来越多互联用户和交易的支持下，平台的网络效应将进一步扩大，价值进一步提升。

（2）幂率—马太效应与长尾分布。一方面，平台带来的低成本互动与交易，将打破地域等限制，极度放大强势使用者的优势，形成垄断，即所谓头部的马太效应；同时，平台经济的规模效应，能够支持企业在分布曲线的“长尾”中盈利，避免利润在传统（线性）价值链中不断缩水。

（3）非对称性增长与竞争。通过互补服务来推动核心市场的需求，这些服务往往以补贴（或免费）的方式向用户提供，并且跨越了行业边界。当两家企业以截然不同的方式和资源来争夺市场机遇，就会出现非对称性竞争。平台商业模式下，非对称性增长与竞争将成为常态。

2. 平台的分类

平台的类型多种多样。从不同的出发点入手，将会有不同的平台分类方法。出于下文分析的需要，我们将数字化平台分为交易类平台、社交与内容类平台和技术支撑/产业平台，具体如表 7-1 所示。

表 7-1 数字化平台分类

分类	交易类平台	社交与内容类平台	技术支撑/产业平台
涵盖范围	电商平台、共享服务平台	社交网络、社交媒体、视频直播等	自动驾驶、医疗等
价值核心	算法与软件	算法与软件	行业 know-how，资产与软件
轻资产/重资产	轻资产	轻资产	重资产
中国企业竞争力	强	强	弱
中国企业国际化难度	难	难	易
举例	亚马逊、阿里巴巴淘宝/天猫、优步、爱彼迎、滴滴等	Twitter、Facebook、Netflix、腾讯、优酷土豆等	GE Predix、高通生命公司的 2net、百度自动驾驶等

3. 平台经济的核心优势：数字化平台放大网络的乘数效应

拥抱平台经济，将成为助力企业高速发展的重要途径。借助数字化平台，企业将以低成本接触空前广泛的用户与合作伙伴，并与之高效互动，通过交易与协同将网络的乘数效应充分发挥。

平台模式下，企业将以平台运营为基础，创造多方位的网络倍增效应，帮助特定市场中的众多利益相关方实现价值。随着平台的不断普及，参与者与更多利益相关方均可从中获益。

数字平台型企业这方面在已积累了多年经验。以 Salesforce 为例，它成功利用其平台型生态系统实现指数级增长，促进企业、客户及终端用户多方共赢。一方面，用户数的增加为应用提供者带来收入增长；另一方面，不断丰富的应用又吸引更多的企业投身平台。过去十年，已有 10 万余家企业采用 Salesforce 平台，开发出了 22 万多个应用。平台型数字化企业，如苹果、谷歌、亚马逊等，也深谙数字化平台的网络倍增效应，其数字化平台已被开发者和用户广泛采用，并由此创造出巨大的价值。平台商业模式下，乘数效应创造的增长与效率，其本质是共赢而非零和，各方都从创新的模式所带来的增长与效率中分享价值。

（二）数字技术成为推动平台经济发展与推广的核心动力

平台经济，尤其是数字化平台的发展，离不开数字技术的驱动作用：

移动数据通信服务的发展，使得平台的连接功能更加强大、便捷，能随时随地连接到更多的参与方。

物联网的发展，让平台所连接对象的范围空前扩展，将实体的物理世界融入虚拟的数字世界中。

数据分析技术及近来蓬勃发展的人工智能，使平台运营更加智能化、效率更高、用户体验更佳，并能通过数据变现等缔造出新的商业模式。

云计算架构和一切及即服务（as a service）的模式让平台更易于部署，使用成本更透明、低廉。

应用编程接口（API）和开源软件的发展与推广，使平台功能的扩展更为简便、效率更高。

埃森哲针对中国企业的最新调研显示，受访企业认为最重要的平台技术依次是移动技术、数据分析及云服务和物联网，如图 7-2 所示。这充分印证了企业对于平台经济连接、共享与智能化三大要素的认可。

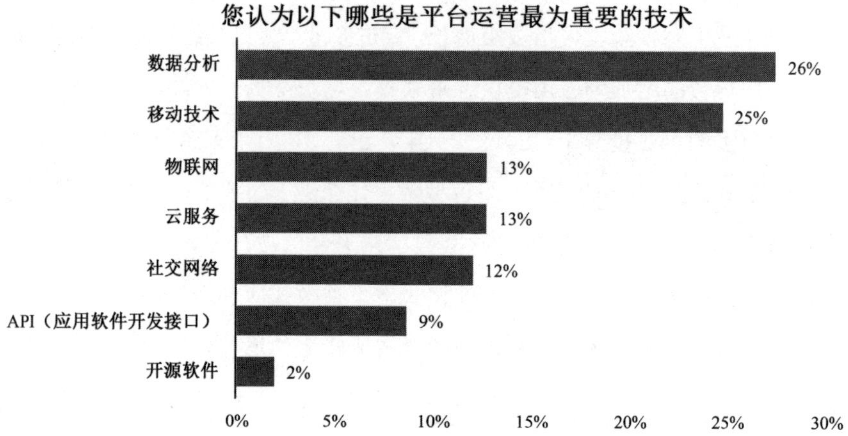

图 7-2　企业最看重的数字化平台支撑技术

（三）作为数字经济重要模式，平台经济发展迅猛

1. 数字化平台催生众多数字企业巨头，获得资本市场青睐

过去十多年来，互联网和高科技平台巨头快速崛起。其迅速扩张的用户规模，不断优化的用户体验和创新的盈利模式，令人眼花缭乱的技术产品创新和丰厚的财务回报，使平台巨头们成为资本市场的宠儿和职场的明星雇主。2015 年全球最大 15 家已上市平台企业的总市值高达 26 万亿美元，如图 7-3 所示。平台型企业在商业上的巨大成功，也给平台经济戴上了闪亮的光环，吸引了传统行业的广泛关注。有关传统行业如何借助平台运营模式提升运营水平，推动增长的讨论不绝于耳。

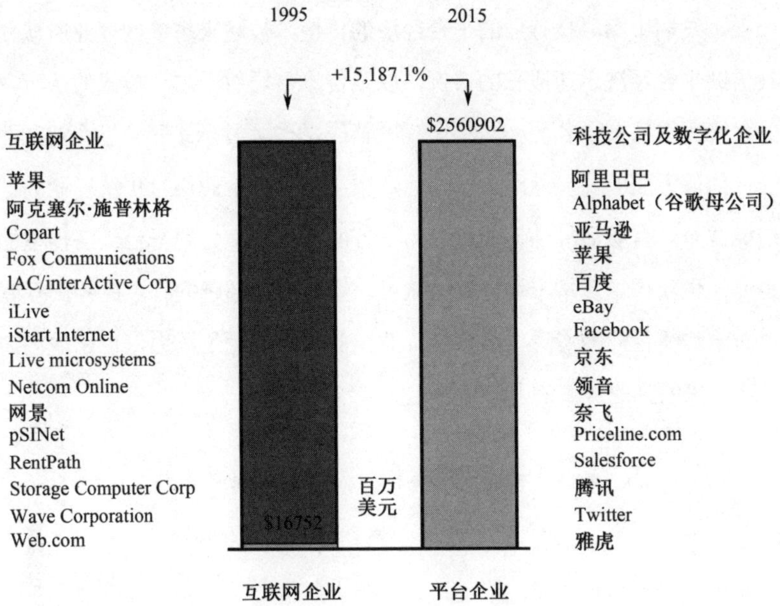

数据来源：埃森哲 2016 年技术展望

图 7-3　全球平台企业快速崛起

2．平台经济从互联网与高科技向传统行业延伸，拓展平台经济新疆界

信息化与数字化时代，平台经济最先发轫于信息技术行业。以苹果为代表的创新的硬件厂商、微软和 SAP 等软件巨头，以及谷歌和亚马逊等互联网翘楚，都是数字化时代平台经济运用的典范。数字化平台模式之所以首先成就于高科技行业，原因有二：首先，沉浸于数字技术的高科技企业，对于平台经济在价值创造方面的放大作用先知先觉，如由于互联网自身特性带来的更强烈的网络效应，数据驱动的智能化撮合带来的效率与效果的大幅提升，以及利用相关技术搭建并运营平台的能力；其次，相关行业技术发展迅速，产品生命周期不断压缩，厂商在最短时间内占领市场，实现投入产出最大化的动机十分强烈，因而愿意尝试新的商业模式，成为商业模式创新的早期实践者。迄今为止，高科技行业创造了很多基于数字平台的新的商业模式：开源软件、众包众筹、基于 API 的开发者经济，等等。

今天，发端于高科技行业的平台经济的价值，被越来越多的行业所认知并重视，其借助平台经济迅速成长的事例，以及资本市场对于这一模式的认可，使传统行业高管面临越来越多“为什么不”的质疑。图 7-4 显示了平台型企业和非平台型企业在估值方面的明显差距。一方面，数字化平台企业相对传统行业的链状价值创造模式企业有明显的估值优势；另一方面，一些率先向平台经济转型的传统行业企业，也获得了资本市场更好的认可，企业估值超越同行。此外，互联网巨头通过对于传统行业的渗透，给传统行业企业带来了竞争压力，也让他们需要重新思考在未来的产业价值链中自身的定位。

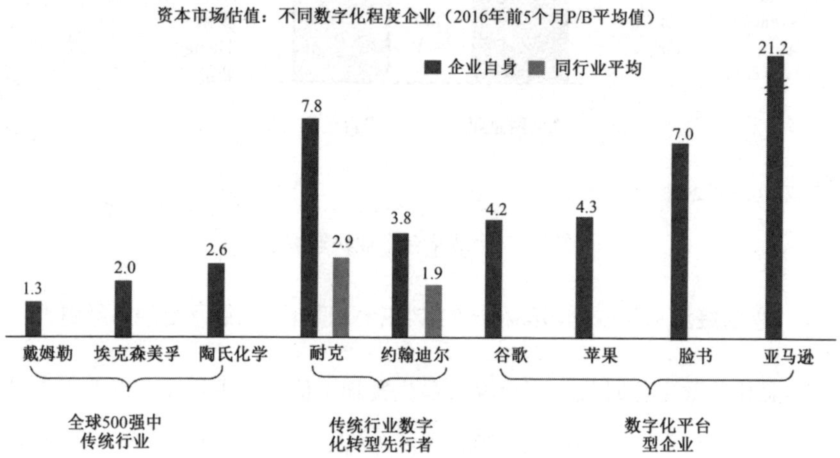

数据来源：CapitalIQ,公司财务报表，财富全球 500 强榜单&埃森哲分析研究

图 7-4　全球不同平台化水平企业估值比较

目前已有不少传统行业领先企业试水平台经济，如菲亚特的车联网、迪士尼的魔力手环、耐克的NIKE+平台。据 IDC 预测，到 2018 年，超过 50%的大型企业及全部企业的八成以上都将拥有平台经济为核心的数字化转型战略，由此创建产业平台或与之结为合作伙伴。行业云的数量将从现在 100 余个的基础上，到 2018 年达到 500 个。在中国，传统企业对于平台经济价值的认识也在不断加深，并开始付诸实践，在汽车、生活服务、消费电子、金融、能源等行业已经有不少公司开始尝试平台模式。

3．物联网催生产业平台，打破传统行业疆界，推动商业模式进化

移动互联网和物联网的快速发展与普及，促进了数字世界和物理世界的融合，使数字平台所连接对象的数量与种类空前扩展，平台经济的网络效应迅速放大，是平台模式从高科技行业向以产品制造业为代表的传统产业延展的重要催化剂。其中，基于物联网的产业平台是平台经济推动传统行业转型创新的重要模式。

产业平台是指处于同一产业价值链不同环节的企业，借助数字化平台实现信息与资源共享，运营协同及达成交易的新模式。借助于物联网的发展与推广，业务合作伙伴能利用各种应用程序或设备进行交互；通过技术平台，价值链中的所有业者均能成为数字平台系统的组成部分。此类产业平台的实例包括约翰迪尔公司的 My JohnDeere、高通生命公司的 2net，以及通用电气的 Predix。在许多行业，企业间争夺数字化产业平台的统治地位的竞争日趋白热化。以工业领域的应用为例，尽管工业市场的格局依然不甚明朗，但通用电气和西门子竞相增加投入，争夺先机。作为欧洲最大的工业制造集团，西门子正在迅速转型为一家数字服务公司，结合软件、平台和服务，为客户提供更好的解决方案。西门子数字化工厂（Digital Factory）的收入增长速度超过了整个集团的增长速度，而西门子的 MindSphere 平台也表现强劲。PLM 软件和数字孪生技术用于开发和优化新的解决方案，拥有一个共同的技术平台来支持员工合作。而该公司的 Next47 风险投资部门力求在未来五年内投资 10 亿欧元开发 AI 和区块链等技术。

调研表明，物联网产业平台未来的发展将经历四个截然不同的阶段，如图 7-5 所示。第一和第二阶段代表了当前的机遇，从运营效率着手，推动短期价值实现。目前这些活动正在有序推进。第三和第四阶段包括长期的结构性变化，会稍后发生。调查结果也印证了这一观点，即短期内物联网产业平台会产生营收与利润增长等数量影响，但长远看则将推动行业生态与格局发生质的变化：

72% 的受访者认为产业物联网的发展将对各自企业和行业带来颠覆性影响，而更多的受访者（79%）则认为这些颠覆性影响将在未来五年出现。并且，这些颠覆性影响将在第三和第四阶段以成果经济和人机协作的形式呈现。

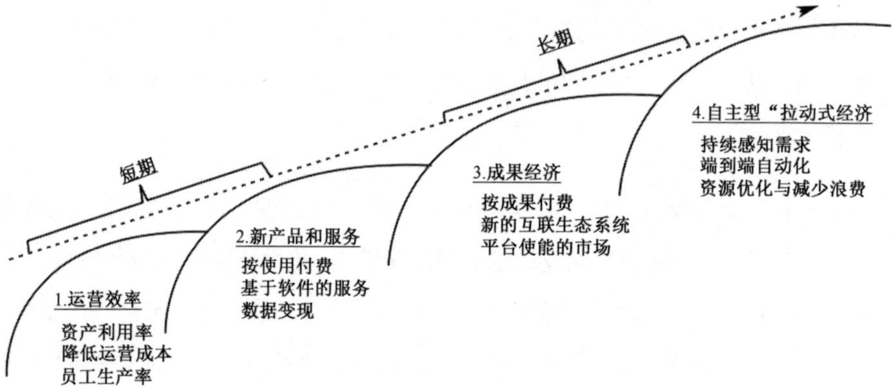

图 7-5　产业物联网的应用及影响路径

随着产业物联网逐步深入渗透至各行各业，它最终将产生拉动式经济效应——实时感知需求、高度自动化运行、灵活生产制造，并且完善各自网络。这一发展需要企业广泛应用自动化技术和智能机器，并在特定场景下实现对人工的替代。因此，未来员工队伍的面貌将发生巨大变化，而且在高度自动化经济中取得成功所需的技能组合也会发生显著改变。

（四）展望未来：平台经济发展趋势

平台经济诞生至今已有时日，随着作为驱动因素的数字技术的不断发展，平台经济的内涵也不断演进，呈现诸多新的发展趋势。

1. 多样化：平台成员角色与平台类型越来越丰富

平台经济的不断发展，使平台类型越来越丰富，平台的撮合交易、促进互动和资源共享的基本功能不断产生新的实现方式和组合方式：从聚焦营销环节的电商平台，到以创新模式供应生产要素，如资本、技能与经验的众包众筹等。同时，如同自然界中的生态圈，一个成熟的平台系统中参与者的种类也将越来越多样化。以电商平台为例，从最初的连接买卖双方撮合交易，到今天的包括网店代运营、数据分析服务，乃至相关的咨询与培训提供商等种类繁多的增值服务提供者。多样化的平台参与者将令平台的功能更加强大，也将不断提升平台的抗御风险的能力，使之成为平台成员持续运营的重要依托。

基于物联网的产业平台的发展，是平台多样化趋势的重要动力。不同行业迥异的行业属性与特征成为产业平台多样化的基础。

2. 智能化：基于数据分析与人工智能的自动运营，优化与提升

数字化时代，基于数据分析的数字化运营成为确保平台系统竞争力与生命力的重要保障。一方面，数据分析产生的洞察，将使互动撮合与资源共享的平台基本功能更智能化地实现，提升用户体验，提高平台系统的价值创造效率；另一方面，大量发生在平台之上的互动与交易，将积累大量数据。这些数据经过分析整理之后，将为第三方带来巨大价值，因而诞生了数据变现的商业模式，为相关各方带来新的营收来源。

3. 集群化：不同平台间的连接，实现端到端的价值创造

平台经济不断进化的方向之一是集群化。还以 B2C 电商平台为例，从最初解决信息不对称为目的交易撮合，逐步发展到涵盖价值创造不同环节的支付、物流、广告等，每一个环节都自成平台，同时多个平台之间的数据实现流动与分享，构成面向同一目标用户群的端到端的平台集群，使整个客户价值创造流程平台化。今天，平台集群化的趋势在 B2C 领域迅速发展，而未来在 B2B 领

域，基于物联网技术，以数据分析为核心实现智能化运营的工业领域的平台集群也将获得发展，沿着行业价值链不断延伸。

二、平台经济催生新动能，助力转型升级

（一）外部环境变化提高转型升级紧迫性

1. 宏观环境挑战增多，旧有增长模式难以为继

在基础设施投资与出口双轮驱动之下，中国经济实现了长达数十年的高速增长，成为第二次世界大战后世界经济史上的奇迹之一。然而今天，无论是不断下降的 GDP 增速，还是关于经济“L”形走势的论断，都指向一个事实——旧有增长模式已经走到尽头。传统经济增长模式的失速，以及多年来不均衡发展积累的矛盾的爆发，使得企业的增长与盈利面临重重挑战。

首先是生产要素价格的不断上涨，推高了企业的运营成本，威胁国内企业在全球市场上的竞争力：人口的老龄化带来后续劳动力供应的不足，致使劳动力成本上升；而多年来依靠海量货币投入推动增长的模式，造成资产价格，尤其是土地价格猛涨。

其次是需求端的疲软，不仅直接造成增长乏力，更削弱企业的盈利能力。全球金融动荡冲击了全球贸易，加之全球化进程中利益分配问题引发的逆全球化的风潮，使中国出口增速大幅下滑乃至负增长；作为另一增长驱动力的基础设施投资，常年的巨额投入致使边际回报不断下降，而作为投资主体的地方政府债务飙升，其持续投入的能力受到质疑；与此同时，作为增长支柱与稳定器的消费，尽管仍旧保持增长，但其增速不足以抵偿出口与投资疲弱的影响。

2．行业内的产能过剩与过度竞争

中国多年来以投资带动增长的发展模式，以及一些特定行业有限的开放度，使多数不存在准入门槛的行业存在不同程度的产能过剩。无论是玻璃、水泥与电解铝等基础材料，还是汽车、造船与家用电器等消费品和资本货物，乃至太阳能电池板和风力发电机等新能源装备，过剩产能的存在使业内企业面对上游供应商和下游客户时议价能力缺失，盈利能力承压。而闲置产能所产生的利息与折旧等费用，进一步抬高了企业的运营成本。同时，地方政府出于就业与维稳等目的的保护，使过剩产能的退出渠道不畅，过度竞争将整个行业带向低盈利甚至亏损。

3．跨行业颠覆者的威胁

以 BAT 等为代表的数字经济巨头对于传统行业的渗透与颠覆不断加速，从零售与金融到消费服务，再到医疗与公共服务。凭借对于数字化运营模式的熟谙，雄厚的资本及人才方面的优势，它们改写游戏规则，颠覆传统行业既有模式，使传统行业企业数字化转型的紧迫性不断上升。

平台模式带来的产品服务化及随之而来的共享经济的崛起，对于传统行业通过产品销售创造营收与利润的商业模式带来巨大挑战。产品服务化和共享经济为用户带来的支出节省与资产利用率的提升，从另一个角度即是对于产品总需求的抑制，这将使本已饱尝需求不足之苦的企业雪上加霜。另外，共享经济赖以实现的数字化共享平台的运营者掌握大量用户数据，使产品提供商与最终消费者脱媒，逐步沦为平台运营商的加工车间。

以当前风头正劲的共享单车为例，摩拜和 ofo 等的崛起，给整个自行车产业链的不同环节带来颠覆性影响：对于包括自行车商店在内的零售渠道而言，零售端需求下降集中爆发，带来断崖式的营业收入下降和盈利水平恶化，零售商维持生存，只能为收缩市场，聚焦于免受影响的高端等利基市场；而对于自行车厂商而言，由于共享单车运营商的大规模采购，厂商订单不降反增，但是单车利润明显承压。面向单一客户的单一型号的大规模生产与交付，正使自行车厂商沦为共享单车运营商的生产车间。近来传出消息，国内某著名自行车厂商所承接的共享单车订单，车均利润不足 10 元。之后，共享所带来的自行车利用率的提升，将压缩市场对于代步型车的需求，导致生产商营收的下降。

（二）平台经济推进中国企业增长、提效与创新，跨越 S 曲线

1. 平台经济推动业务转型：扩展与优化

（1）深度互动强化客户联系，拓展新市场，实现差异化。平台商业模式下，企业将更直接地与客户和合作伙伴互动，推进产品和服务的差异化，加速创新，突破恶性竞争的红海：其所带来的与客户和合作伙伴间的直接和智能化的互动，一方面将使企业强化对于客户的需求、偏好、消费场景与购买行为的洞察，使得产品和服务的个性化与定制化成为可能；同时便于将客户引入到产品与服务研发的过程中，实现 C2B 模式的创新，获取差异化和创新产品的溢价，提高客户忠诚度，提升客户转换成本，加深加宽自身的护城河。而与合作伙伴更加高效、直接和频繁的互动，便于双方或多方的创新活动的整合，实现协同创新，提高创新效率，分担创新风险。研发平台与客户互动平台等的数字化连接，将大幅加速研发进程，降低研发失败率，缩短创新产品与服务的面世时间。

（2）资源共享降低成本，协同提升运营效率。平台经济带来的资源共享，将提升各项资源的利用率，节省资源获取成本。这里的资源既包括 ICT 基础设施、仓储物流基础设施等有形的资源，也包括人才与技能、客户关系和供应商资源等无形的资源与能力。其中，互联网企业推进开发者在资源与工具方面共享的成功经验值得借鉴：移动平台之上包括 API 在内的 SDK 的开发与共享，为开发者节

约了大量的开发时间，提供了便利的数据获取渠道。不仅创造出“开发者经济”的新的商业模式，也使之成为移动应用开发平台吸引开发者的核心竞争力之一。未来，随着消费者洞察的不断深化和设备自身智能化水平的不断提高，人工智能驱动的自动化与自主运营，以及运营流程的自我完善与优化，将带来运营效率提升的飞跃。

（3）降低跨国运营门槛，加速全球化运营进程。国内经济增长放缓带来的市场增速的下降和随之而来的竞争的白热化，使越来越多的中国企业把开拓海外市场并实现跨国经营作为保持增长动力、实现转型升级的重要路径。平台化运营在促进企业运营全球化方面将发挥重要作用。一方面，电商等前端流程的数字平台本身所具备的跨国属性，将降低拓展海外市场的门槛——无论是借助于 eBay、亚马逊这样的第三方电商平台，还是自建电商网站，都是快速低成本拓展海外市场的渠道；另一方面，内部流程的平台化运营，将使不同地区的分支机构能够方便实现资源共享，提高运营效率降低成本。

2. 平台经济推动组织转型：敏捷应对颠覆

（1）众包众筹打破企业边界，塑造敏捷型企业。根据科斯的交易成本经济学观点，企业的边界取决于市场交易成本（外部）与企业组织内部协调成本（内部）的比较。对于特定的运营活动，当外部市场交易成本低于组织内部的协调成本时，委外就成为理性选择，企业的边界向内收缩。数字化平台，尤其是众包众筹平台模式的兴起，带来生产要素交易成本的大幅下降，使企业将更多的运营环节委外成为可能。随着越来越多的运营流程通过众包模式委外，企业将更加聚焦于核心的运营环节，组织结构更加精简，应对外部运营环境变化的敏捷性大幅提高。

（2）平台经济推进组织扁平化，迅速感知颠覆并做出反应。平台模式在企业内部的应用，形成平台运营模式，使企业组织结构扁平化的进程大大加速：数字化平台所提供的海量节点同时互动、沟通与协作的能力，使单一节点能够管控与协作的节点数量大幅增加，传统企业依靠多层级来管理大规模运营的组织结构不再必要。扁平化的组织将对于市场与客户需求的变化更加敏感，并能够以更迅速的决策做出回应，成为敏捷企业的重要领域。

（3）平台型企业所具备的扁平化和高度敏捷的特征，使其能够对外界环境变化保持敏感，并提升其抗御风险、应对颠覆性竞争的能力。平台模式所赋予的与客户和合作伙伴的直接互动，将使企业对客户或合作伙伴需求的变化更加敏感，从而更快地做出反应；而数字化平台对于其上所聚集的大量的合作伙伴与用户的实时洞察，也使得企业更及时地发现颠覆性创新的萌芽；而借助平台模式实现的自身资源与能力的变现，降低了企业对产品产销营收的依赖，使之面对行业或产品生命周期的变化，获得充分的缓冲空间，自如应对。

（4）打造行业生态圈，强化上下游互动，协同应对颠覆挑战。不同于传统的以上下游流程定义的价值链，以平台经济为核心的生态系统以服务同一外部客户群为目标，借助相互之间的连接形成多样的竞合关系；平台型生态系统由生态系统核心平台和大量的生态系统参与者构成，服务于共同的用户群。参与者基于平台实现互联互通及资源共享与赋能，完成协同的价值创造，并在平台的主导下实现价值分享。数字化平台为核心的行业生态系统，将为参与各方在应对颠覆性变化时带来更强的资源与能力支持。通过与行业生态系统中各方的协同，企业将借助合作伙伴的优势，洞悉用户需求与竞争态势变化，提供创新的产品与服务。

3．商业模式创新：跨越 S 曲线，新动能驱动新周期

（1）从产品销售到通过平台的服务提供。企业迈向平台经济，实质是要打造一个多方参与的价值创造网络，共同来满足客户的需求。其与传统商业模式最大的不同，在于在客户价值创造过程中自身角色的转换：扮演的角色将不仅是一个生产者或者交付者，而是成为整个价值创造流程的组织者与协调者，其竞争力不仅依赖于自身的能力和对上下游资源的掌控，而是支撑平台为中心的价值创造网络的高效和繁荣。

（2）平台建设与运营，强化行业生态系统核心地位。企业拥抱平台经济，建设与运营行业数字化平台，将提升企业在行业内价值创造流程中的地位与控制力。随着越来越多业务活动向平台迁移，以及平台之上共聚集的合作伙伴的不断增加，基于平台的包括核心的客户数据在内的数据资产的不断增长，企业对于作为数字经济时代核心资源的数据的掌握与控制将不断强化。随着数字化产业平台的不断发展，所带来的价值创造与分享的机会将吸引新成员的加入，而平台成员规模的扩大会衍生出更多的商业机会，从而实现平台基于正反馈的良性发展，不断壮大。

（3）数据变现等创造新的营收与利润来源。随着企业运营数字化的不断深入，海量而且不断增长的数据，将成为企业重要的资产。平台商业模式下的数据资产变现，将是企业利用数据资产创造价值，贡献于企业的营收与利润增长的重要途径，其具体形式包括以下三个方面。

①企业作为数据提供商直接出售数据。出售标的既包括基础数据，也包括聚合以后的标签数据。实际应用中，对于向外提供数据，尤其是用户数据，考虑到保护用户隐私的需要，提供经过聚合后和匿名化处理之后的数据更为可行。

②企业作为应用提供商向客户提供数据分析相关的应用。所提供的服务，既可以是基于自身设施和经验的数据存储、管理和整合等服务，也可以是帮助客户分析相关数据并产生洞察的互动型数据分析工具及服务，甚至是在精准营销方面提供基于实时数据分析等的交易服务。API 正成为应用越来越普遍的服务提供模式与渠道。与直接出售数据相比，这一模式在提高服务的增加值并拓展盈利空间的同时，还将降低泄露用户隐私等方面的风险。

③企业以数据平台提供商和数据聚合者的身份实现价值创造。这一模式下，企业将不再局限于依据自身数据资源提供服务，而是将数据分析业务所涉及的不同参与者（数据提供者、分析服务提供商、客户等）聚集于自身打

造的平台之上，使之通过协作和交易等方式完成数据资产的价值实现，并为提供上述服务收取费用，如数据交换/交易市场，以及洞察生成的平台（分析即服务等模式）等。

（三）平台经济提升全要素生产力，推动中国经济转型升级

平台经济的发展与推广，将促进各生产要素的供应改善，提高其使用效率，提升中国经济增长质量，推动经济发展模式转型升级。

众包作为平台经济的重要表现形式，将使人力资本投入价值创造的门槛更低，边际成本更低，价值增长机会更多。无论是应用开发和平面设计等知识密集型经济活动，还是物流和出行等劳动密集型活动，都将受益于众包模式下的信息透明与供需匹配；众筹平台的兴起，则成为传统融资渠道之外最具活力的融资模式，优化资本配置，使创新等经济活动的资本来源大幅改善，融资门槛与成本降低；而平台模式下的无缝沟通与协同，提升技术创新的效率，改善资源供应，提升创新水平。

三、企业实践：转型路径与能力决定平台价值

（一）基于自身状况，选择适当的平台类型及平台系统中适当角色

首先，企业必须选择拥抱平台经济的方式：是需要建立自有的数字化平台生态系统，还是与他方合作建设，抑或加入一个或多个现有的平台系统。为此，企业应当客观分析自身所处环境，明晰与合作伙伴的关系和互动模式，并对数字化平台系统的竞争态势进行评估。

对于希望拥抱平台经济的传统行业企业而言，作为行业领军者的大型企业在自建平台系统方面通常拥有资源与规模的优势，并能利用自身在供应链中的主导地位，将供应链中的合作伙伴转化为平台伙伴。而中小企业，囿于有限的资源和较低的行业价值链影响力，自建平台系统的难度大，挑战多，因此选择加入既有的数字化平台通常是更现实的选择。

（二）组织机构变革，IT 基础设施强化与能力培养，赋能平台新模式

掘金平台经济需要与之相适应的组织架构。鉴于平台商业模式与企业传统业务运营的巨大差别，企业通常需要设立相对独立的业务单元运营平台业务。基于自身组织结构的状况，以及平台业务与既有业务的关联状况，可以考虑不同独立程度的设置：业务单元、部门、分支机构、独立法人等。

从做企业到做平台意味着要进入新的领域，展开跨界经营，为此企业需要建立新的能力储备。平台运营人才的招聘、激励、培养等，都需要充分的关注，并创造性地弥补自身在平台运营方面的人才短板。例如，通过加入第三方平台，在获取所需资源与能力的同时可以积累相关的人才，为进一步的平台化运营打好基础。此外，联盟与合作伙伴也是获取相关技能与能力的有效途径。

平台经济的技术支撑是开放和基于云架构的技术基础设施。平台模式下大量参与者的互动与交易，对于平台的基础设施提出了较高要求。而数字化时代，平台的数字化运营，以及平台之上数据资产的积累与增值，同样要求强大的适应数字化运营的基础设施。基于云计算架构的 ICT 基础设施，是满足上述需求的重要条件：便于实现资源，尤其是数据的共享，同时为 API、物联网乃至人工智能等的应用提供坚实保障。

数据分析驱动的智能运营，将令平台经济的价值创造如虎添翼。在埃森哲

就平台经济话题针对中国企业的调研中，受访者最看重的平台支撑技术就是数据分析。作为由数据到洞察的必然途径，数据分析是实现数据资产变现、完成价值创造的核心能力。

（三）由内及外，从平台运营模式向平台商业模式迈进

中国企业借助平台经济实现转型升级，应当遵循以下路径，循序渐进地实现：（以建设和运营数字化产业平台为例）。传统企业转型平台商业模式路径如图 7-6 所示。

	1 现有业务运营的平台化	2 能力开放，产业平台成型	3 引入第三方资源，迈向开放平台	4 积累数据资产，强化数字化运营
核心内容	前端营销流程与后端供应链等流程的平台化运营	建设平台雏形，并在其上有选择地开放自身能力与资源给第三方	引入第三方资源，以及建设子平台，提升平台价值，建设子平台	完善平台的数据生成、汇集、分析和共享等功能，强化数据驱动的运营
价值	提升运营效率 为迈向平台模式积累经验与人才	吸引第三方加入平台，为平台的网络效应聚集参与者	丰富平台的服务内容，获取营收	智能化运营，创新商业模式（数据变现等）
平台成员扩展	企业内各部门&价值链伙伴（供应商、渠道等）	平台伙伴	第三方资源提供者	数据分析等增值服务提供商
	平台运营模式	平台商业模式		

图 7-6　传统企业转型平台商业模式路径图

首先是现有业务运营的平台化。前端流程而言，除了众所周知的电商平台之外，与客户的互动，包括营销信息的传播、售后服务的提供等均可实现平台化。在传播环节，线上营销由于其精准和高费效比的特征，正受到越来越多消费类企业的青睐。例如，创新的线上广告程序化购买模式，借助数字化平台的智能撮合功能，使得长期困扰企业的营销支出效果难以衡量的难题得以解决。

而供应链等后端环节，包括采购、物流等的平台化，在提高运营效率的同时，将为未来的产业平台的建设提供基础。现有业务流程的平台化，在帮助企业积累平台运营的经验与人才的同时，将提升企业的运营效率，强化与业务伙伴之间的协同。

完成业务流程的平台化之后，企业将迈出建设产业平台的重要一步——能力开放，以此吸引合作伙伴留驻平台，使产业平台初具雏形。这一环节，企业需要选择可供开放的能力与资源：研发平台、分销渠道、生产设施，还是用户连接……在平台建设初期，能力开放的目的是吸引足够多的使用者聚集于平台之上，通常需要采取诸如一定时段的免费或优惠价格使用的策略。因此在初期所开放能力的选择上，对于潜在用户群的吸引力和对于既有业务运营的影响的平衡十分重要。

在产业平台初具规模之后，平台创收将成为重要的目标。这时，在通过自身能力开放获取收入的同时，企业将吸引更多的资源提供者加入平台，助其通过平台的撮合功能同用户交易并与之分享营收，一个开放的产业平台就形神兼备了。

产业平台上线运营并跨越盈亏平衡点之后，发展重点就转变为平台功能的拓展，乃至更多子平台的建设，使平台之上不同成员之间互动和交易的潜力得以充分发挥，提升平台的行业影响力。同时，更灵活和多样化的价值分享体系，形成平台与使用者群体之间的互哺与正反馈，平台的生命力不断加强。这些目标的逐步实现，将帮助实现从产业平台向行业生态系统的转化，进一步增强平台对于使用者的黏性，提高使用者的转换成本。推动这一流程不断向前的动能之一，将是平台的数字化水平的不断提升。不断积累的可供利用的数据将是产业平台最有价值的资产之一。

企业向数字化平台驱动的生态系统的全面转型具有革命性意义。越来越多的领先企业已深刻领会到数字化平台生态系统所能产生的巨大价值。在强大的合作伙伴生态系统中，通过利用不断进化的数字化平台，企业将拓展巨大的增长空间。企业深知，在数字时代，其竞争的主战场，正由单个企业间的较量转向数字化平台为核心的生态系统之间的竞争。

随着数字经济的高速发展，平台运营模式所必需的工具和技术正日益成熟，成本不断降低，企业转型平台商业模式的迫切性与日俱增，拥抱平台商业模式，掘金数字经济将成为中国企业转型升级的重要方向。

四、优化平台发展环境，促进平台经济健康成长

平台经济的发展与推广，在助力企业转型和掘金数据经济的同时，也成为中国产业升级和经济转型，建设数字中国的重要动力。相关各方的共同努力，营造有利于这一创新商业模式发展的环境，促进其健康快速发展，已成各方共识。

（一）平台经济发展壮大所需的外部环境：平台经济环境指数

埃森哲基于在平台经济领域多年的研究和实践，建立了五个维度的平台经济环境指数，旨在对于全球各国平台经济的发展环境进行可量化的比较，分析发展趋势，明晰地区差异，探寻并分享最佳实践。平台经济环境指数体系的五个维度如图 7-7 所示。

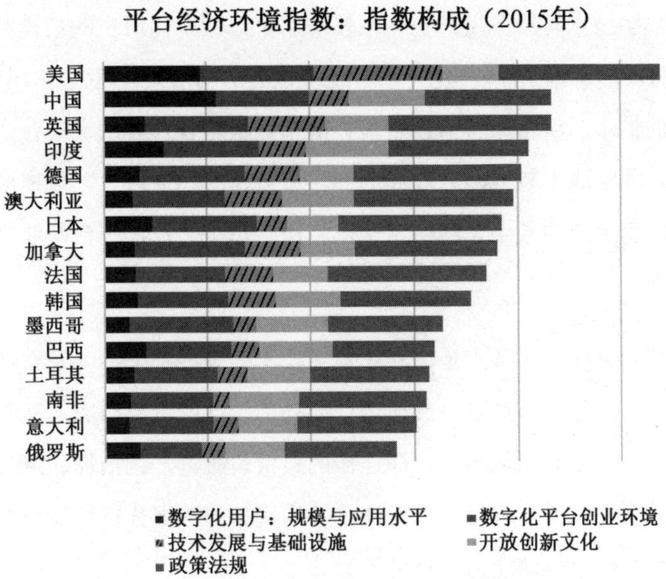

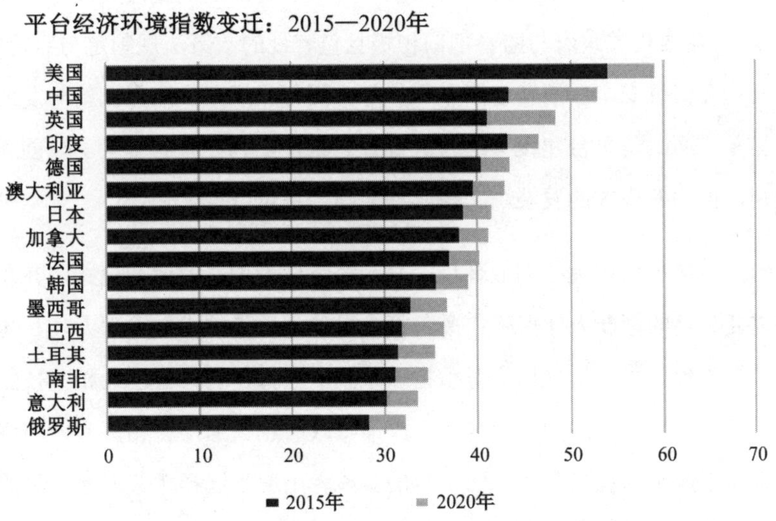

图 7-7　全球主要国家平台环境指数比较：2020 年 VS 2015 年

（1）数字技术与服务用户——规模与水平。数字化用户的规模对于平台经济的重要性不言而喻。首先，作为平台经济核心的网络效应/双边市场效应决定，用户规模的扩张，将带来价值创造机会的指数级增长。其次，平台商业模式轻资产运营，固定成本较低，营收和利润对于规模的弹性巨大，规模增长带来的收益可观。而用户的数字化应用水平，将决定单个用户在平台商业模式下产生价值的潜力。

（2）基础设施与服务水平。相关数字技术的发展水平，以及充足的基础设施等资产供给，是平台经济发展所依托的外部条件的重要构成。基础设施的供给水平有两个主要的衡量标准，即连接的数量与质量，包括物联网乃至工业物联网的发展水平与普及程度；以云计算等为代表的数据分析与处理潜力，包括潜在的计算与数据存储能力与资源等。

（3）政策法规——治理与信息安全等。数字经济的高速发展及平台经济的迅速推广，需要相关政府与监管部门积极且包容性的政策法规制定与监管实施。一方面，在信息安全、消费者隐私保护等方面订立规范，确保创新与发展的基础；另一方面，与平台建设与运营者等各方合作，制订有利于竞争与创新的游戏规则，推动新模式的发展，实现其社会与经济价值最大化。

（4）数字平台相关的创业环境。平台经济作为创新的运营模式，其发展与推广需要充足的创新人才保障：既包括大量的高质量技术与管理人才，如信息化科技与工程人才，也包括愿意承担风险获取回报，且具备创业相关技能的创业者。数字化平台经济的发展与推广，需要政府相关部门将相关人才的培养作为教育体系发展的优先领域；而平台的实践者则应当选择相关人才富集的区域开展业务活动，提高成功率与投资回报。

（5）开放创新文化。数字化平台作为创新的商业与运营模式，其发展与推广有赖于鼓励创新、宽容试错的文化氛围。以此为基础，平台经济的实践者需要以开放的心态与各方展开合作，推动平台经济的成熟与落地；政府相关部门将在建设创新孵化与聚集区、汇集相关各方和完善平台生态系统等领域发挥重要作用；作为潜在平台经济主导者的行业领袖，则应通过开放相关资源和完善治理结构等推动新模式的发展。

（二）中国优化平台经济发展环境建议

1. 聚焦中小城镇与农村，强化基础设施与用户规模等“硬环境”优势

中国消费者和企业对数字技术的全面拥抱，在很大程度上得益于中国高速发展的数字化基础设施。随着移动互联网和以此为基础的智慧城市和无线城市建设的逐步展开，中国的互联网普及率连年升高。“十三五”规划进一步提出，到 2020 年，中国的固定宽带家庭普及率将提升 30%，移动宽带用户普及率提升 28%，并计划积极推进 5G 和超宽带关键技术研究，启动 5G 商用。同时，中国的数字消费者对新技术、新产品和新体验的期望不断提升，催生了一个高度开放、充分竞争的数字消费市场，这为企业的产品创新、服务创新和商业模式创新提供了巨大压力和动力。基础设施与数字化用户规模的优势，使中国成为数字化平台型企业诞生与发展的沃土。

未来中国在 ICT 基础设施和用户规模等硬环境方面，应当更聚焦于中小城市与农村：再加大投入升级这些地区的基础设施的同时，通过教育与培训（如远程教育）提高这些地区人口的数字化知识水平与应用能力。

2. 中国软环境建设：培育开放创新文化，完善配套法规

坐拥基础设施与用户规模优势的中国，如能加强创新文化的建设并完善相关配套法规，则将在全球数字化和平台化浪潮中赢得更大先机。相关部门应着力改善平台经济运行的软环境，加强用户权益保障与风险控制，并加速相关举措的落地，鼓励新技术与新模式实验与推广。借此将释放平台发展动能，降低商业模式与技术的创新的成本与门槛，最大化平台经济的发展红利。他山之石，

可以攻玉，这方面海外的部分实践可供参考借鉴，如英国金融管制部门的“管制沙箱”，允许经过挑选的初创企业试验现行管理系统内无法实验的创意，而管理部门通过对于实验的监督，确保消费者和其他方面的权益得到充分保护。埃森哲相关研究表明，三分之二的受访中国中小企业将相关软环境作为迈向平台模式的优先条件。

第八章

数字经济下的平台治理

随着数字经济的蓬勃发展，互联网平台已经成为异军突起的社会现象、经济现象和组织现象，其中网络交易平台成为推动经济社会转型最为活跃的载体。全球最大的 100 家企业中，有 60 家主要收入来自平台商业模式，市值排在前 15 位的互联网公司无一例外都是平台商业模式。数字经济平台的发展带来了新业态、新产业、新模式，对传统的市场监管、法律法规、产业规制、社会政策等带来了前所未有的挑战，创新平台治理成为促进数字经济发展的重要保障。

一、数字经济平台治理的理论基础

（一）基本内涵

数字经济平台是基于互联网的新型信息服务中介。它是在线上或线下的商品与服务交易活动中为交易双方或多方提供网页空间、虚拟经营场所、交易规则、信息发布等第三方信息服务，并为交易双方或多方达成交易提供电子支付、物流配送等辅助服务的网络平台。

数字经济平台治理是跨越科层治理的新型治理模式。它是政府部门、平台企业、第三方组织及参与平台活动的各类用户，在平台运行中相互博弈，形成的一致认可的权利责任与规范规则。

各类法规政策文件对数字经济平台的表述如表 8-1 所示。

表 8-1　各类法规政策文件对数字经济平台的表述

概念	释义	出处
第三方交易平台经营者	在网络商品交易活动中为交易双方或者多方提供网页空间、虚拟经营场所、交易规则、交易撮合、信息发布等服务，供交易双方或者多方独立开展交易活动的信息网络系统	《网络交易管理办法》
网络交易平台提供商	从事网络交易平台运营和为网络交易主体提供交易服务的法人	《网络交易平台服务规范》
网络交易平台提供商	负责对网上交易市场的交易进行管理，并不得参与交易	《电子商务模式规范》
第三方电子商务交易平台	在电子商务活动中为交易双方或多方提供交易撮合及相关服务的信息网络系统的总和	《第三方电子商务交易平台服务规范》
网络交易平台	在网络商品交易活动中为交易双方或多方提供网页空间、虚拟经营场所、交易规则、交易撮合、信息发布等服务，供交易双方或者多方独立开展交易活动的信息网络系统	《网络交易平台经营者履行社会责任指引》
第三方交易平台经营者	在工商行政管理部门登记注册并领取营业执照，从事第三方交易平台运营并为交易双方提供服务的自然人、法人和其他组织	《第三方电子商务交易平台服务规范》

（二）治理主体

根据利益相关关系，数字经济平台的治理主体包括政府部门、平台经营者、平台用户、第三方组织等。

（1）政府部门的角色定位。主要包括各级网信部门及与数字经济平台经营活动相关的行业主管部门，为平台治理提供外部规制与公共服务。具体来看，政府部门的治理定位是制定法律法规，依法打击数字经济的违法犯罪行为，规范数字经济平台各类参与主体的行为，提供公共竞争环境；通过行政命令、指示、规定等行政手段对数字经济予以直接干预引领，强化对数字经济的事前准入监管、事中跟踪督导、事后评估调整；保护消费者权益，平衡各类平台利益相关者的关系；制定财政、税收、货币、价格等政策推动数字经济发展。

（2）平台企业的角色定位。平台企业是从事数字经济平台运营和为网络交易双方提供交易服务或信息服务的法人，其本身并不一定参与商品与服务的实际交易。平台企业是平台治理最直接的执行者。具体来看，平台企业的角色定位：制定平台治理的网规体系，营造良好的平台商业环境，维护平台生态的健康发展，协调平台不同利益主体的行为；作为准公共设施，为参与平台的中小微企业与消费者群体赋权赋能，履行企业社会责任，提供准公共服务；保障网络安全，保护平台用户的隐私信息。

（3）平台用户的角色定位。平台用户主要是网络交易或信息服务的供给方与需求方，其中，供给方是在平台注册，从事相关商品或服务经营行为的单位或个人，需求方是指在平台注册，通过平台浏览商品信息，并出价购买使用商品或接受服务的单位或个人。平台用户的角色定位：监督平台企业提供有效的中介服务，监督平台的合作服务商提供服务，维护参与平台活动的权益；强化用户自律，避免各类失信行为。

（4）第三方组织的角色定位。第三方组织包括各类行业组织、征信机构、科研单位等。第三方组织的角色定位：制定行业自律规定，维护数字经济发展的健康环境；推动行业交流协作，挖掘数字经济发展的主要经验与成功模式，探索行业协同创新路径；发挥政企交流桥梁作用，推动数字经济平台与政府部门的政策交流与响应反馈；为数字经济行业提供信用评估、咨询服务等。

数字经济平台的治理不是“一个人的战斗”，也一定不是单向的、单一的治理模式，它是政府部门、平台企业、参与用户、第三方组织等多主体协同共治的治理生态系统。

（1）政府与平台的协同共治。一是分享经济平台在发展过程中形成的准入制度、交易规则、质量与安全保障、风险控制、信用评价机制等自律监管体系，可以作为政府监管的参考和重要补充。二是平台企业发展过程中形成的大数据可以为政府加强事中事后监管提供重要依据。三是政府重点监管平台企业，引导和监督企业制定合理的平台规则，加强监管平台与企业平台的对接。

（2）用户与平台的协同共治。一是用户通过投诉、举报等方式倒逼网规的制定，利用与平台的互动参与网规的调整完善。二是用户作为志愿者参与督促平台规则的执行，如为了处理用户违规行为和用户纠纷，淘宝成立判定中心，并把纠纷判定的权力开放给大众评审员投票裁定。三是用户在数字经济平台中形成的自律规范，可以作为网规、行业标准、行业发展共识的基础。

（3）第三方组织与平台的协同共治。一是弥补法规政策的缺位，数字经济发展速度快、模式新、形态多，尤其是在行业发展初期无法及时出台法规政策的情形下，第三方组织制定的行业规范、发展共识，某种程度上能替代法规政策起到引导行业健康发展的作用。二是弥补平台网规的不足，第三方组织站在中立公正的位置，从行业健康发展角度监督平台违法违规经营行为、协调平台利益相关者关系，尤其维护消费者合法权益。数字经济平台的多元协同共识模式如图 8-1 所示。

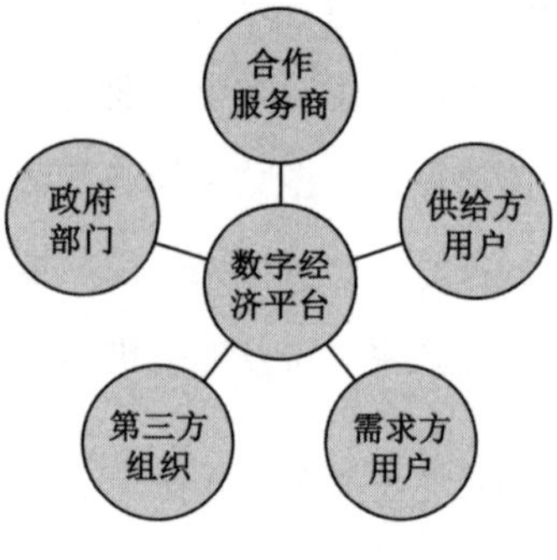

图 8-1　数字经济平台的多元协同共治模式

（三）治理内容

受平台的交易或服务内容、形式、主体、性质等影响，不同数字经济平台面临的治理问题千差万别。总体而言，线上假货、专利侵权、网络传销、广告欺诈、信息安全等是平台需要治理的重点内容。

如微博作为信息发布平台，用户发布的微博侵权问题突出，58 同城作为生活信息发布平台，二手物品交易信息欺诈与平台责任问题突出，优酷网作为视频传播平台，用户上传的内容可能侵犯著作权，人人贷作为 P2P 借贷平台，要明确平台的信息中介性质，主要为借贷双方的直接借贷提供信息服务，淘宝网作为网络交易平台，卖家侵犯商标权、消费者权益及网络交易平台的责任问题突出，滴出行作为网约车平台，用户人身安全与平台责任问题突出，饿了么等餐饮 O2O 平台的食品卫生与无经营资质问题突出。另外，由于平台越来越往综合化的方向发展，同一平台在承担不同功能时面临的治理问题也差异较大，相应地，平台需要履行的治理责任不尽相同。因此判断一个网络交易平台需要治理哪些问题时，需要区别对待平台承担的不同功能、开展的不同业务，功能与业务不同，相应的治理内容不同。

（四）治理手段

根据不同的数字经济平台治理主体，治理手段分为政府部门、平台企业、平台用户、第三方组织参与协同共治的手段。

（1）政府部门参与协同共治的手段。第一，法律手段，针对数字经济出现的新形势予以立法、修法、释法，对数字经济平台活动中违反法律的，依法严厉打击和制止。第二，行政手段，为规范引导数字经济发展，适时采取高效的行政命令、指示、规定等措施，完善数字经济的事前、事中、事后监管。第三，经济手段，采取财政、税收、货币、价格等经济杠杆，引导数字经济的协调高效发展，引导数字经济平台相关利益主体的行为决策。第四，引导手段，通过部门约谈恳谈、政企合作交流或发布行业指引性报告等，引导数字经济健康发展。

（2）平台企业参与协同共治的手段。第一是电子合同，平台企业通过与平台上的巨量供方用户、需方用户签订电子合同规范彼此的权利义务。第二是平台网规，平台企业通过制定各类网规来规范平台参与者的行为，明确平台参与者在各类具体交易环节的责任。第三是特殊约定，主要针对电子合同、平台网规没有覆盖的领域，如与平台合作的专业服务商的约定。

（3）平台用户参与协同共治的手段。第一是道德自律，引导平台的自然人个体加强自我约束，减少机会主义行为。第二是商业自律，引导平台的法人参与者遵守商业规范，避免商业欺诈行为。第三是监管志愿者，如作为电商平台的大众评审员参与交易纠纷，作为直接交易对象对平台服务予以信用点评。

（4）第三方组织参与协同共治的手段。第一是建立行业标准规范，明确行业发展的底线与共识，规范数字经济平台相关利益主体在不同交易环节的行为要求引导行业健康发展。第二是建立第三方评价体系，对数字经济领域的不同平台发展成效予以评价，为平台参与者维护自身合法利益提供表达渠道，通过评价促规范、促发展。第三是建立第三方协商机制，搭建政产学研等多主体参与的协商平台，疏导发展中遇到的矛盾。

（五）治理技术

从数字经济平台治理的特殊性来看，巨量用户、海量数据、动态交互是大数据技术应用于平台治理的迫切需要。

阿里巴巴自成体系的打假模式，就是通过智能识别、数据抓取与交叉分析、智能追踪、大数据建模等技术手段，将假货从10亿量级的在线商品中捞取出来。阿里巴巴以大数据为基础的假货主动防控模式捞取主动防控所需信息，使得平台假货得到管控，消费者利益得到保障。以eBay为例，其已经对平台上的买家和卖家都采取了行为习惯监督手段，结合大数据分析处理，来辨别其销售渠道是否正规合理。目前，人工治理与机器治理逐渐协调，抽样调查技术与全样本的大数据技术逐渐互补，线下治理与线上治理逐渐融合，推动了治理更加精准。

专栏8–1　京东利用大数据打击假货

京东通过“京盾质量管理系统”的大数据分析，可以对质量投诉比例高的商品先行做强制下架，然后通过第三方质检机构进行检测，对没问题的商品进行放行，对确认有质量问题的商家进行停业整顿，并依据平台管理规则给予高额的罚款，对于销售假冒商品的商家，除了永久性关店外，还要给予巨额罚款（发现一件罚款100万元人民币），并配合移送国家相关行政机关进行调查。京东也构建了一套“网络关键词甄别系统”。在日常页面审核工作中，这套系统通过对违规关键词的检索，来节省审核的时间和人力成本。京东此前已经研发出“正阳门”页面审核师系统，目前已经在该系统中嵌入了敏感词过滤和OCR图像识别技术，能实现对无问题商品的自动审核功能，对于有问题和疑似问题商品则自动向审核师推送识别结果，再转由人工进行处理。

二、数字经济平台治理的实践动态

（一）平台治理面临的变化

1. 平台经济发展迅速

平台经济发展速度远远超过平台治理探索。随着数字技术的飞速发展，平台经济迅速崛起，近年来，互联网平台成为新经济引领者。2016 年数字经济规模为 3.8 万亿美元，网民 7.1 亿人，互联网普及率达到 51.7%，平台经济已经占据了 GDP 的 10.5%。截至 2017 年 7 月，全球十大平台经济体市值已经超过十大传统跨国公司，其中中国公司占三席。时至今日，平台经济已成为推动经济发展的重要引擎。预计，2030 年中国平台经济规模将突破 100 万亿元。未来随着高端芯片、量子芯片、人工智能、物联网、工业互联网、5G、AR/VR、区块链等技术的发展，平台经济将以更迅猛的速度发展，更深更广地影响和渗透经济社会。平台经济的发展具有牵一发动全身的地位，其治理难度巨大。平台经济体与跨国公司的比较如图 8-2 所示。

平台经济体

名称	国家	市值（亿美元）	成立时间
苹果	美国	6053	1976
谷歌	美国	5482	1998
微软	美国	4810	1975
亚马逊	美国	3584	1995
Facebook	美国	3396	2004
阿里巴巴	中国	2246	1999
腾讯	中国	2195	1998
Priceline.com	美国	762	1998
百度	中国	587	2000
Netflix	美国	527	1997

跨国公司

名称	国家	市值（亿美元）	成立时间
伯克希尔哈撒韦	美国	4078	1956
埃克森美孚	美国	3766	1882
强生	美国	3152	1886
摩根大通	美国	3037	1859
通用电气	美国	2823	1892
富国银行	美国	2811	1852
美国电话电报公司	美国	2525	1877
宝洁公司	美国	2291	1837
雀巢	瑞士	2220	1867
沃尔玛	美国	2200	1962

图 8-2　平台经济体与跨国公司的比较

2. 平台用户规模巨大

巨量分散的用户对平台治理形成空前挑战。与传统交易平台经营范围有限、用户规模较小、经营场所单一不同，数字经济平台一般交易的商品与服务的数量与种类巨大，存在巨量的供方用户与需方用户，且用户分散在全国各地甚至来自世界各国，传统的人工治理、实地抽查、以批代管等模式已经不适应数字经济平台发展的实践。以滴滴出行为例，在滴滴出行上提供服务的司机超过2100万，约4.5亿用户分布在400多个城市使用滴滴出行服务。在美团点评平台，拥有注册用户近6亿，年度活跃买家达2.8亿，合作商家500万户，覆盖全国超过2800个市县区，覆盖200+服务品类，包括餐饮、电影、酒店旅游、KTV、婚庆、美容业等诸多生活服务领域。数字经济的模式、领域、群体快速变化，平台治理更多面对的是非标准化的商品与服务，面对的是千人千面的个性化需求与分布式供给，治理难度更大。

3. 平台多边市场高度复杂

多边市场高度复杂是平台治理面临的难点。第一是主体多元，数字经济平台是一个特殊的双边市场，平台参与者既有提供各类非标化商品与服务的供方参与者，也有巨量个性化需求的需方参与者，还有为平台提供各类支付、物流、网络安全等服务的服务商。第二是场景虚拟，交易场景虚拟化，平台为用户搭起虚拟空间作为交易平台，属于信息服务的范畴；交易过程虚拟化，在虚拟市场上通过计算机系统自动撮合并通过买卖双方的最后确认来完成商品的交易；交易主体虚拟化，参与交易的买卖双方或多方是人格化的虚拟账户，不是单纯的在线下面对面交易。第三是跨界融合。数字经济平台是跨区域、跨国境的，具有打破行业条块分割的天然特性，对已有的按行业、行政区域管理的模式提出了巨大挑战。平台治理面对的是非简单商业关系、非点到点关系，具有模糊化、非确定性、多边化等特征，为平台治理增加了难度。

（二）平台治理取得的进展

1. 政府依法治网

数字经济带来的新业态、新模式迫切需要加快立法、修法、释法工作，近年来，与数字经济相关的法律法规密集出台，初步形成了引领数字经济健康发展的法律框架。

（1）不同位阶的法律法规密集出台。在法律层面，出台了《中华人民共和国电子签名法》《侵权责任法》《消费者权益保护法》《网络安全法》等。在部门规章层面，出台了《网络交易管理办法》《网络商品交易及有关服务行为管理暂行办法》《互联网信息服务管理办法》《信息网络传播权保护条例》等。在地方性规范层面，北京工商行政管理局颁布实施《关于贯彻落实〈北京市信息化促进条例〉加强电子商务监督管理的意见》、上海市人大常委会通过的《上海市促进电子商务发展规定》等。在行业标准层面，出台了《第三方电子商务交易平台服务规范》《网上交易平台服务自律规范》。

（2）不同经济活动的规范有了法律标尺。在市场准入方面，国家工商总局在 2010 年发布《网络商品交易及有关服务行为管理暂行办法》、在 2012 年 3 月 12 日发布《关于加强网络团购经营活动管理的意见》，形成了全国性的统一管理办法。在交易许可方面，《网络商品交易及有关服务行为管理暂行办法》要求，网商交易的商品和服务必须符合相关法规，不得从事法规禁止的商品和服务。在广告宣传方面，在 2011 年《工商总局关于进一步做好整治虚假广告工作的通知 》中，就要求严厉监管网络广告的虚假宣传和欺诈行为。此外，法律法规还规范了电子单据、消费者权利保护、电子支付、隐私保护等内容。

不同国家对数字经济平台治理的法律法规如表 8-2 所示。

表 8-2　不同国家对数字经济平台治理的法律法规

国家和地区	法律法规	说明
美国	《全球电子商务框架》《统一电子交易法案》《电子签名法案》《统一计算机信息交易法》《消费者隐私权利法案》《计算机欺诈和滥用法案》《电子通信隐私法令》《数字千年版权法》《正当通讯法》《消费品安全法》《兰哈姆法》《防伪法》	立法、司法发展最为完备，美国政府倡导“少干预，重自律”的最低干预原则
欧盟	《欧洲议会及欧盟理事会第 2011/83/EU 号指令》《欧盟理事会第 93/13/EEC 号指令》《欧洲议会和欧盟理事会第 1999/44/EC 号指令》《电子商务指令》	注重对消费者权益的严格保护及经营者的信息披露、信息提供的义务
德国	《信息与通讯服务法》《新反不正当竞争法》《远程销售法》《信息与通讯服务法》《电信服务使用法》《电信媒体法》	注重创造安全有效的网络交易环境
日本	《关于特定电子通信服务提供者的损害责任的限制以及发信人信息披露的法律》《消费者保护基本法》	重视避风港原则
韩国	《电子商务基本法》《在线数字内容产业发展法》《电子教育发展法》《电子商务交易消费者保护法》	重视知识产权保护、网络交易平台告知义务
澳大利亚	《电子商务消费者政策保护框架》《电子交易法》《垃圾邮件法》《版权法》《澳大利亚竞争与消费者法》	重视平台对用户参与机制的完善
巴西	《巴西互联网环境下民事权利法律保护框架》	网络中立性原则、鼓励互联网自由发展

2. 企业内生治理

数字经济平台在快速发展中已经形成了一套关于交易、支付、物流、安全、反馈、调解等一系列的规则，这些平台规则基于市场需求制定，充分利用新技术手段，强调多方参与，对保障交易安全、完善平台治理体系方面发挥着重要作用。

电商平台的网规体系成为软法治理标杆。电商平台经过多年的发展，已经形成了广泛的市场，行业发展日益成熟，也逐渐形成了相对成熟、完备的网规治理体系。例如，淘宝网制定形成了 7 项基础规则、20 项行业市场规则、8 项营销活动规则等，京东制定的网规涵盖了《京东开放平台总则》等 3 项规则、《商品价格规范》等 33 项规范，以及 24 项行业标准。电商平台的网规体系基本覆盖了从市场准入到交易完成涉及各个环节，虽然不是正式的法律法规，但其形式与法律条件极其类似，对平台参与者具有一定的约束力与执行力。

分享经济领先企业在完善平台治理方面积极探索。例如，作为移动出行的领先企业，滴滴出行陆续上线了“分享行程”“紧急求助”“号码保护”“人像认证”等安全功能，对安全保障体系的全面升级在行业中起到了表率作用，有助于推动整个行业安全生态的建设。小猪短租平台为方便房东远程管理而自主开发的智能门锁，以及保障住宿安全的烟感报警器等以个性化和人性化的方式更好地保障了住宿分享的便利性和安全性。这些平台新功能来自实践，能更好地满足乘客对于安全的需求，也为平台治理提供了新的方式。

平台企业信用保障体系建设的方式如图 8-3 所示。

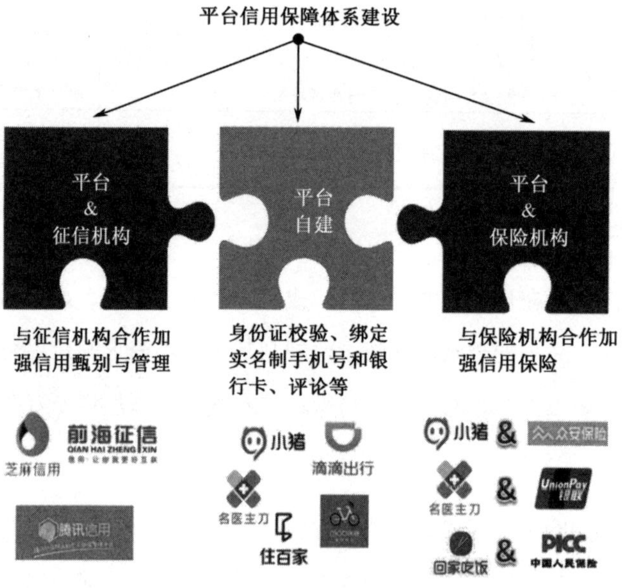

图 8-3　平台企业信用保障体系建设的方式

3. 行业自律

行业自律是为了规范行业行为，协调同行利益关系，维护行业间的公平竞争和正当利益，促进行业发展。对数字经济平台的治理离不开行业自律，行业协会以不同于政府的第三方机构的身份，对平台企业发展过程中遇到的治理难题起到越来越重要的作用，如行业规范的制定、市场纠纷的处理等。

行业协会在平台治理中的作用越来越大。例如，2001 年成立的中国互联网协会，早在 2002 年就发布了《中国互联网行业自律公约》，其签订单位包括 30 个省、直辖市、自治区的 1800 多家互联网行业从业单位。2008 年 9 月 25 日中国互联网协会调解中心成立，目前已初步建立起全国性的互联网纠纷调解体系，与最高人民法院及地方法院建立了委托调解工作机制。如中国电子商务投诉与维权公共服务平台开通的“电商维权绿色通道”给消费者提供了非常好的投诉渠道，目前包括京东等在内的 30 余家行业龙头电商平台均已加入，这些平台的消费者和入驻商家均可通过专用通道进行在线投诉。

专栏 8–2　12 家二手车电商联名签署诚信经营倡议书

为促进二手车行业健康向上发展，树立消费者信心，中国汽车流通协会在 9 月 21 日召开了二手车电商规范宣传座谈会，共同商讨了应该如何提高和规范行业品牌传播事宜，同时联合 12 家二手车电商共同签署了以“弘扬正能量 树消费信心”为主题的倡议书。

中国汽车流通协会倡议：二手车企业应该坚守诚信原则，强化诚信意识，坚持服务第一、用户至上的宗旨；严格遵守国家法律法规和行业自律公约，提倡公平守信，反对恶性竞争，营造健康文明的行业环境；切实保护消费者权益，履行车况信息、服务信息的公开、透明、公平合理的经营服务承诺，杜绝违法、违规、事故等问题车辆经营行为；切实履行售后保障服务；增强行业透明度，正确面对舆论监督。

作为二手车电商的“老兵”，车易拍也参加了此次座谈会并签署了倡议书。目前，大量电商平台的涌入也让行业发展正趋于完善。网上竞价交易、寄售、第三方评估、二手车金融、跨区域流通等服务，为用户在交易方式上提供了更多选择，在车况、车价方面提供了更多了解渠道，而在金融、流通方面，则让二手车交易有了更多可能。

---

4. 信用治理

（1）政府部门积极推进电子商务平台的信用监管。一是通过全国信用信息共享平台与信用中国网站，数字经济的公共信用信息统一归集、共享查询取得成效。各地工商、市场监管部门将数字经济平台经营者的行政处罚信息记入信用档案，通过企业信用信息公示系统等及时向社会公布，并纳入当地信用信息共享平台，与全国信用信息共享平台对接。二是国务院办公厅发布《关于运用大数据加强对市场主体服务和监管的若干意见》，要求推行网络经营者身份标志制度，完善网店实名制和交易信用评价制度，严厉打击电子商务领域违法失信行为。三是国家工商总局正在制定《网络交易违法失信惩戒暂行办法》，旨在面向消费者即时推送网店黑、灰名单，为消费者理性网购提供消费提示、警示。

（2）第三方组织在信用治理中发挥重要作用。一是，根据社会信用联合奖惩工作的统一部署，国家发改委引入第三方征信机构参与电子商务行业的信用监管，第三方征信机构参与建立电子商务行业各类市场主体信用记录、建立电子商务市场主体信用评价体系、监测电子商务行业信用状况等工作。二是，国家发改委与蚂蚁金服等签署《关于落实联合奖惩措施的合作备忘录》，蚂蚁金服等企业适时将归集的守信或失信信息与全国信用信息共享平台共享。三是，中国电子商务协会制定了《基于电子商务活动的交易主体企业信用档案规范》和《基于电子商务活动的交易主体企业信用评价指标与等级表示规范》国家标准，填补了国内电子商务信用标准的空白。

三、数字经济平台治理的主要矛盾

（一）平台自身的准公共性与商业性之间的矛盾

法律法规建立与行政监管创新明显滞后于数字经济平台的迅猛发展，加上平台自身的大数据优势，平台通过制定网规具备了一定的准公共性质，客观的外部环境要求其在传统治理手段缺位的情况下维护公共利益。但随着平台影响力的扩大，平台的准公共性与商业性之间的矛盾日益凸显。

1．平台承担治理责任面临合法性问题

在司法实践中，平台承担了间接侵权责任与主动审查义务，政府部门要求平台商代替政府部门承担行政执法职能，使得平台承担的治理责任扩大到公法意义上的巡查发现并制止违法行为等责任，即公法不合理遁入私法。目前，部分平台承担识别认定“违法行为”等事前审查行为并采取相应制止、处罚等事后处理行为，但现有的《中华人民共和国行政处罚法》《中华人民共和国行政强制法》均明确私人组织都不可能成为行政处罚权实施主体，私人组织没有行政强制权力，平台没有实施“制止”行为的权限。对于平台提供商而言，它面临两难困境，如果对“违法行为”认定错误，并“予以制止”，引发侵权、违约等行为，平台提供商将承担民事责任，如果平台未履行监督、制止的责任，那么平台提供商需要承担来自行政部门的追责。

2．平台利用治理优势侵害用户权益的问题

作为商业属性的平台过多承担治理责任、制定交易规则，也带来了一些突出的问题。平台在制定规则时必然以追求利益最大化为前提，如平台为吸引更多的网商，在制定平台规则时，不可能站在客观公正的角度维护网商及消费者

双方的利益，甚至是侵害网商与消费者权益。由于资本的趋利性与主体地位不对称，平台制定的交易规则也很可能会侵害到处于弱势地位的网络商家的利益。“淘宝网新规事件”即说明，具有优势地位的网络交易平台，在制定规则时侵害“中小卖家”利益的情况在所难免。

（二）传统条块监管和平台网络化形态之间的矛盾

数字经济平台具有明显的跨部门、跨区域、跨领域、跨行业等网络化特征，传统“条块分割”科层管理体制越来越不适应数字经济平台的发展。

1. 传统条块监管模式使得平台陷入审批困境

以网约车为例，尽管相关部委出台文件鼓励网约车发展，但许多地区仍按照传统出租车的属地管理原则对当地网约车发展制定了严苛的管理细则，甚至要求平台企业在当地设立分公司并取得行政许可，按照这个要求，网约车平台要在全国开展业务必须携带包含营业执照、法人身份证、线上能力认证函和公章原件等的材料，在全国300多个地级市、2800多个县级行政单位办理行政许可，给企业带来了难以计量的制度成本。

2. 传统条块监管模式使得平台受困违法嫌疑

由于现有法律法规与部门规章是建立在工业化大生产基础上的，强调条块结合的科层制度，因此数字经济平台面临于法不容的问题相当突出，很多平台都有违法嫌疑，随时都可能有被叫停的风险。以住房分享为例，小猪短租等基于互联网的民宿业发展迅速，主要由个人家庭将闲散的房源通过互联网平台提供给需要不同住宿体验的消费者，并不具备酒店旅馆的相关资质条件，不适应按酒店旅馆业的标准进行必要的治安、消防、卫生等领域监管，因此互联网+民宿行业存在较大的法律风险，整体上处于监管空白地带。

（三）平台迅速发展和政府落后治理手段之间的矛盾

1. 以“管”代“服”的治理模式滞后

尽管各类数字经济平台迅猛发展，但长期以来以管代服的治理模式根深蒂固，无法适应数字经济发展的需要。一些地方和部门的监管手段仍停留在街头巡查、突击检查、“运动式”整治等传统现场执法、人工监督阶段。同时地方部门尤其是基层执法力量薄弱，仅靠有限的政府力量根本无法实现对数字经济平台海量参与者和交易行为的实时、有效跟踪和监督，手段落后、主体单一、力量有限等问题严重制约治理效果。如针对共享单车衍生的乱停放问题，许多地方开始陆续出台管理办法，以管代服的色彩非常明显。

2. 以“老办法”应对“新问题”的治理手段滞后

以网约车为例，交通部门是按照管出租车的老办法来管网约车。一是管资质，按照现有的法律规定，私家车进入专车平台运营被定义为“非法营运”，平台不具备从事出租车营运资格；二是管数量，按照出租车的管理办法，行业管理部门对拥有运营资质的专车同样实行数量管控；三是管流程，按出租汽车企业的准入许可管理办法要求网约车平台向县级以上交通运输主管部门申请许可。以物流众包为例，利用社会运力从事物流配送中介服务的平台，根据《邮政法》与《快递业务经营许可管理办法》，经营快递业务需要依法取得邮政管理部门颁发的“快递业务经营许可证”，从业人员需要获得“快递员从业资格证”。

四、完善数字经济平台治理的思路

完善数字经济平台治理需要确立四大目标、坚持四个原则和抓住五点举措。“四大目标”即创新活跃、风险可控、有效问责、公平有序；“四个原则”即分类治理、分阶段治理、红线意识、数据意识；“五点举措”包括建立分业务类别的治理模式、完善多主体协同的治理体系、提升政府的数字化监管能力、增强政府驾驭经济复杂状况的能力、加强对数字经济时代平台垄断和网络中立等热点问题的深入研究。

（一）平台治理的四大目标

（1）创新活跃。平台治理需要协调创新与规范的关系，在坚守红线的基础上鼓励互联网的创新精神，以更包容的态度、更积极的政策营造数字经济发展的宽松环境，激发人民群众的创业创新热情，鼓励不同参与者充分利用平台的赋能机遇，积极探索新业态、新模式。对符合未来经济社会发展趋势、切实提高人民生活质量的新业态、新模式，制定有利于新事物、新产业发展的监管规则和治理模式，保护和激发创业创新的积极性，为数字经济发展提供更加广阔的市场空间。

（2）风险可控。平台治理需要协调安全与发展的关系，在鼓励发展的基础上保障平台运行稳定，增进信任，防范“道德风险”“搭便车”等机会主义行为，建立健全完善的平台内部规范与外部规制，保证网络交易平台的有序运作，同时在数字经济发展中保障公共利益不受侵害，能够促进不同参与主体的创新发展与利益分享，在数字经济发展中尊重差异、包容多样、考虑个别，保障新旧业态之间平衡稳定、新旧动能之间接续转换。

（3）有效问责。平台治理需要协调责任与权利的关系，在充分保障尊重不同主体权利的基础上，依法按能力大小、受益情况等准则明确不同治理主体的责任，有多少能力则承担多少责任，行使多大权力则承担多大责任，受益越多则承担越多责任。坚持信息公开透明，只有提高透明度才能实现信息对称与有效共享，从而进一步实现监督与问责。

（4）公平有序。平台治理需要协调公平与效率的关系，坚持公平进入、公平竞争、公平监管，破除限制新模式新业态发展的不合理约束和制度瓶颈，营造传统与新兴、线上与线下主体之间公平发展的良好环境，维护各类主体合法权益，引导各方规范有序发展。监督与防范平台的垄断行为，严禁以违法手段开展竞争，严厉打击扰乱正常的生产经营秩序的行为。

（二）平台治理的四个原则

（1）分类治理。数字经济平台在业务内容、组织形态、主体属性方面具有巨大的差异，需要树立分类别治理的思维。一是分业务类型治理，对电商平台、社交平台、搜索平台、应用分发平台、信息存储及发布平台等分别立法立规，避免一人有病大家跟着吃药，明确不同业务类型平台的治理责任与治理模式。二是分组织类型治理，对B2B、B2C、C2C等不同类型的平台分别界定参与者治理责任，明确不同组织类型的治理模式。三是分主体类型治理，明确政府部门、平台企业、用户及第三方组织的治理责任、治理手段与相互关系。

（2）分阶段治理。数字经济的发展正处于“现在进行时”，数字经济平台治理要特别强调协调短期与长期的关系，建立创新友好、动态调整的治理模式，对数字经济平台进行持续性、全过程的治理。对一些尚处于成长发育期、暂时看不准的数字经济业态，可以适当放松尺度，“让子弹飞一会儿”，根据“事后”结果评估其发展成效，再采取适当的审慎监管；对于那些发展了一段时间、看得准、有发展前景的数字经济模式，要在“事中”通过对其经营活动进行“量身定制”式的监管，以促进规范发展。

（3）“红线”思维。新生的数字经济发展，具有一定程度的不确定性甚至风险，需要构建审慎包容创新的监管机制，重点是坚持红线思维，根据红线确定平台治理的边界，明确负面行为清单，保证监管不缺位、不越位。平台与社会之间的关系红线是国家安全、社会稳定；平台生态内的关系红线是保障用户基本权益；平台生态之间的关系红线是维护公平的市场竞争秩序。红线思维要求平台治理充分把握业务、模式创新与经济、社会稳定之间的关系，划定硬性边界，尽量减少创新对社会的负面影响，有效控制无序、野蛮发展。底线思维还要求平台治理正确认识业务创新快速发展和法律法规制定客观落后之间存在的矛盾，以充分包容的态度面对和解决发展中出现的问题。

（4）数据思维。与传统交易平台相比，数字经济平台拥有巨量分散的用户群体，已有的人工治理模式已经难以为继，必须充分发挥平台的大数据优势，充分利用云计算、物联网、人工智能等技术，创新平台治理手段。积极引导平台企业利用大数据监测、用户双向评价、第三方认证、第三方信用评级等手段和机制，健全相关主体信用记录，强化对用户的身份认证、信用评级和信用管理，提升源头治理能力。充分运用大数据等信息技术手段，创新统计调查方法，推动部门统计信息共享，多渠道收集相关数据并建立数据库，加强在线与远程电子数据证据采集、固定和分析工作，完善数据治理模式。

（三）平台治理五个举措

1. 建立分业务类别的治理模式

探索建立分类管理机制，合理界定不同行业领域分享经济的业态属性，科学合理界定平台企业、资源提供者和消费者的权利、责任及义务，明确追责标准和履责范围，针对不同行业特点采取不同的监管和治理方法，避免行业监管“一刀切”现象影响创新和持续发展。

对电子商务平台、分享经济平台等一般性的交易平台，其治理以“踩油门”为主。建立适应行业特征的监管机制，促进相关行业创新发展，势在必行，尤其是这些平台处于发展初期时，重点要促进行业发展，“放水养鱼”，在监管上应以包容的心态，宽监管为主，待行业基本成熟后，建章立制予以规范。

对于社交平台、信息发布平台等一般性的传播类平台，其治理以引导方向为主。加强对平台的信息内容监管，严厉打击网络谣言、黄赌毒内容及不利于国家安全、社会稳定的信息内容，营造风清气正的网络空间。加快新媒体建设，及时传播中国故事、中国模式、中国网事。

对于医疗器械、新型诊疗技术、P2P 网贷、食品药品电商等涉及生命财产重大利益的领域，以及涉及信息安全、数据主权等国家安全的重大敏感领域，其治理以踩刹车为主。采取一事一议、特事特办的方式要早管严管，对可能危及人民生命财产与国家安全的活动，要及早发现、露头就打、一票否决。

2. 完善多主体协同的治理体系

（1）健全多主体协同的治理机制。一是探索建立分级管理机制，即政府管平台、平台管用户，政府可对平台和服务资质进行定期审查，制定科学合理的问责机制，督促平台内部不断完善运营服务机制。二是以多元合作治理替代多头管理，推动政府与平台企业、第三方组织之间的联动合作，避免行政处罚和强制手段过度运用。三是以协同治理代替分段监管，数字经济平台涉及的交易环节多，打破政府各部门分段监管的管制机制，最大限度地减少部门利益的困扰，探索建立大部制的数字经济监管体系。

（2）更好地发挥平台企业的治理作用。界定平台企业权力、责任和利益，明确其追责标准和履责范围。加快完善平台的准入制度、交易规则、质量与安全保障、风险控制、信用评价机制等自律监管体系。平台企业严格落实网络主体资格审查，保护消费者合法权益，积极协助政府监督执法和权利人维权。

（3）完善第三方组织参与治理的机制。适时成立数字经济各个领域的行业协会，一是组织、引导和督促平台企业贯彻国家关于数字经济发展的法律法规和政策方针，规范企业经营行为；二是加强行业自律，研究建立争议、投诉处理机制和反馈机制；三是组织开展行业情况调查，研究制定行业服务标准和业务规范，完善社会监督；四是协调平台企业之间、平台企业与政府有关部门之间的关系，发挥桥梁纽带作用。

3. 提升政府的数字化监管能力

政府部门提升平台治理能力亟须两手抓，一是要丰富完善监管工具和手段，积极打造以互联网技术为基础的核心监管能力，构建问题找得到、责任理得清、影响控得住的监管撒手锏；二是要提升监管队伍的数字化能力，充分利用政府智库、高校、科研院所及行业组织的数字化人才优势，通过灵活的人员流动、项目合作、能力支撑机制，迅速打造覆盖规则制定、监督执行、效果评估等监管全流程的专业能力体系。

推动政府部门提升以网管网的能力。充分运用大数据等信息技术推动监管创新，变实体为程序，变“人控”为“机控”，采取程序化的手段来拓宽治理边界、提高治理效率、增强治理精度。通过智能搜索软件等对合法市场主体在互联网上的自建网站、网页及商务网站进行搜索，与经济户口数据库比对，确定涉网企业及其网络经营过程，实现对网络经营行为的精确监管。

健全电子证据采信技术与机制。完善电子证据的公证制度，推动电子凭证的可信时间戳模式进一步在司法实践中应用。探索电子凭证的第三方鉴定机制，探索在知识产权行政执法部门内成立第三方认证机构，对电子凭证是否采信及交易平台商有无过错提供技术性的中立鉴定。规范电子凭证采信流程，对电子证据进行扣押、检查或转移的一切行为，都应当完整记录，并加以归档备查；对电子证据复制时通过镜像技术保证复制件与原始证据的完全一致，复制完成后封存原始证据并将经过记录在案。

4. 增强政府驾驭经济复杂状况的能力

（1）加快风险管控体系建设。数字经济发展带来创新业态、模式，具有不同程度的不确定性，甚至潜藏着一定的风险，如不及时控制就会对经济社会带来巨大影响。因此，一方面要放宽市场准入，鼓励创新探索；另一方面要加强事中、事后的风险管控，早发现、早控制风险，通过建立数字经济风险评估、预警机制，提高风险监测和处置能力，并加大惩罚性赔偿力度，规避数字经济平台参与主体的道德风险，确保风险可防、可控。

（2）完善平台治理的评估问责机制。围绕“放管服”改革，根据不同主体的平台治理责任，探索建立平台治理效果评估和问责运行机制，并定期发布评估报告。逐步将平台治理效果评估和问责运行制度化，形成包括评估和审查流程、参与人员、涉及领域、反馈机制等在内的完整运行制度。积极引入社会力量参与平台治理的评估问责，搭建平台治理权利保障的外部渠道，统一制定平台的外部投诉渠道入口标准和规则，开放接受各方对治理执行的投诉。

（3）强化数字经济的信用联合奖惩机制。建立数字经济平台及用户的网络信用档案，积极推进数字经济平台的信用信息与社会其他领域相关信用信息的交换共享机制。建立数字经济信用黑名单制度，将实施网络欺诈、造谣传谣、侵害他人合法权益等严重网络失信行为的企业、个人列入黑名单，对列入黑名单的主体采取网上行为限制、行业禁入等措施。建立电商信用评级制度，健全数字经济的信用奖惩联动机制，对严重失信行为加大打击力度，使守信者得到激励和奖励。

5. 加强网络中立、平台垄断等热点问题的研讨

目前围绕平台责任，存在网络中立之争，既有一批网络中立的支持者，也有不少的人认为网络平台有义务、有能力承担更多的治理责任。网络作为工具手段具有价值中立性和多用途性，其多用途性反映和体现着网络提供者的行为与目的。既不能把使用网络平台所带来的被侵权后果无条件归责于网络平台提供者，窒息网络创新和发展；也不能将网络中立绝对化，简单地把网络中立作为不恰当免责的挡箭牌。从法律角度看，网络平台提供者需要履行合理的注意义务，至于注意义务的边界范围、认定标准等则见仁见智，尚未达成共识，是未来平台治理研究的重要方向。

平台垄断是关于平台治理的又一次热点议题。不少人从网络技术发展规律出发，认为网络价值以用户数量的平方的速度增长，网络平台具有天然的垄断性，也有人从规模经济与范围经济的角度出发，提出网络平台垄断具有天然的合理性。然而随着用户规模巨量膨胀、平台影响力日益扩大，一些平台逐步走向三足鼎立、两分天下甚至一家独大，一些居于垄断的平台开始出现“店大欺客”“任性提价”等垄断行为。尽管对平台垄断地位的褒贬不一，但垄断行为的出现使得如何规制网络平台的垄断行为成为新的焦点，不少研究者从不同角度提出了价格管制、强制拆分、引入可竞争因素等，还有研究者借鉴西方发达国家在自然垄断行业相关环节导入竞争性力量的思路，提出了端口接入规制、业务范围规制、网络互通规制、共同投资规制等模式。如何规制网络平台的垄断行为，是未来平台治理的一个关键问题。

第九章

数字经济与就业增长

纵观工业革命以来的全球经济发展史，重大技术创新往往伴随着劳动力市场大规模的转移，随着劳动生产率的提高和技术创新，单位产品和服务所需的人工劳动越来越少，导致一些行业和岗位出现技术性失业，但同时，技术创新催生出的新行业和新业态中又创造出了新增就业机会和新型就业模式。

以蒸汽机发明和冶金钢铁为主要技术突破的第一次产业革命，降低了生产对人的力量和技术要求，产生了标准化、批量化、工业化生产模式，出现了以8 小时工作制为代表的现代雇佣制度；以电力、汽车和内燃机等主要技术突破为代表的第二次产业革命，使得劳动对体力的要求进一步下降，女性和知识工人成了重要的就业代表，轻、重工业的发展带来了大规模的就业机会，同时，由于资本对效率的追求，个体劳动者必须融入产业链中，与企业形成长期稳定的劳动雇佣关系，劳动雇佣制度不断完善；以计算机技术为主要科技成果的第三次产业革命，使得知识技能成为越来越重要的就业门槛，使得产业结构调整过程中出现群体性的就业波动，同时社会生产借助信息技术去中心化和虚拟化，使得传统雇佣模式和组织开始松动，兼职、自由职业等新型就业形态广泛出现；以互联网、云计算、大数据、物联网和人工智能为代表的数字技术已被公认为第四次产业革命的重要驱动因素，在为全球经济活动赋予巨大能量的同时，对就业生态也将带来重大变革。

一、中国数字经济就业现状与新的发展

（一）中国数字经济就业概况

随着中国信息产业的高速发展，以计算机、电子、通信设备制造业和信息软件服务业为代表的中国数字经济就业人数不断增加。通信设备、计算机及电子设备制造业的就业人数从 2003 年的 238.98 万人增加到 2013 年的 893.65 万人，年均增长率超过 14%。信息传输、软件和信息技术服务业的就业人数从 2003 年的 116.8 万人，增加到 2015 年的 349.3 万人，年均增长率超过 9%，如图 9-1 所示。

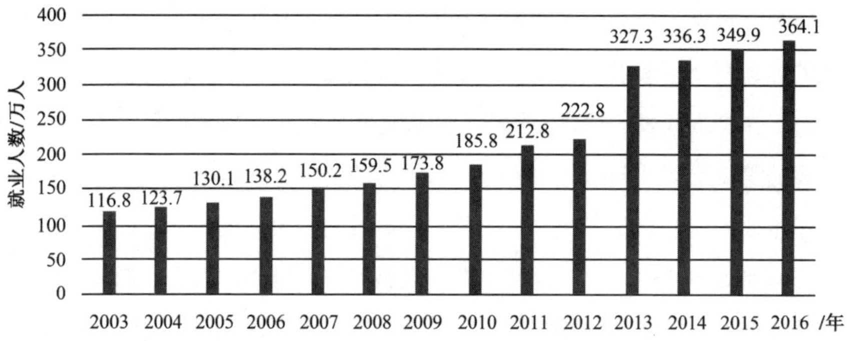

数据来源：2017 年《中国统计年鉴》

图 9-1 信息传输、软件和信息技术服务业就业人数

同时，近年来中国第一产业的就业人数呈逐年下降的趋势，且下降的幅度较大。第二产业、第三产业的就业人数逐渐上升，成为吸纳第一产业劳动力就业的主要产业。而以信息产业为代表和核心的数字经济整体就业人数变化趋势与第二产业、第三产业相同，处于逐年快速上升的趋势，成为吸纳我国新增就

业的主要产业。数字经济的就业人数的变化率虽然变动比较大，但均呈现正增长，且远高于第一产业、第二产业就业的增长率如图 9-2 所示。这说明数字经济的发展，在吸纳劳动力就业方面要高于其他行业，其吸纳劳动力的数量和劳动力就业的增长率都处于其他行业的前列。这一方面说明我国数字经济行业本身的发展势头良好，另一方面说明数字经济发展在推动我国就业发展方面具有重要的作用。

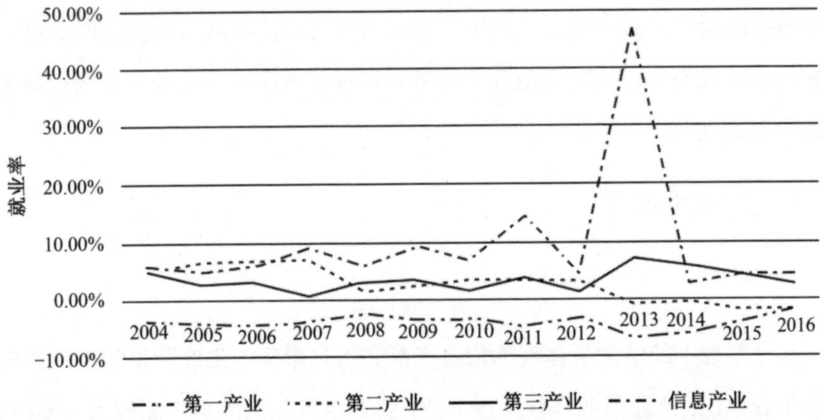

数据来源：2017 年《中国统计年鉴》

图 9-2　2004—2016 年三大产业就业和数字经济就业变化率

在数字技术不断发展促进数字经济快速增长的同时，新业态、新经济模式不断涌现，就业模式和形态也在不断创新和发展。新型就业模式具有更加灵活多样、进入门槛低的特点，越来越多的劳动者，特别是年轻劳动者加入其中，增长速度惊人。截至 2016 年 6 月，淘宝平台创造就业机会超 3300 万个（其中，网店直接就业 1282 万个，间接就业 2077 万个）；截至 2017 年 6 月，滴滴出行平台让 2108 万人（含专车、快车、顺风车车主、代驾司机）获得收入；截至 2017 年上半年，共享单车行业新增超过 3 万个线下运维岗位。

（二）中国数字经济就业形态

数字经济的主要特征是以数字化信息为关键资源，以信息网络为依托，通过通信技术和其他领域紧密融合。根据其不同生产和服务特点，主要分为四种类型：以信息产业为主的基础型数字经济；以信息资本投入传统产业而形成的融合型数字经济；以新产品、新业态形式出现的新生型数字经济；产生社会正外部效应的福利型数字经济。其中，基础型数字经济和融合型数字经济就业以正规就业模式为主，而新生型数字经济和福利型数字经济就业则主要以新型灵活就业模式呈现。

1. 正规就业模式

1）基础型数字经济就业

基础型数字经济主要体现为信息产品和信息服务的生产和供给，包括电子信息制造业、信息通信业和软件服务业，就业以各部门的正规雇佣为主要模式，包括正式签订劳动合同和劳务外包等多种形式。根据《中国统计年鉴》的数据，数字经济的主要行业如通信设备、计算机及电子设备制造业的就业人数从 2003 年的 238.98 万人增加到 2013 年的 893.65 万人，增加了 2.74 倍；信息传输、软件和信息技术服务业的就业人数从 2003 年的 116.8 万人增加到 2015 年的 349.3 万人，增加了约 3 倍。

2003—2016 年，信息传输、计算机服务和软件行业就业人员的工资水平一直处于较高水平，在 2008 年之前一直处于各行业的首位。2003—2016 年，信息行业的工资水平从 30897 元增加到 122478 元，年平均增长幅度为 21.89%，如图 9-3 所示。

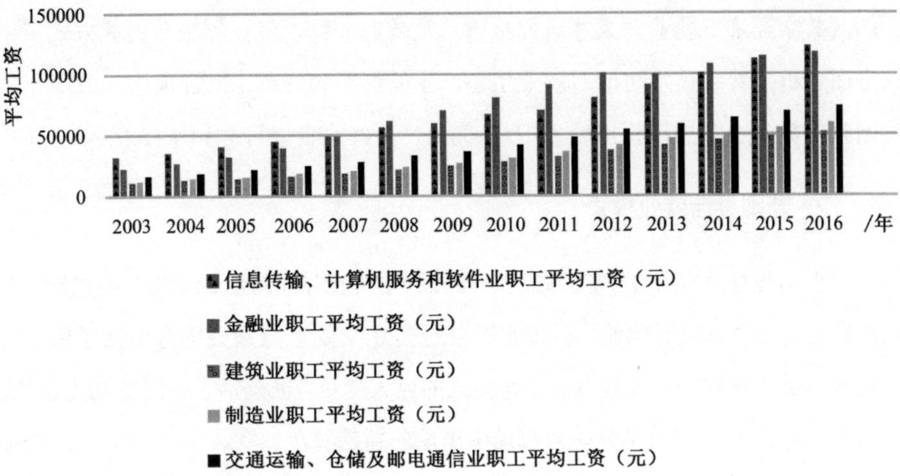

数据来源：2017 年《中国统计年鉴》

图 9-3　2003—2016 年各行业平均工资统计

基础型数字经济中的软件和信息技术服务业处于整个社会创新和进步的前列，具有很高的收入水平，呈现出高就业率、高就业增长率和高技能体现型等特点。但其对劳动者的素质要求也比较高，需要劳动者具有较高的知识水平和技能水平。

2）融合型数字经济就业

随着以信息通信等为代表的数字技术的发展，信息采集、传输、存数、处理等信息设备不断融入传统产业的生产、销售、流通、服务等环节，形成了新的生产组织方式，带来了更多的产出。融合型数字经济主要体现为数字技术与传统产业的融合所带来的产出规模增长。

伴随着数字化转型在各行各业的深入推进，数字技术会实现更加广泛的应用，这将对就业生态产生持续、深远的影响。一方面，数字技术的发展也将威胁到一些容易被机器取代的传统岗位；另一方面，数字技术将改变诸多传统行业的商业逻辑，带来大量新兴领域的就业机会。波士顿咨询公司（BCG）发布的《数字经济下就业与人才研究报告》从就业人群、就业领域和就业方式三个方面分析了数字技术可能对就业生态产生的影响和变革，报告预计，2035 年中国整体数字经济规模将接近 16 万亿美元，总就业容量将达到 4.15 亿人。

2. 新型灵活就业模式

李克强总理在 2016 年的政府工作报告中提出了“新就业形态”的概念，并指出应“加强对灵活就业、新就业形态的支持”。这一政策性概念概括了新一轮技术革命所导致的就业模式、工作模式的巨大变化，也概括了中国劳动力市场，以及世界其他先进国家劳动力市场中出现的新趋势。

随着以电子商务为代表的新生型数字经济和以共享经济为代表的福利型数字经济的发展，大量新形态、新内容的工作岗位被创造出来，以淘宝为代表的电商平台和以滴滴出行为代表的网约车平台的发展，直接带动和衍生出来的如淘宝店主、淘女郎、网约车司机等各类新的灵活就业岗位。

1）新生型数字经济就业——电子商务平台就业模式

新生型数字经济日益成为引领和推动产业转型的新生力量，形成了富有创新活力和发展潜力的新产业，电子商务是其中的典型代表，其所创造的平台就业模式以其灵活性和自由性的特点，正在迅速吸纳越来越多的就业人群。

电子商务平台就业模式是企业以某个核心产品或服务为平台，在此基础上连接更多的服务，以满足用户需求。电子商务平台的一边是海量的终端用户，另一边是依托平台衍生出的各种产品或服务提供商。电子商务平台互联网企业自身直接创造的就业大部分属于传统正规就业，但更多的就业来自围绕平台形成的生态圈所衍生出的就业机会，其中，最具代表性的是阿里巴巴集团的淘宝平台。淘宝平台生态链中的就业模式如图 9-4 所示。

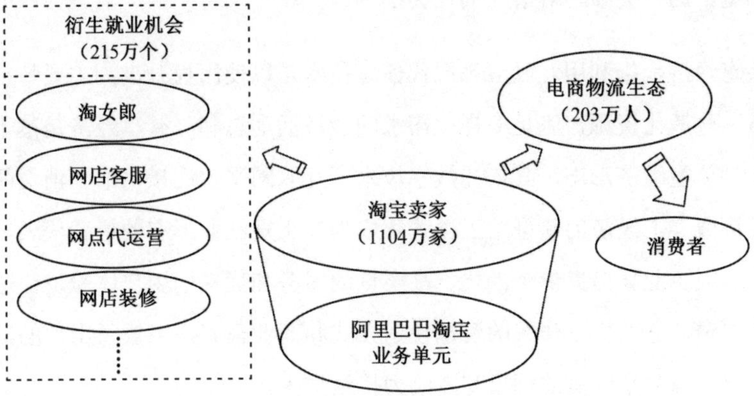

图 9-4　淘宝平台生态链中的就业模式

以淘宝为代表的电子商务平台所创造的绝大部分就业来自其整个产业生态链，从网店经营到物流配送再到为平台运营提供网络基础设施，电商产业链延伸到其他相关行业，促进其相关行业就业增长；同时，电子商务生态还为产业上下游相关领域，如生产、制造、设计、原材料等带来大量就业机会；电子商务网店生态圈的分工体系还在不断地精细化，从而衍生出更多新的职能岗位，如淘女郎、网店客服、网店代运营、网店装修等。

电商平台就业最显著的特点就是以一种“生态系统”的方式发展。随着电子商务范围不断扩大，传统商业向电子商务不断转型，电子商务生态系统中不断裂变出新的价值增长点。每个价值增长点都会产生大量新的就业模式和职业类别，并带动一定规模就业。

2）福利型数字经济就业——共享经济就业模式

数字技术在经济社会领域的普及推广，不仅带来了生产效率的提升和经济增长，而且带来了由于信息边际成本趋近于零所增加的消费者剩余和社会福利，即福利型数字经济。以共享经济为代表的福利型数字经济的兴起带来了“大众创业、万众创新”和灵活就业的新局面，带来了更多的社会信任、更高的公共安全和更广的社会参与等潜在的社会福利。

共享经济是指利用互联网等现代信息技术，以使用权分享为主要特征，整合海量、分散化资源，满足多样化需求的经济活动总和。共享经济是基于互联网的一种新型经济形态，其依托数字技术、互联网平台连接供给和消费两端的共享经济或零工经济的新型用工模式正成为非正规就业形态的最新代表。共享经济平台或企业凭借提供个性化、高质量的服务和优良的用户体验，快速孕育并广泛渗透。它改变了传统的资源使用模式和商业模式，激发了用户的消费需求，也使全球共享经济的规模和影响力持续扩大。

传统的就业方式下，员工受雇于特定企业，通过企业与市场进行价值交换，而共享经济就业者只须通过互联网平台就可以与市场相连接，实现个人的市场价值。共享经济的出现使闲置劳动力及与劳动力相关的技能、经验、专业知识等在碎片化的时间中发挥最大价值，使用工模式更加灵活，针对这种劳动力交易的在线平台也逐渐涌现，如滴滴出行、58 到家、猪八戒网等。这种模式的经营业态，带来了一种基于共享经济的就业模式，我们可以称之为共享经济就业模式。

2017 年中国参与共享经济活动的人数超过 7 亿人，比 2016 年增加 1 亿人左右；提供共享经济服务的人数约为 7000 万人，比 2016 年增加 1000 万人；共享经济平台的就业人数约 716 万人，比 2016 年增加 131 万人。

未来几年，共享经济仍将保持年均 40%左右的高速增长，预计到 2020 年共享经济领域提供服务者人数有望超过 1 亿人，其中全职参与人员约 2000 万人。

二、数字经济发展对就业增长的影响

经济合作与发展组织（OECD）在《2017 年 OECD 数字经济展望》报告中这样评价数字领域新技术的创新与应用对就业的影响，“新技术在造成传统行业就业岗位过剩的同时，也能创造新的需求，从而创造新的就业机会。纵观世界经济发展史，类似的案例不胜枚举。20 世纪 20 年代，汽车替代马车成为主要的交通工具，马车相关岗位退出历史舞台，但同时，如汽车旅馆和快餐店等行业快速出现，并服务大众（Jackson，1993）；自动柜员机的出现反而提高了银行业的就业需求，主要原因在于其降低了银行开设分支机构的成本，并且将银行柜员从简单柜员服务中解放出来，从事更多、更为广阔和复杂的银行业务（Bessen，2015）；高技术行业带来的高收入还能够提高对低技术劳动就业的需求，如餐饮、环卫和其他个人服务等（Mazzolari and Ragusa，2013；Moretti，2012）。”

国内外大量研究表明，技术进步的就业效应存在双重性，从技术冲击的短期效应来看，由于技术进步提高了劳动生产率和资本有机构成，同量产品和资本所需要的劳动力投入逐步下降，从而产生技术进步的就业排斥效应；但从技术进步的长期影响来看，技术进步能增加社会产出，提高社会的人均收入水平，引起消费结构的变化及产业结构的演进，尤其是具有劳动密集型特征的第三产业的发展，因此，技术进步在长期又具有就业增长的效应。

（一）数字技术的发展与应用，导致部分行业和岗位被技术和数字化设备所取代，导致部分行业就业的减少

数字技术的进步带来了工业生产技术构成的不断提高，造成劳动力需求量的相应减少，而且技术进步还引起了产业链条和商业模式的重构，造成了部分职业和岗位的消失，劳动就业相应减少，对就业增长造成一定压力如表 9-1 所示。

表 9-1 互联网技术进步中受到影响的就业岗位

行业	数字应用产品和服务	受到影响的就业岗位
通信	QQ、微信	通信业务整个产业链条的就业岗位
媒体	微博等社交应用、今日头条等自媒体应用	传统媒体行业中的记者、编辑等，印刷、图书发行、电视发行等行业中的很多岗位
游戏	大型网络游戏、网页游戏、手机游戏等	传统游戏行业中的岗位
音乐	唱吧等在线音乐模式	唱片录制、发行业相关岗位。
旅游	携程、去哪儿等旅游服务应用	传统提供酒店、飞机、租车、导游服务公司的岗位
商品零售	淘宝、京东等电商平台	批发商、代理商等岗位
金融	支付宝、微信、众筹等的出现	金融行业中的信贷员等岗位
教育	MOOC 等在线教育平台	教育培训行业的岗位

而且，随着大数据、人工智能等数字技术的进步，计算机所取代的将不仅仅是那些简单重复性的劳动，还可能包括医生、律师、新闻记者和金融分析师等过去被认为非常需要脑力的工作。据瑞银的一份最新报告显示，在中长期阶段，亚洲将有 3000 万～5000 万个就业岗位面临被取代的风险。

（二）数字经济发展产生新的就业岗位，催生新业态、新产业，从而创造大量新增就业岗位

数字技术进步是数字经济发展的动力，虽然会导致部分岗位和就业被技术和数字设备所替代，但是技术进步同样会带来新的就业岗位，并且催生新业态、新产业，产生更多的就业机会。

伴随着工人就业的相对减少，将产生一些高精尖的技术型就业岗位，集中

于 IT、硬件、软件、数据科学、工程学、人机交互领域。例如，工业机器人的应用需要机器人的研发、设计、测试、管理、维修人员（包括机器人协调员、图像识别工程师、网络安全科学家、语音合成工程师）；生产线模拟仿真技术的应用需要增加工业工程师、模拟专家的岗位；大数据的应用将增加工业数据科学家的岗位；自组织生产将增加数据建模和分析专家的岗位等。这些就业机会除了需要较强的数字化技能（如编程）外，还需要具备制造行业的专业经营（如流程、设备）方面的知识。

数字经济的发展促进了数字文化产业繁荣，催生了大量新业态、新产业。例如，直播平台的兴起，催生大量网红，以及围绕网红的经纪、营销和策划团队所产生的就业机会；网络文学的火热，造就了网络文学、网络电视剧和电影产品，创造了大量网络写手、网络编剧等就业岗位；电子竞技的发展，带来了大量电子竞技职业选手、电子竞技职业俱乐部管理人员和电子竞技周边产品营销人员等多样化的就业岗位。

（三）新型灵活就业模式对就业增长的影响

进入 21 世纪以来，世界科学技术进步速度显著加快，知识经济已初露端倪。以信息通信（ICT）、高新技术等为代表的数字技术在经济活动中愈显重要，由此促进了全球产业结构的升级与产业的区域转移。与之相适应，企业在组织结构及劳动过程等多方面均表现出与早期工业化阶段集中生产不同的特点，企业组织倾向于扁平化，企业对劳动力的雇佣和使用方式也发生了根本性变革。

在工业经济时代，工业品生产的典型特征是技术和工艺复杂，且事前需要大量的资本设备投入，个人缺少足够的资本、完整的技能、信誉等基本生产要素，无法独立完成生产活动，必须进入企业，与企业签订雇佣合同，从而产生了现代的雇佣型就业方式。数字技术进一步降低了市场交易成本，个人依托各种互联网平台成为能够提供产品和服务的市场主体，个人与平台之间不必签订劳动合同，但也不是一种完全的市场交换合约，而成为一种介于两者之间的合约关系，这种关系具有灵活、自由、自主的特征，由此产生的这种新型灵活就业呈现出了较以往就业形态不同的特点。

1. 新型灵活就业增加了弱势群体的就业机会

新型灵活就业的一个明显优势是帮助传统就业中的弱势群体，为弱势群体和底层劳动者提供就业机会，如年老的工人、女性等以独立合同工的身份返回传统产业中。网络就业创业具有灵活性、公平性等特点，就业方式灵活，就业弹性大，门槛低，创业成本小，范围广，不受城乡地域限制，青年、妇女、残疾人等弱势群体皆可参与。

根据初步统计，2016 年淘宝网有 16 万家残疾人网店实现销售，销售额为 124 亿元，销售额在 3 万元以上的商家约 2.7 万家；截至 2017 年 6 月底，在滴滴出行平台获得收入的 2108 万人中，超过 200 万人是女性，393 万人是去产能行业职工，超过 178 万人是复员、转业军人，还有 133 万失业人员和 137 万零就业家庭在平台上实现了新就业。

2. 新型灵活就业的收入提升效应明显

在传统就业模式中，劳动知识、技能水平是低收入群体收入提升的一大障碍，而知识、技能水平的提升难度较大，成本和风险较高，因此，对于低收入群体来说，收入增加困难重重。新型灵活就业的低门槛性、灵活性和自由自主性的特点，恰恰能够满足低收入人群提升收入水平的需求。借助技术平台，新型灵活就业相比传统灵活就业，在生产率方面有了显著提高，高生产率自然对应较高的人工成本报酬。

以滴滴出行平台为例，96.5%的滴滴出行专车司机在从事专车服务后月收入有了不同程度的提高，其中，39.5%的司机收入提升了30%以上，78.1%的司机收入提高了10%以上。目前，滴滴出行平台每天直接为264万司机提供人均超过170元的收入。本职工作之外从事网约车工作的滴滴出行司机，62.34%是因为本职工作收入太低，尤其对于传统去产能行业，如钢铁、水泥等行业职工而言，有71.21%选择加入滴滴出行平台增加收入（图9-5）。

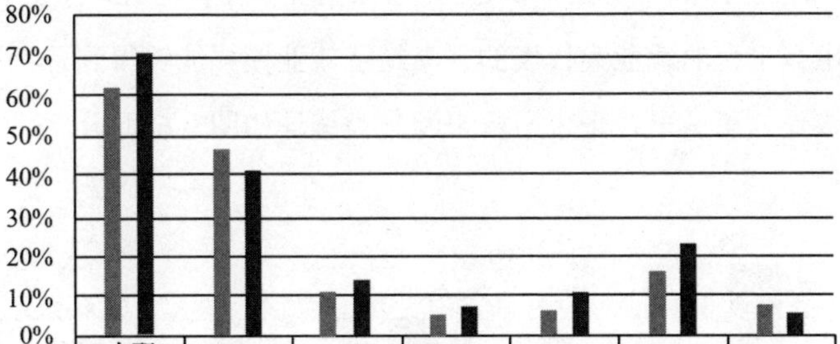

	本职工作收入太低	工作清闲	能力得不到发挥	工作得不到尊重	单位氛围不好	存在下岗风险	其他
■全样本	62.34%	47.04%	11.11%	5.10%	6.31%	16.36%	7.74%
■煤炭、钢铁	71.12%	41.74%	13.58%	7.19%	10.72%	22.82%	5.72%

数据来源：2017年滴滴出行平台就业研究报告

图9-5　滴滴出行平台司机工作动机统计

3．新型灵活就业创造了就业缓冲器和蓄水池，为经济和就业结构调整起到润滑作用

数字技术进步带来的新增就业机会对劳动者技能和知识水平要求较高，而其替代的传统产业岗位多数为一般性简单重复劳动岗位，因此，数字经济带来的新增就业机会无法从传统产业的失业劳动者中转移，从而造成结构性失业；另外，我国正在进入经济新常态，正在进行去产能供给侧改革，去产能行业存在开工不足、经济效益下滑问题，所在行业收入下滑，形成隐性失业。在社会

数字技术相关职业培训和教育尚未完全衔接与配套完成的情况下，就业缓冲器和蓄水池显得尤为重要。以电子商务和共享经济为代表的新型灵活就业模式以其就业方式灵活多样、门槛较低、进入和退出障碍少的特点，为就业结构调整起到了很好的润滑作用。

实践证明，新型灵活就业正在发挥着重要的就业缓冲器和蓄水池的作用。调研显示，滴滴出行平台上的网约车司机多数有本职工作，具有典型的共享经济特性，而且网约车司机的本职工作构成呈现多元化特征，行业类型非常广泛，以滴滴出行平台的就业为代表的共享经济就业模式能够得到各个行业劳动者的认可和接受。滴滴出行平台司机来源分类统计如图 9-6 所示。

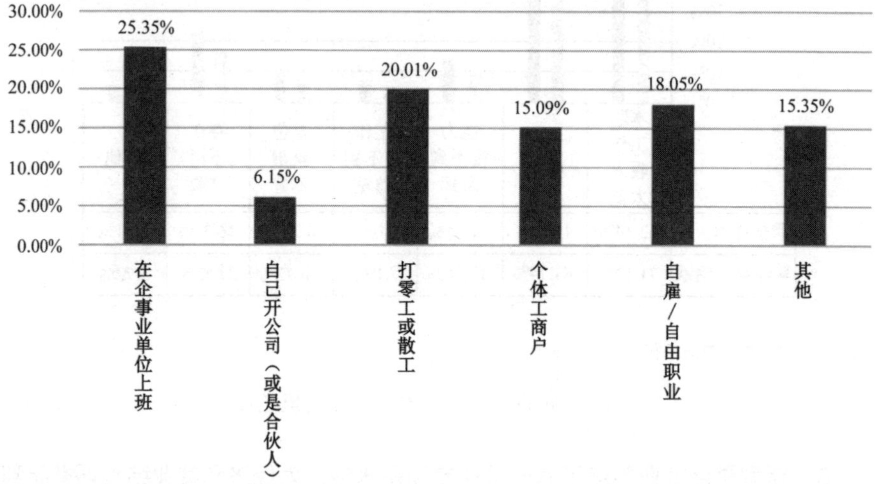

数据来源：2017 年滴滴出行平台就业研究报告

图 9-6　滴滴出行平台司机来源分类统计

从行业类型看，网约车司机在传统制造业（如纺织、机械制造、化工、水泥、铝业等）的占比最大，达到 25.69%，其次是传统服务业（如住宿、零售、餐饮等），为 18.36%，如图 9-7 所示。网约车司机来源集中分布在传统行业尤其是传统制造业，滴滴出行平台为化解和缓冲去产能行业就业压力起到了积极作用。

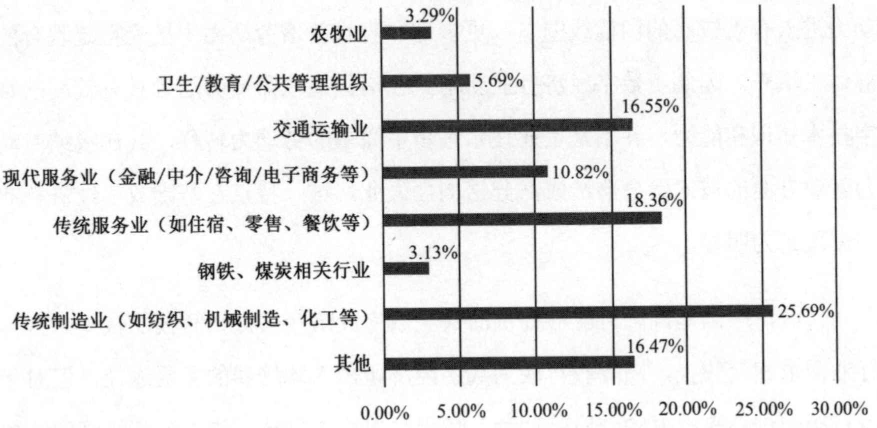

数据来源：2017 年滴滴出行平台就业研究报告

图 9-7　滴滴出行平台司机所属行业统计

新型灵活就业的特点决定了它能够在解决去产能行业职工收入增长、下岗失业人员再就业、促进劳动力结构调整中发挥重要作用。如果没有各种形式的灵活就业，去产能行业隐性失业、城镇下岗失业再就业等诸多问题将成为阻碍经济体制改革、经济结构调整和社会稳定等的重大问题。

三、数字经济就业所面临的问题

（一）数字技术壁垒造成就业转移困难，跨行业、跨专业就业遭遇数字鸿沟

数字技术特别是互联网技术的进步，提高了劳动生产率，部分传统行业和岗位被技术设备所取代，所属就业人员将面临失业的风险，同时，数字技术进步也带来了大量新行业、新岗位。在这种情况下，企业与劳动者都关注人力资本投资，具有较高专业技能的劳动力在就业市场上备受青睐。劳动力需求结构的这种变化，在一定程度上加大了结构失业压力。劳动者技能因素对求职的影响大大增强，数字经济行业所需劳动力主要不是由传统产业转移来提供，对劳

动力进入有着较高的门槛或壁垒，更多地靠吸收新增劳动力中接受特定教育的群体来填充。因此，数字经济行业新增就业岗位往往需要劳动者具有较高的数字技术知识和能力，并不是工业技术进步中简单的劳动力转移，其在吸纳劳动力就业方面的技术壁垒会造成部分结构性失业。这一特点在基础数字经济就业中表现尤为明显。

目前，中国基础教育能够提供的关于数字经济相关知识和技能较少，且与行业需求相差较大，高等教育成为数字经济所需人才培养的主要途径。但对于没有接受过高等教育的一般劳动者，特别是农民工群体，进入数字经济就业更多地只能停留在应用层面，处于产业链的下游，向产业链上游转移的机会渺茫，数字技术知识与能力的差异造成传统行业失业人员和新增普通劳动者难以进入数字经济新增就业岗位，形成数字鸿沟，造成就业的障碍和不平衡。同时，由于中国教育发展的不平衡、不充分，教育资源分配的不均衡，导致农村人口和农民工子女进入高等教育的比例逐年下降，贫困的代际传递现象呈上升趋势，数字经济的发展可能会加剧这一现象的出现。

（二）现行政府经济社会管理模式难以完全满足数字经济发展和新型灵活就业增长的需要

1．政府传统的地区和行业条块分割的管理模式，不利于发挥数字经济就业多样性和灵活性的特点

政府传统管理模式的一个重要特点是地区和行业的条块分割，行业和地区之间的互联、互通和互动较少，多部门、多行业联合共治模式尚未形成。而数字经济恰恰具有去中心化、跨地区与跨行业的特点。电子商务、网约车、共享单车等互联网平台公司虽注册在某个城市，但所提供服务面向全国，而现行基于行政区域的属地管理模式，不利于数字平台型企业整合全国资源。另外，电

子商务平台公司业务范围跨商务、物流、交通和网信等多个行业，条块分割的行政管理体制难以适应数字经济跨行业发展的需要，行业规章制度规定越细，管理越严格，形成的制度鸿沟就越深，数字经济就越难以发展。

而且，现行管理体制还没有形成很明晰的分类方式去规范数字经济发展的业态。各部门条块分割的监管体制造成政出多门，部门之间协调不够，新业态如何界定，线上和线下管理部门如何划分职责和实现协同，都是新的监管难题。如若不对现有不明确的法律法规加以修订，就会导致大量的数字经济活动处于灰色地带，面临随时可能被叫停、被扼杀的风险，使得数字经济多样性、灵活性的特点难以发挥。

2. 较高的市场准入门槛，限制了数字经济就业方式创新

中国政府尤其是中央政府对于数字经济的快速发展持支持和鼓励的态度，积极推动制定各项鼓励创新的政策和指导意见，但是由于种种原因，在落地执行的过程中，各地或多或少存在强调规范多、将鼓励发展落到实处少的情况，在指导意见和政策的执行细则中，增加了各种各样的限制条款，提高了准入门槛，将一些有意愿从事互联网新业务的企业和个人挡在门外。

例如，大量从事教育、出行、医疗、金融行业等的数字经济企业，被要求完全按照线下经营实体资格条件取得相应牌照和资质，提高了创业者门槛；交通出行领域，将对传统出租车的资质要求延伸到对网约车的管理等。各地出台的网约车管理细则都从车辆标准、司机资质、平台条件、申请程序、保险要求等方面细化了国家层面的有关规定，有些城市对司机户籍、车辆轴距、排量、准入年限，甚至揽客区域都进行了限制，偏离了国家包容创新、审慎监管的政策导向。

（三）现行有关劳动就业和社会保障体系，以及公共就业服务体系，在数字经济新型灵活就业方面存在盲点

现有的社会保障和就业促进法律和政策体系主要以签订劳动合同和缴纳社保作为就业保障的执行基础，针对数字经济新型灵活就业方式的政策和规范较少。而随着数字经济发展，灵活就业人数逐年增加，潜在的劳动保障风险和问题也越来越突出。

电子商务平台就业和共享经济平台就业等新型灵活就业模式打破了劳资双方通过签订合同，建立单一、固定的合作方式，改变了劳动依赖于被雇佣的模式，拓展了劳资合作的方式。这种新的格局从宏观与微观层面对我国劳动关系及其治理协调提出挑战。

从宏观层面来看，现有机制以国家立法、劳动关系认定标准、劳动关系协调机构设置为主，由政府、企业和工会构成“三方协调机制”。它将面临的挑战是以《中华人民共和国劳动合同法》为基础的个别劳动关系，难以有效管理数字经济就业过程中多样化的劳动关系。

从微观层面看，现有的机制以劳动合同和集体协商机制为主的劳资双方协调机制。它面临的挑战是工作场所模式下的工会管理对互联网企业影响力持续下降；以集体谈判为主的集体劳动关系也难以发挥作用。由于新型灵活就业劳动关系难以界定、社会保障体系仍不完善，即使政府调整政策帮助灵活就业者快速适应就业模式的变革，新型灵活就业仍然会让个体承受多方面的风险，如个体技能更新、收入水平、就业安全性和就业满意度等。尽管个体可以相对自由地安排工作时间，个体对企业的人身从属性下降，但个体依然对平台型企业具有经济从属性，在劳动者与共享经济平台企业之间，劳动者仍然处于弱势。

因此，要完善适应共享经济特点的灵活就业人员社会保险参保缴费措施，切实加强劳动者权益保障，这将有利于加快推动共享经济从业人员纳入社会保障体系。

四、政策建议

（一）加强数字技术教育和人才培养，提升全社会数字技术基础能力，填平数字鸿沟，推动传统行业就业向数字经济行业转移

数字经济增长的长期动力来源于技术研发和创新，最重要的资源是数字技术人才，人才积累的重要途径是教育。

因此，要保持中国数字经济持续发展，建议在各个阶段的教育中普及信息技术相关的大数据、云计算和人工智能等数字技术基础知识；大力发展高等职业数字技术培训，拓宽劳动者，特别是来自农村和偏远地区的劳动者接触和学习数字相关知识和技术的渠道，优化劳动者的知识结构，提高劳动者利用信息特别是互联网技术学习的能力；充分利用现代数字技术，发展线上教育，在全社会树立主动学习、终身学习的理念，以此加强对数字技术进步中挤出的劳动者进行再就业培训，促进劳动力向数字经济行业转移，减少技术性失业；改革现行大学及职业教育体系，提升高校人才和技能型蓝领的数字化应用等专业技能；鼓励大学与企业合作办学实施数字技术培训，优化数字技术类课程在通识课程中所占的比例，对尖端技术人才培养予以重点扶持。

（二）将新型灵活就业纳入国家就业统计和社会保障体系，加大针对新型灵活就业的政策研究和支持力度

建议健全的就业统计指标体系，完善统计口径和调查方法，建立数字经济就业新形态和创业情况的统计指标，将新型灵活就业纳入国家就业统计体系，使之能更加全面地反映数字经济的就业情况。

针对数字时代的灵活就业热潮，建议政府部门建立更科学、完善的配套扶持体系，加大政策创新力度，积极提高政府服务能力和水平，优化对数字经济领域市场主体的审批服务，建立健全针对新型灵活就业的保障服务体系。针对越来越多的新型灵活就业人群，建议在社会保障体系、税收缴纳方面进行相应的制度和服务创新，让灵活人群在为社会创造价值的同时，也享受相应的社会福利及保障。

（三）探索数字经济时代就业社会多元协同治理的新模式

参与新就业的群体从个人选择范围有限的、非此即彼的就业模式，迈入多元选择的就业模式，是未来数字经济时代就业发展的趋势。平台和个人日益成为新的治理力量，数字经济时代就业管理正在朝着政府、平台和个人多元协同管理的模式转变。

因此，建议就业政策制定者和就业管理部门加强政策与监管设计的预见性，充分考虑新就业形态的特点，着眼长远、全面规划、大胆改革、适时推进适应数字经济时代就业管理的社会多元协同治理的新模式。

第十章

中国数字经济：数字人才与就业

数字经济在全球经济增长中扮演着越来越重要的角色，以互联网、云计算、大数据、物联网、人工智能为代表的数字技术近几年发展迅猛，数字技术与传统产业的深度融合释放出巨大能量，成为引领经济发展的强劲动力。在中国经济数字化转型的大背景下，人才扮演着越来越重要的角色。在党的十九大开幕式报告中，习近平总书记多次重申人才的重要性，特别提到“培养造就一大批具有国际水平的战略科技人才、科技领军人才、青年科技人才和高水平创新团队”，强调了科技人才对建设创新型国家的重要性。

数字技能人才的短缺将对企业的数字化转型产生很大制约，进而影响整个经济的数字化转型进程。数字技能人才的短缺也将对中国的国际化发展造成不利影响。目前中国政府正在积极推动以“一带一路”为核心的国际化发展战略，并在 2017 年 5 月提出建设“数字丝绸之路”的倡议，希望将中国数字经济的成果推广到国际舞台，增强中国在数字技术与应用领域的国际竞争力。高端科技和创新能力是中国企业“走出去”的重要基础，因此人才储备及企业的人才吸引力对中国提升数据领域的国际竞争力尤为重要。

基于这些问题，课题组对数字经济发展最需要的“数字人才”进行定义，围绕最近三年中国劳动力市场中数字人才的就业现状、供需情况和人才流动进行深入的分析洞察，建立了“宏观-中观-微观”分析框架，从全国和区域两个层面对数字人才的行业分布（宏观）、职能分布（中观）和数字人才特征（微观）进行了深入分析，获得许多有价值的发现，并在数字人才战略布局方面提供了一些建议。

一、中国数字人才总体就业现状

（一）数字人才的定义

目前关于数字人才并没有一个确定的定义，各国对数字人才的定义主要是基于就业者是否拥有 ICT 相关的数字技能。ICT 技能包含哪些内容是定义数字人才的基础，OECD 将数字经济所需要的 ICT 技能分为三类：ICT 普通技能、ICT 专业技能和 ICT 补充技能。ICT 普通技能是指绝大多数就业者在工作中所使用的基础数字技能，如使用计算机打字、使用常见的软件、浏览网页查找信息等技能。ICT 专业技能主要指开发 ICT 产品和服务所需的数字技能，如编程、网页设计、电子商务及最新的大数据分析和云计算等技能。ICT 补充技能是指利用特定的数字技能或平台辅助解决工作中的一些问题，如处理复杂信息、与合作者和客户沟通、提供方案等。

目前大多数研究机构将数字人才定义为拥有 ICT 专业技能的人，本研究中所定义的数字人才延伸至拥有 ICT 专业技能和 ICT 补充技能的就业人群。具体而言，本研究从产品与服务价值链供应端的数字化转型角度出发，将数字人才分为六大类：数字战略管理、深度分析、产品研发、先进制造、数字化运营和数字营销，如图 10-1 所示。职能分类对应于数字产品与服务价值链供应端的各个环节，通常包含战略制定、研发、制造、运营和营销五个基本环节。战略制定环节主要涉及数字化转型的顶层设计，核心职能人员包括数字化转型领导者、数字化商业模型战略引导者、数字化解决方案规划师、数字战略顾问等具有丰富经验的顶尖数字人才。研发环节主要涉及数据的深度分析和数字产品研发两大部分内容，核心职能人员包括商业智能专家、数据科学家、大数据分析师等具有深度分析能力的数字人才及产品经理、软件开发人员、算法工程师等传统产品研发类技术人才。先进制造环节主要涉及数字产品和服务的制造及硬件设施保障，核心职能人员包括工业 4.0 实践专家、先进制造工程师、机器人与自动化工程师及硬件工程师。数字化运营环节主要涉及数字产品与服务的运营、测试质量保证和技术支持，核心职能人员包括运营人员、质量测试/保证专员（QAT）、技术支持人员等。数字营销/电子商务环节主要涉及数字产品与服务的营销、商务服务等内容，特别借助互联网和社交媒体等新型渠道进行营销和商务推广，核心职能人员包括营销自动化专家、社交媒体营销专员、电子商务营销人员等。数字人才职能分类如图 10-1 所示。

图 10-1　数字人才职能分类

（二）数字人才总体就业情况

现有的官方就业统计难以支持多维度的人才分析，领英人才数据库提供了一个很好的研究数字人才的样本。首先，领英中国网站聚集了一大批科研、管理、技术和商务类用户，这类用户是数字人才的核心组成部分；其次，领英数据库具有较完善的人才结构，从初入职场的毕业生到行业深耕的高级人才都能够覆盖；再次，领英作为一个著名的职场社交网络平台，能够更好地呈现人才的关系和流动情况；最后，领英数据可还以支持人才供需的相关分析和研究。总体来看，领英人才大数据为数字人才的研究提供了良好的数据基础。以下是关于领英人才大数据的基本概况。

截至 2017 年第三季度，领英在中国拥有超过 3600 万的个人用户，这些用户毕业于 1.5 万多所国内外院校，分布在 36.4 万家企业，拥有超过 2.3 万项技能，在过去 12 个月，有 260 万个职位在领英中国网站上发布。领英大数据从多个维度提取人才特征来进行用户画像，如人才所属行业、就职公司类型、就业年限、教育背景、掌握的技能等。我们基于领英中国用户的全样本数据，根据前文所定义的数字人才，从数据库中筛选出符合要求的 6000 多个数字职位名称，并根据这些职位名称筛选出约 72 万个数字人才，这些人才在全国的分布如表 10-1 所示。

表 10-1　数字人才分布最多的 15 个城市

序　号	城　市	比　例
1	上海	16.6%
2	北京	15.6%
3	深圳	6.7%
4	广州	3.9%
5	杭州	3.4%
6	成都	2.5%

续表

序　　号	城　　市	比　　例
7	苏州	2.5%
8	南京	2.3%
9	武汉	1.8%
10	西安	1.7%
11	大连	1.4%
12	天津	1.1%
13	重庆	1.0%
14	东莞	0.9%
15	沈阳	0.8%

拥有数字人才最多的前15个城市分别是上海、北京、深圳、广州、杭州、成都、苏州、南京、武汉、西安、大连、天津、重庆、东莞和沈阳；北方城市中只有北京、西安、天津、大连和沈阳上榜，整体表现出“南强北弱”的情况；长三角和珠三角地区是数字人才的两个集中地，整体来看数字人才分布与我国数字经济发达程度表现出高度的一致性。数字人才城市分布中一个表现亮眼的城市是苏州，苏州的数字人才人数超过了所在省的省会城市南京。下面将进一步从宏观、中观和微观三个层面对数字人才的行业分布、职能分布和特征分布进行深入分析。

1．宏观层面：数字人才行业分布

宏观层面主要对数字人才的行业分布进行分析，从细分行业的分布来看，近一半的数字人才来自ICT基础产业，其他数字人才主要分布在制造、金融、消费品、医药、企业服务、娱乐、教育等行业，其中制造业、金融业和消费品行业是数字人才从业人数最多的三大行业，如图10-2所示。

图 10-2　全国数字人才行业分布

图10-3进一步展示了数字人才分布最多的前十大城市中数字人才在ICT基础产业和融合产业中的比例，杭州的数字人才在ICT基础产业的比例最高，苏州的数字人才在ICT融合产业的比例最高。十大城市中只有上海、广州、苏州和武汉的数字人才在ICT融合产业的比例高于ICT基础产业。

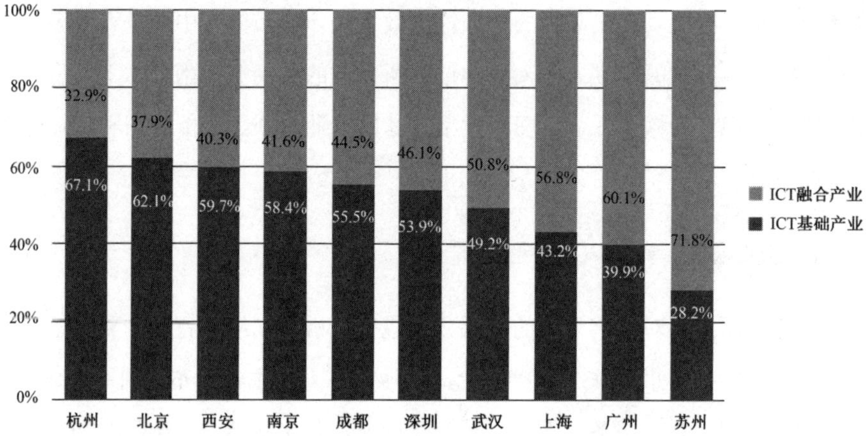

图 10-3　TOP10 城市数字人才在 ICT 基础产业和融合产业的比例

2. 中观层面：数字人才职能分布

中观层面主要对数字人才的职能分布进行分析，根据价值链的流程，我们将数字人才划分为数字战略管理、深度分析、产品研发、先进制造、数字化运营和数字营销六大类职能，从图 10-4 可以看出，数字人才主要集中在产品研发领域，占比高达 87.5%；其次是数字化运营领域，占比约 7%；大数据分析和商业智能等深度分析职能的比例只有 3.5%左右；先进制造和数字营销职能的比例更低，不到 1%。虽然当前关于大数据和人工智能的新闻和信息铺天盖地，但从数字人才的分析来看，大数据、商业智能、先进制造等领域仍然存在很大的人才缺口，这个缺口势必会影响新兴行业的创新和发展。

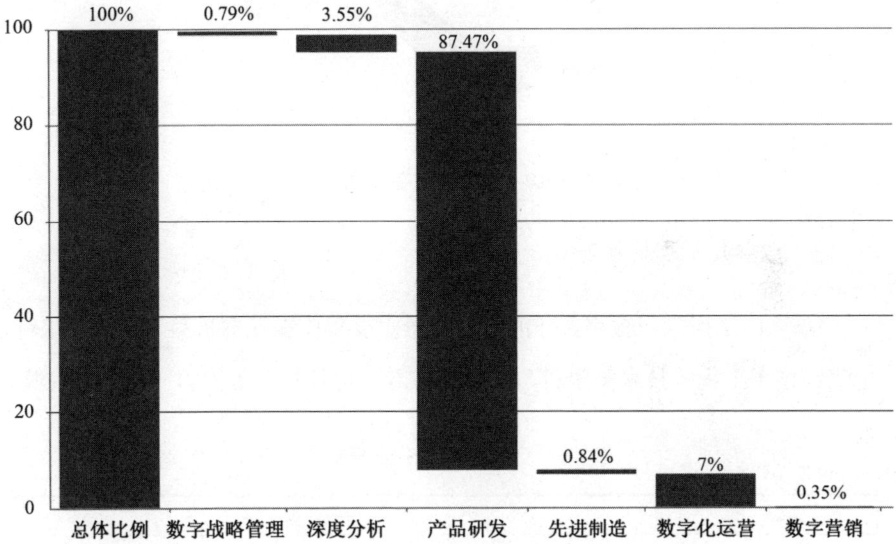

图 10-4　全国数字人才职能分布

3. 微观层面：数字人才特征分布

微观层面主要对数字人才的一些背景特征进行分析，包括数字人才的学历分布、专业背景和职位等级。

1）学历分布

从整体来看，拥有本科学位的数字人才占比最高，其次为硕士学位，拥有博士学位的人才占比在3%以下，如图10-5所示。学历分布一定程度上反映出数字人才中研究型、分析型和管理型人才比较稀缺。

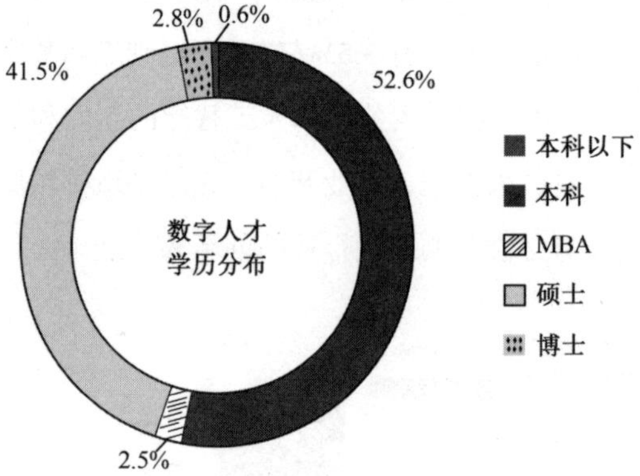

图10-5　数字人才学历分布

2）数字人才专业背景

如表10-2所示，数字人才的专业背景主要集中在计算机科学、软件工程、电气和电子工程等技术类学科，工商管理专业也是数字人才的一大学科来源。

表10-2　数字人才专业背景TOP5

排　　名	所学专业
1	计算机科学
2	软件工程
3	电气和电子工程
4	信息科学
5	工商管理

在数字人才分布最多的十大城市中，广州和苏州的数字人才专业背景与其他城市表现出一些不同的特点，广州有相当一部分数字人才来源于语言类专业，

苏州学习机械工程的数字人才比例很高，这个发现与苏州的先进制造业发展密切相关。同时，苏州学习工商管理的数字人才比例很高，可见苏州在数字产业的战略管理和技术发展上都有着较大的发展潜力。

3）数字人才职位等级分布

从职位等级的分布来看，数字人才结构比较均衡，初级职位的就业者占数字人才的一半以上，高级专业人员与管理人员的比例也较高，但仍有提高的空间，如图 10-6 所示。

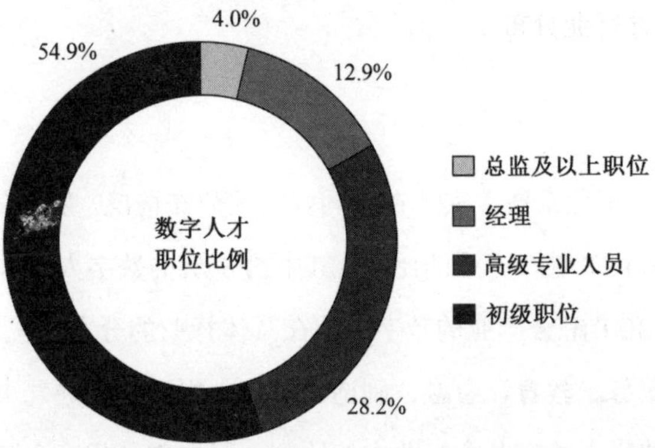

图 10-6　数字人才职位等级分布

二、区域数字人才就业现状

本部分研究主要对数字人才分布人数最多的十大城市进行深入分析，在领英人才数据库中，北京、上海、深圳、广州和杭州的数字人才数量最多，人才占比在 3.4%以上，从数字人才储备角度来看是数字经济发展的五大“引领型”城市。除了传统一线城市北京、上海、深圳和广州，杭州近五年在数字经济发展方面成绩显著，逐渐迈入数字经济“新一线城市”行列。成都、苏州、南京、武汉、西安的数字人才占比为1.7%～2.5%，是最具代表性的数字经济“快速成长型”城市，在数字人才储备方面较其他二线城市更具优势。本部分将对“引领型”城市和“快速成长型”城市的数字人才进行深入分析，依照“宏观-中观-微观”分析框架对两类城市数字人才的行业分布、职能分布和特征分布进行对比分析。

（一）“引领型”城市数字人才就业现状

1. 数字人才行业分布

1）北京

图10-7展示了北京数字人才在不同行业的分布情况，左图表示数字人才在ICT基础产业和ICT融合产业的比例（其中约37%的数字人才来自ICT融合产业），右图表示ICT融合产业的数字人才在具体行业的分布情况，涵盖了建筑、消费品、企业服务、教育、金融、制造、医疗、娱乐、交通九大行业。着色部分代表北京的数字人才在九个行业中的比例，黑框部分代表全国的数字人才在这些行业的比例，全国比例从总体上反映了当前数字人才的行业分布情况，并不代表全国平均水平，而代表了行业角度的人才结构。本研究把重点城市ICT融合产业的数字人才比例与全国总体情况进行对比，主要是为了分析这些城市在产业数字化转型方面的人才优势与劣势。

北京的数字人才主要分布在ICT基础产业，ICT基础产业的人才占比超过60%，这个现象从人才角度体现了北京的ICT基础产业比融合产业更加发达。与全国总体情况相比，北京ICT融合产业中数字人才的分布较为平均，数字人才主要分布在制造业，但比例不超过10%，其次分布在金融业、医疗业和消费品行业。北京在企业服务、教育、金融、医疗、娱乐等消费端的数字化转型中具有更大的人才优势。在北京，数字人才就职最多的公司分别是百度、IBM、华为、京东和联想，以国内互联网、通信和电商企业为主。

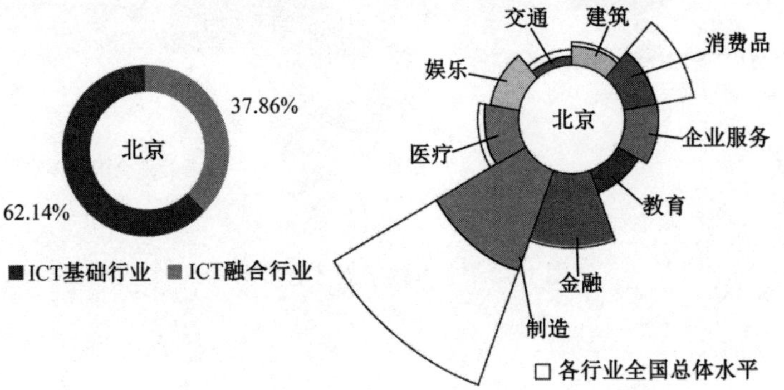

图 10-7　北京数字人才行业分布

2）上海

上海的数字人才更多分布在 ICT 融合产业中，ICT 融合产业的数字人才比 ICT 基础产业大约多 12%，这个现象体现了上海的 ICT 融合产业比基础产业更加发达。ICT 融合产业中数字人才的分布主要集中在制造业，占 22.7%。改革开放以来制造业一直是上海的优势产业，2016 上海进一步提出制造业“振兴计划”，大力推动高端制造业发展，当前上海制造业的数字人才储备具有一定优势，为推动先进制造和工业 4.0 的发展提供了巨大的支撑。ICT 融合产业的数字人才其次分布在金融业，约占 7.3%，此外消费品行业和医疗行业也有较多的数字人才储备。与全国总体水平相比，上海的九大 ICT 融合产业都表现出较强的人才优势，特别是制造、金融与医疗等产业，如图 10-8 所示。在上海，数字人才就职最多的公司分别是 SAP、IBM、Intel、HP 和携程，可以看出数字人才更多集中在外资高科技和 IT 企业。

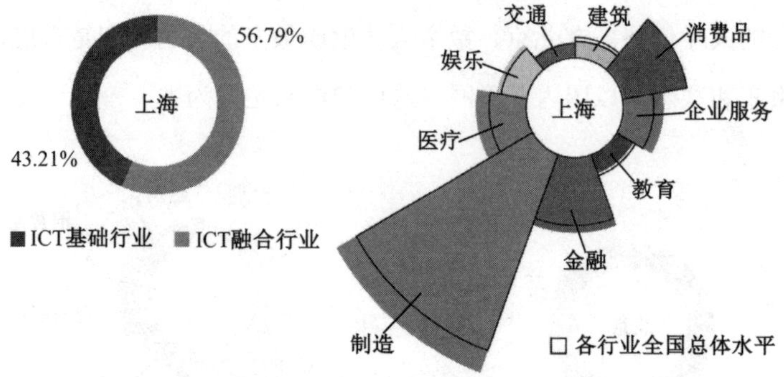

图 10-8　上海数字人才行业分布

3）深圳

深圳数字人才在 ICT 基础产业和融合产业人才分布比较均衡，数字人才在 ICT 基础产业的比例略高于 ICT 融合产业（大约高 7%）。ICT 融合产业中数字人才主要集中在制造业，占 17%，其次分布在消费品业，约占 9.2%，此外金融行业也有较多的数字人才。与全国总体水平相比，深圳在消费品、金融和交通行业表现出较强的人才优势，如图 10-9 所示。在深圳，数字人才就职最多的公司分别是华为、腾讯、富士康、中兴通讯和中软国际，可以看出数字人才主要集中在国内互联网、通信类企业。

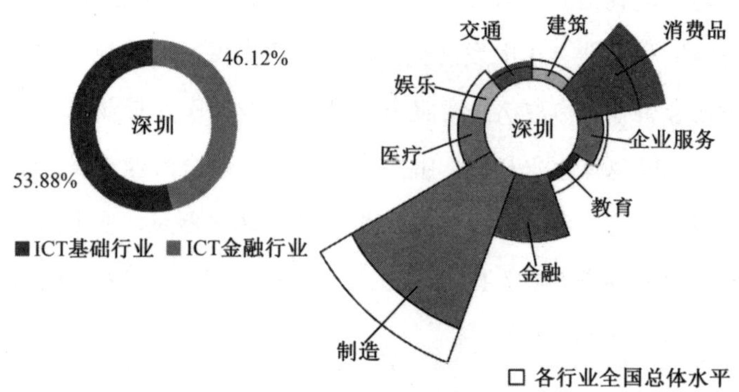

图 10-9　深圳数字人才行业分布

4）广州

广州的数字人才更多分布在ICT融合产业中，ICT融合产业的数字人才比ICT基础产业大约高出20%，说明广州的ICT融合产业的发展程度更加发达。ICT融合产业中数字人才的分布主要集中在制造业，占16.5%，其次分布在消费品业，约占10.3%，此外金融业和娱乐业也有较多的数字人才储备。与全国总体水平相比，广州在消费品、金融和娱乐行业表现出明显的人才优势，此外在企业服务、教育、医疗、交通方面也表现出一定优势。在研究中我们还发现，广州在数字人才需求中非常强调外语能力，如图10-10所示。在广州，数字人才就职最多的公司分别是腾讯、汇丰、捷普、唯品会和爱立信，人才分布总体来看比较分散。

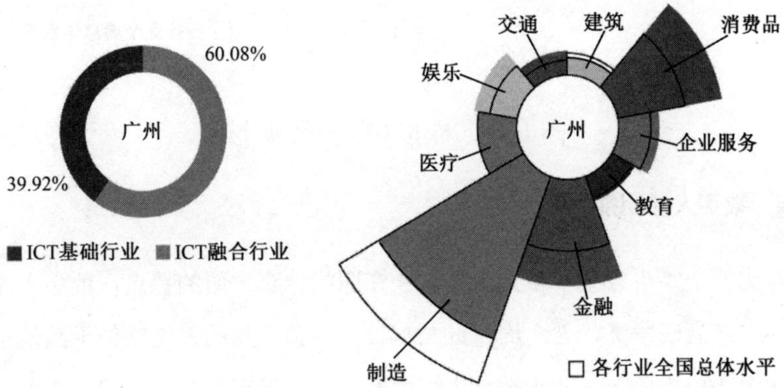

图10-10　广州数字人才行业分布

5）杭州

杭州的数字人才在ICT基础产业中的比例是TOP10城市中最高的，接近70%，体现了杭州的ICT基础产业比融合产业发达很多。ICT融合产业中数字人才在制造业中分布最多，占13%，其次分布在金融业，约占4.7%，此外消费品、医疗和娱乐行业也有较多的数字人才储备，如图10-11所示。与全国总体水平相比，杭州的ICT融合产业发展目前来看并无太大的人才优势，如何引导ICT基础产业的人才进入传统行业发展，对推动传统行业数字化转型具有重要意义。在杭州，数字人才就职最多的公司分别是阿里巴巴、华为、网易、诺基亚和海康威视，数字人才主要集中在国内互联网和IT企业。

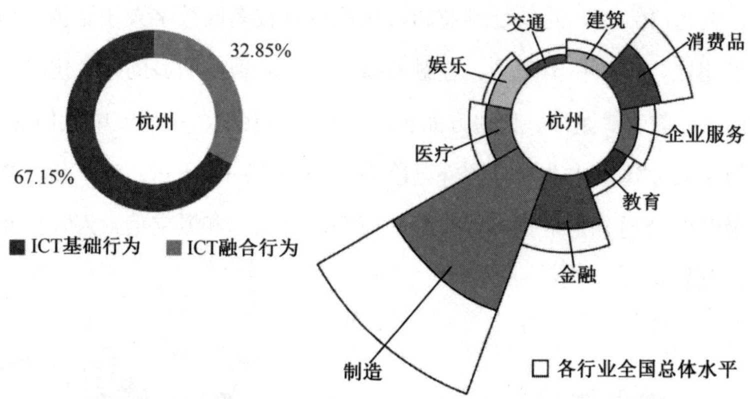

图 10-11　杭州数字人才行业分布

2. 数字人才职能分布

对比五个“引领型”城市数字人才在职能分布方面的特点，数字人才都主要集中在产品研发类，占比均超过85%，上海和广州的占比略低于其他三个城市，如图10-12所示。北京数字人才中数字战略管理和深度分析类职能的占比高于其他四个城市；杭州的深度分析职能人才占比也较高，仅次于北京，高于深圳和广州。在先进制造职能方面，五个城市的人才占比都在1.5%以下，上海和广州的人才占比略高于其他三个城市。此外，上海和广州在数字化运营职能方面的人才比例也显著高于其他城市，均在 8%左右。数字营销职能方面的人才占比均比较低，深圳和广州略高于其他城市。

从五个城市数字人才的职能特点可以看出，北京和杭州在大数据分析领域具有更大的人才优势，具备引领大数据创新发展的良好基础。上海和广州在先进制造领域具有一定人才优势，在推动制造业的数字化转型方面拥有更多产业和人力资源。

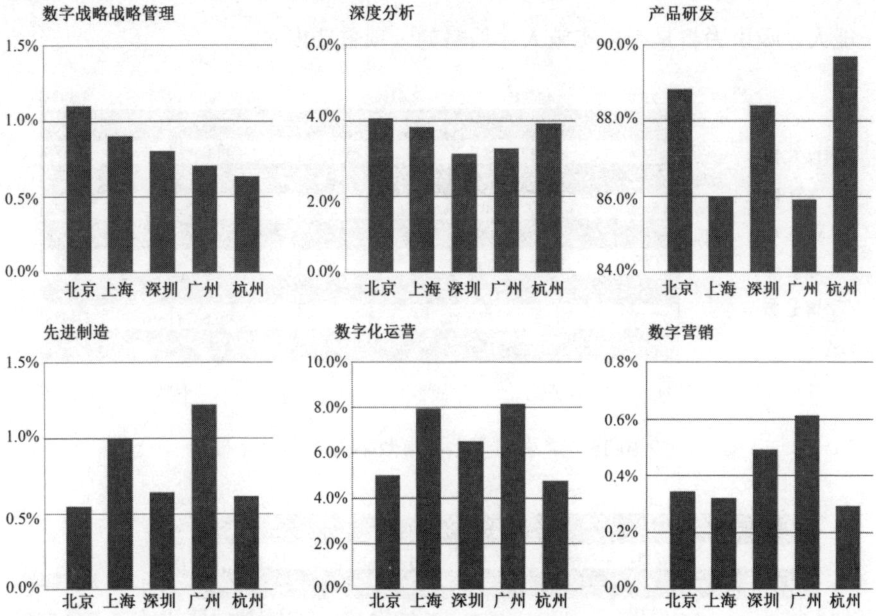

图 10-12　“引领型”城市数字人才职能分布

3．数字人才特征分布

1）数字人才学历分布

在数字经济“引领型”城市中，北京的数字人才较其他城市学历水平更高，其中硕士及以上学历的数字人才占近60%；杭州的高学历数字人才比例也较高，拥有博士学位的数字人才比例达到4.4%，在五个“引领型”城市中居首位，如图 10-13 所示。上海的 MBA 数字人才较其他一线城市比例更高，广州和深圳的数字人才学历分布类似，本科学历数字人才占 60%左右。

2）数字人才职位等级分布

五个“引领型”城市中，上海的高级专业人员和经理占比最高，北京的总监及以上人员占比最高，如图 10-14 所示。相对于北京和上海，深圳、广州和杭州在高级专业数字人才储备方面表现出一定的劣势，特别是杭州，数字人才结构中初级职位占比最高，如何加强对初级数字技能人才的培养、提高对高级技能人才吸引力将是未来实施人才战略的一项重要内容。

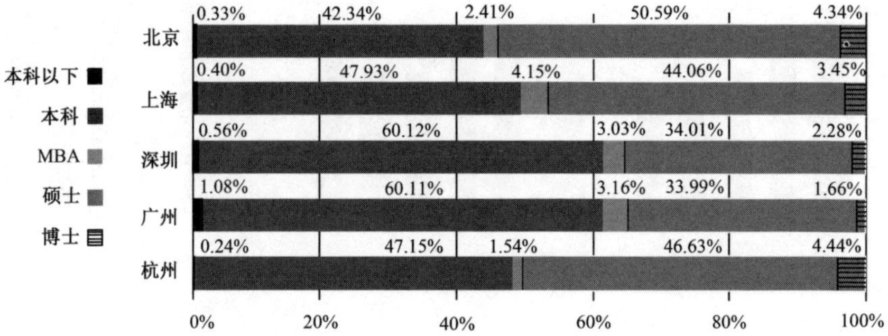

图 10-13 “引领型”城市数字人才学历分布

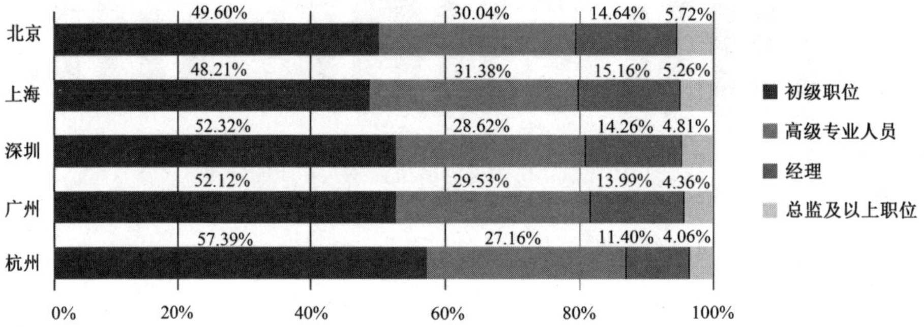

图 10-14 “引领型”城市数字人才职位等级分布

（二）“快速成长型”城市数字人才就业现状

1. 数字人才行业分布

1）成都

成都数字人才在 ICT 基础产业中的比例略高于 ICT 融合产业，但差距并不大。ICT 融合产业中数字人才主要集中在制造业，占 13.6%，其次分布在金融业，约占 6.8%，此外消费品和娱乐行业也有较多的数字人才。与全国总体水平相比，成都在娱乐、建筑、金融、教育行业表现出较强的人才优势，如图 10-15 所示。在成都，数字人才就职最多的公司分别是华为、中软国际、富士康、诺基亚和京东，可以看出数字人才主要集中在国内的通信和 IT 类企业。

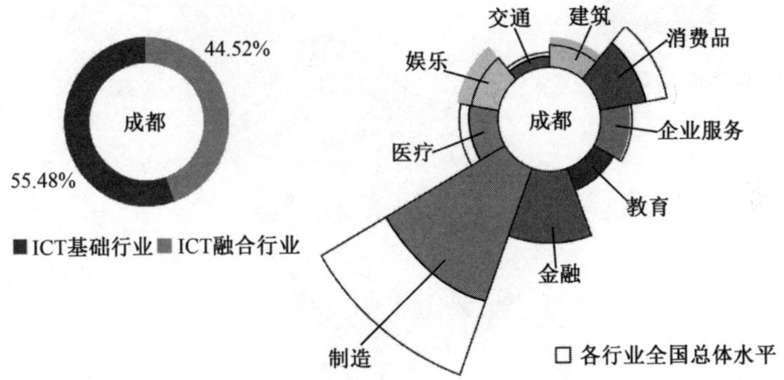

图 10-15　成都数字人才行业分布

2）苏州

苏州数字人才在 ICT 融合产业中的比例显著高于 ICT 基础产业，与本研究中的其他城市相比，苏州数字人才的行业分布呈现出非常独特的特点，数字人才在制造业中的比例高达 44.6%，远远超过 ICT 基础产业的数字人才所占的比例（28%），此外数字人才在消费品和医疗行业也占较大比例，如图 10-16 所示。数字人才行业分布的这一特点和苏州经济发展的战略定位紧密相关。苏州从 1994 年就开始将发展重心放到制造业上，自 2015 年国家大力推动“互联网+”和“双创”以来，苏州起草并实施了《苏州市创建国家制造业与互联网融合发展试点示范城市实施方案》等多个发展制造业的政策方案，在全世界范围内吸引制造业巨头。截至 2015 年 12 月，在世界 500 强企业中，有超过 100 家在苏州投资建厂，国际科技园、创意产业园、中新生态科技城、苏州纳米城等创新集群基本形成。苏州目前拥有各类研发机构 300 多家、国家高新技术企业 500

多家，在全国都处于领先地位。与全国总体水平相比，苏州在制造业、医疗、消费品、建筑和交通行业都具有较大的数字人才优势。

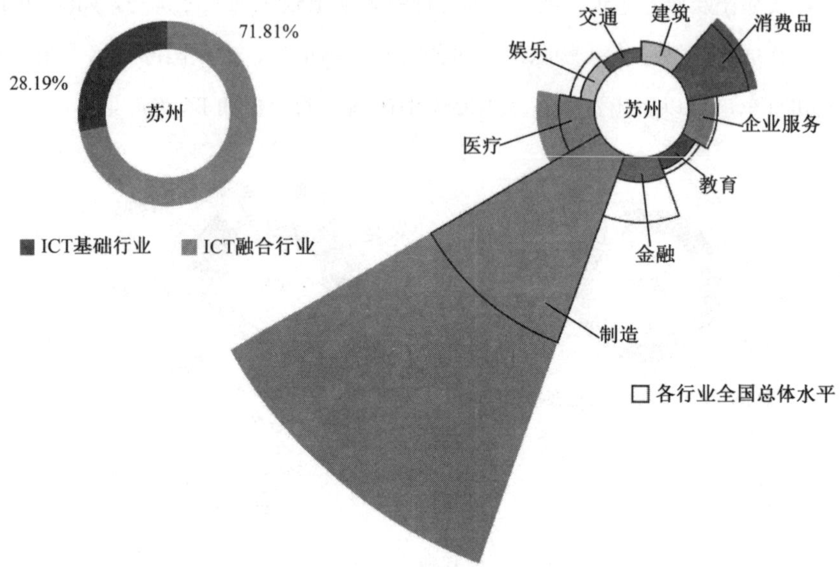

图 10-16　苏州数字人才行业分布

3）南京

南京数字人才在 ICT 基础产业中的比例高于 ICT 融合产业，ICT 融合产业中数字人才的分布主要集中在制造业，约占 17.1%，其次分布在消费品和金融业，约占 10.3%。与全国总体水平相比，南京在消费品和交通行业具有一定的数字人才优势，如图 10-17 所示。在南京，数字人才就职最多的公司分别是华为、中兴通讯、亚信科技、中软国际和苏宁，主要集中在通信和 IT 类企业。

4）武汉

武汉数字人才在 ICT 基础产业和 ICT 融合产业中的比例各占一半，体现了 ICT 基础产业和 ICT 融合产业发展比较均衡。ICT 融合产业中数字人才主要集中在制造业，约占 20%，其次分布在金融、消费品和医疗行业。与全国总体水平相比，武汉在建筑、制造、医疗和教育行业具有一定的数字人才优势，如图 10-18 所示。在武汉，数字人才就职最多的公司分别是华为、烽火通信、惠普、IBM 和中软国际，主要集中在国内的通信企业和一些国际 IT 巨头企业。

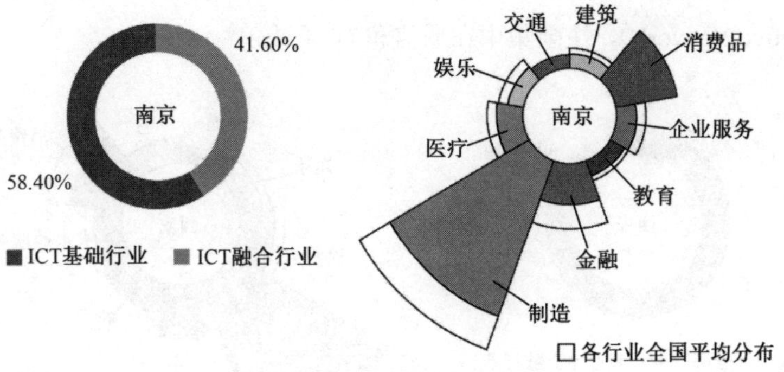

图 10-17　南京数字人才行业分布

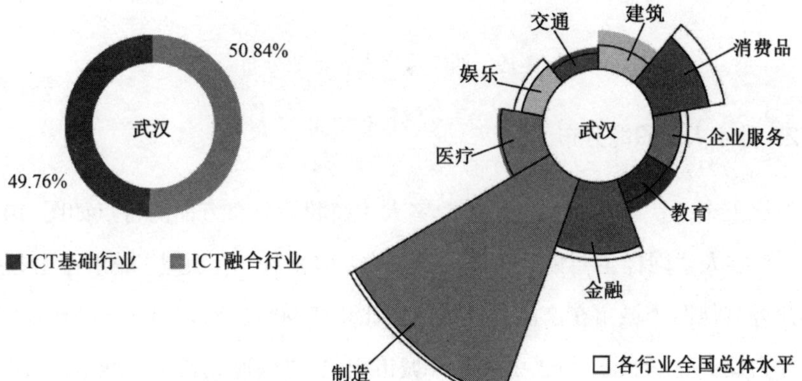

图 10-18　武汉数字人才行业分布

5）西安

西安数字人才大部分分布在 ICT 基础产业中，ICT 基础产业的数字人才比 ICT 融合产业大约高 20%，一定程度上说明西安的 ICT 基础产业更加发达。西安 ICT 融合产业中数字人才主要集中在制造业，占比约 15.3%，其次是消费品和金融行业，其他行业的数字人才分布比较均匀。与全国总体水平相比，西安在建筑和教育行业具有一定的的数字人才优势，如图 10-19 所示。在西安，数字人才就职最多的公司分别是华为、中软国际、中兴通讯、IBM 和活跃网络公司（Active Network），主要集中在通信和 IT 领域。

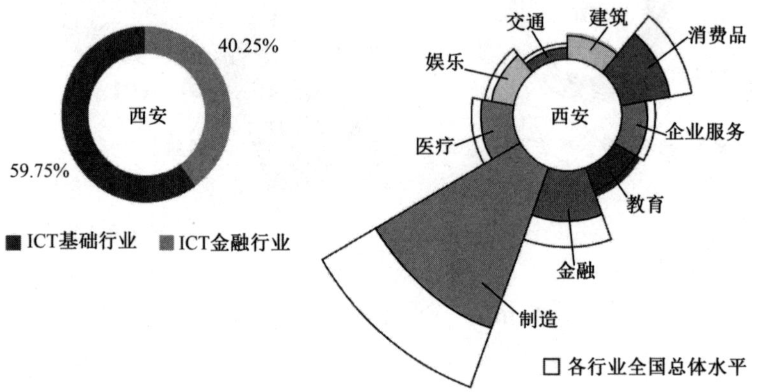

图 10-19　西安数字人才行业分布

2．数字人才职能分布

对比五个“快速成长型”城市数字人才在职能分布方面的特点如图 10-20 所示，数字人才同样主要集中在产品研发类，但相对“引领型”城市占比更高，除苏州外其他四个城市在产品研发类的占比均在 90%左右，西安产品研发职能的人才占比高达 91%。与“引领型”城市相比，“快速成长型”城市在数字战略管理和深度分析相关职能的人才占比更低。其中，数字战略管理类人才占比为 0.3%～0.6%，占比最高的是成都，最低的是苏州；深度分析类人才的占比均在 3%以下，占比最高的是武汉和成都，最低的也是苏州。但在先进制造职能方面，“快速成长型”城市的人才占比略高于“引领型”城市，苏州先进制造类人才占比是十个城市中最高的，与此同时，苏州在数字化运营职能方面的人才占比也是最高的，这与苏州在制造业方面具有突出数字人才优势的分析相一致。

在数字营销职能方面，“快速成长”型城市的人才占比与“引领型”城市相差不大，其中成都占比最高。

整体来看，“快速成长型”城市在 ICT 技术创新方面与“引领型”城市还存在一定差距，成都和武汉在大数据分析等新兴领域正在紧跟“引领型”城市的步伐，苏州在先进制造领域已经形成突出的数字人才优势，南京和西安的数字人才仍然更多地集中在传统软件开发类数字职能，在创新型数字人才的储备方面表现出一些劣势。

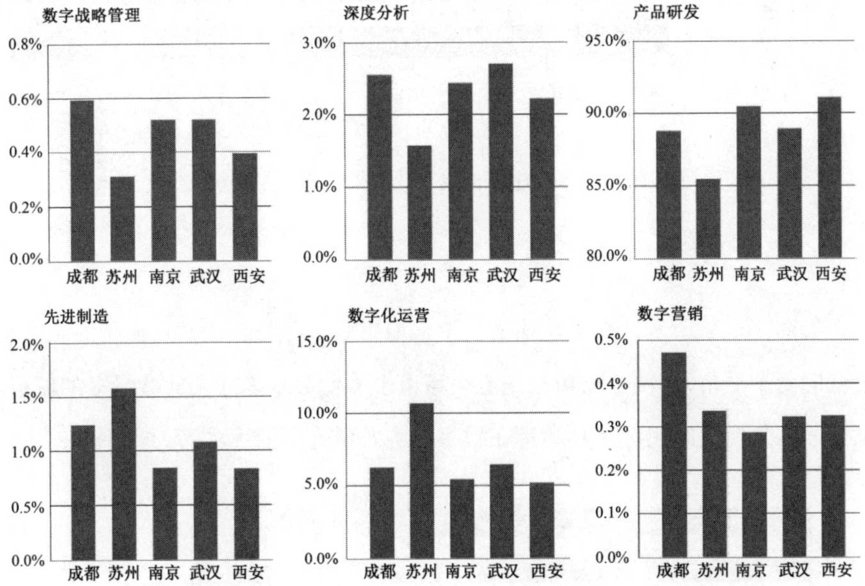

图 10-20 “快速成长型”城市数字人才职能分布

3. 数字人才特征分布

1）数字人才学历分布

如图 10-21 所示，在数字经济“快速成长型”城市中，西安的数字人才学历水平最高，硕士及以上学位的比例超过 50%，与“引领型”城市中上海、杭州的学历结构相似，且硕士以上学历的人数占比超过深圳和广州。南京和武汉拥有硕士及以上学历的数字人才均在40%以上。苏州拥有MBA学历的数字人才比例最高，但拥有博士学位的数字人才比例最低。

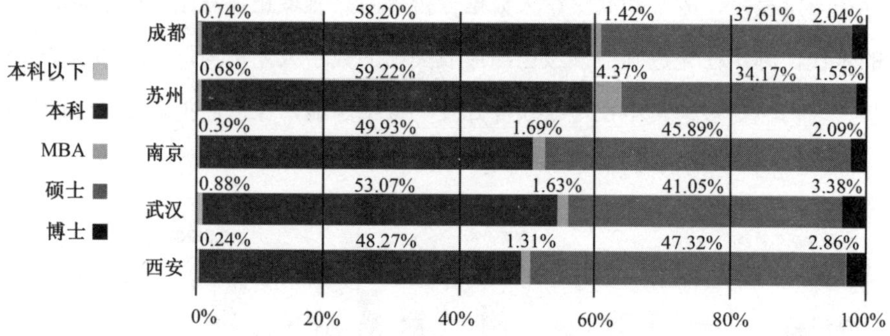

图10-21 “快速成长型”城市数字人才学历分布

2）数字人才职位等级分布

如图10-22所示，在“快速成长型”城市中，苏州、成都是初级职位占比最低的两个城市，这两个城市也是五个城市中雇佣数字人才企业数最多的城市，从人才的角度反映出苏州和成都在数字经济发展方面的巨大潜力。

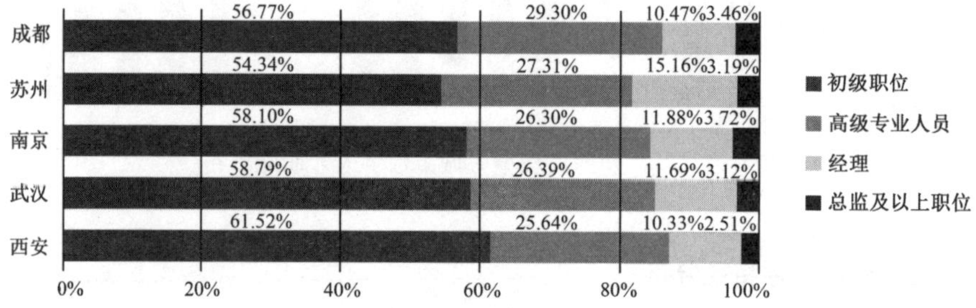

图10-22 “快速成长型”城市数字人才职位等级分布

三、数字人才需求分析

（一）“引领型”城市数字人才需求分析

1. 需求变化趋势

在五大“引领型”城市中，2014—2015 年数字人才需求普遍上升，2015—2016 年需求普遍下降，其中北京的需求下降最剧烈，如图 10-23 所示。2016 年数字人才需求的下降与新增创业企业数量的大幅下降及已有创业企业的倒闭可能有很大关系。自 2014 年“大众创新、万众创业”的号召提出以来，信息通信技术和互联网领域的创新创业蓬勃发展，五大“引领型”城市带动了全国的创业热潮，这轮热潮自 2016 年开始降温。据不完全统计，2016 年全年创业公司共倒闭、停业 364 家，且 2016 年全年新增创业公司比 2015 年下降 76%，创业投资也大幅度缩紧。创业的大批倒闭和“资本寒冬”的来临，很大程度上抑制了“引领型”城市数字人才的需求上涨。

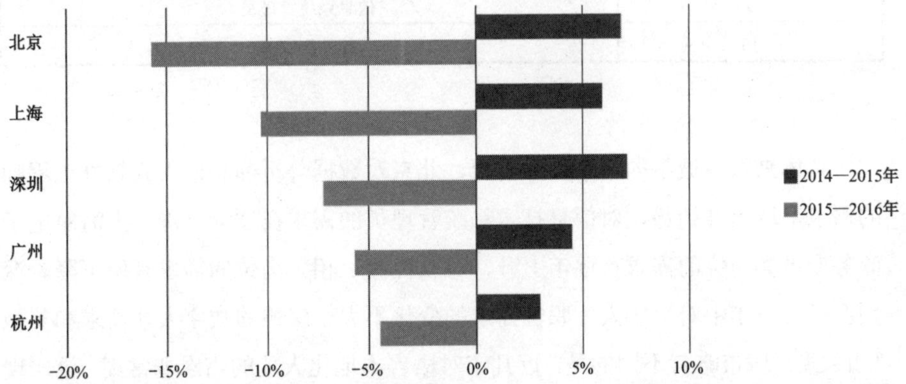

图 10-23　2014—2016 年“引领型”城市数字人才需求变化趋势

2. 需求最高的职位

表 10-3 列出了过去三年“引领型”城市需求最高的十大数字人才职位，总体来看，过去三年五大“引领型”城市对数字人才的需求主要集中在 ICT 基础产业的研发和运营部门，岗位集中在中层职位，门槛偏高，对入职门槛低的职位需求逐渐下降。连续三年需求最高的职位中，软件开发工程师、技术经理、产品经理和用户体验设计师属于研发部门，信息技术顾问和信息技术支持专员属于运营部门，技术工程师多分布在制造相关部门。软件测试员和信息技术系统管理员的需求呈现出逐年下降的趋势。

表 10-3 “引领型”城市需求最高的十大数字经济人才职位

排　名	需求最多的数字人才职位
1	软件开发工程师
2	技术工程师
3	信息技术顾问
4	技术经理
5	产品经理
6	信息技术支持专家
7	用户体验设计师
8	质量保证专员 QAT
9	信息系统管理员
10	软件测试员

具体来看各城市的数字人才需求，北京对数据分析师和嵌入式软件工程师的需求呈现上升趋势，对信息技术系统管理员的需求在逐渐下降。上海对电子商务专员类岗位的需求在逐年上升，对软件测试相关岗位的需求有所下降。深圳在过去三年中对数字人才职位需求的变化不大。广州的数字人才需求和其他“引领型”城市略有不同的是，近几年对语言本地化人才的需求非常高，这一现象与广州数字人才有相当比例拥有语言专业背景的现状一致，语言本地化人才主要集中在游戏产业。杭州作为 ICT 基础产业发展的“领头羊”之一，对研发

和技术类人才的需求非常大，特别是对嵌入式软件工程师的需求在过去三年逐年上升，且上升幅度高于其他“引领型”城市。

3. 需求最高的数字技能

在职位需求研究的基础上，我们进一步分析了雇主对求职者数字技能的需求，五大“引领型”城市需求最多的数字技能包括 Java、C++、JavasCript、C、Linux、Python、SQL、软件开发、项目管理等，整体来看编程技能占据主导。此外，项目管理、产品运营等“技术+管理”类技能的需求呈现出明显的上升趋势，具体到每个城市又呈现出一些不同的特点。北京和杭州的需求偏重于编程技能，除了传统的四类编程语言技能，近几年对 MySQL 和 SQL 等数据库与数据分析技能的需求大幅上升。上海、深圳和广州三个城市对项目管理类技能的需求均高于编程技能，深圳对领导力和客户服务等技能也表现出更大需求。

另外，本书也针对需求最多的十大职位分析了不同职位对技能的具体要求，图 10-24 右侧展示了在北京需求最高的十大数字人才职位，左侧表示每个职位所对应的数字技能需求，可以看出雇主对数字人才的综合技能提出了更高要求，除了需要具备专业技能外，也更加强调管理和领导力相关技能，其他城市也表现出类似的趋势。

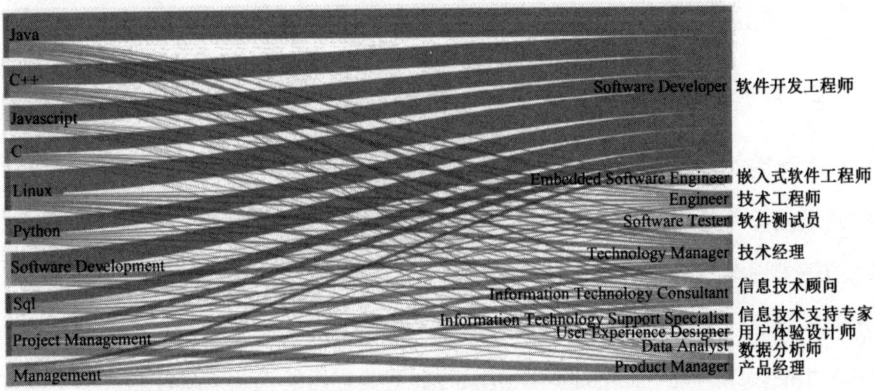

图 10-24 北京需求最高的数字人才职位与相应的数字技能

（二）“快速成长型”城市数字人才需求分析

1. 需求变化趋势

在“快速成长型”城市中，2015—2016年除了武汉和西安对数字人才的需求量上升之外，其他城市对数字人才需求量均有所下降，如图10-25所示。过去三年数字人才需求的变化趋势一定程度上反映了数字经济在短期内的发展运行情况，成都、苏州和南京2016年的数字经济热度趋向平稳，西安和武汉的发展相对较晚，2016年对人才的需求上升，表现出良好的发展态势。

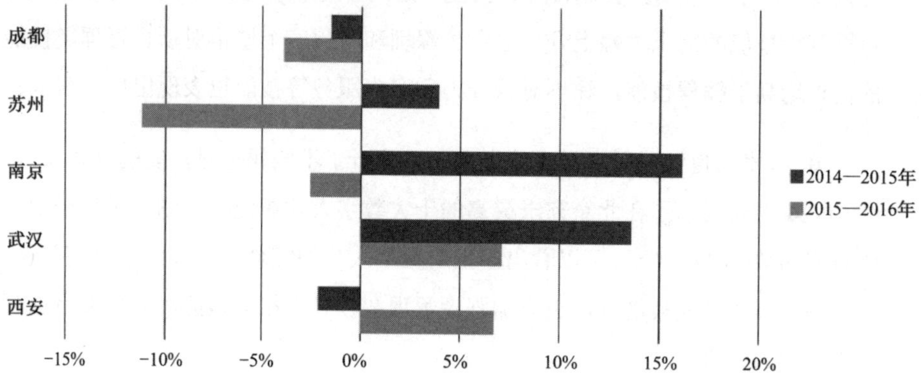

图10-25　2014—2016年“快速成长型”城市数字人才需求变化趋势

2. 需求最高的职位

对比表10-4和表10-3，“快速成长型”城市和“引领型”城市对数字人才的需求差异不是很大，同样集中在研发和运营部门。在成都，对语言本地化人才的需求逐渐下降，对用户体验设计人才的需求逐渐上升；在南京，对数字人才的需求比较平稳，其中对语言本地化人才的需求连续三年很高；在苏州，数字人才很大比例集中在制造业，所以对制造业方面的人才需求较高，如电子工程师连续三年位于需求前列；武汉同样是制造业发达的城市，对电子工程师的需求从2015年开始上升，语言本地化人才则持续三年位于需求前列，而对信息系统开发的人才则比较低；在西安，对语言本地化人才的需求从2016年逐渐升高，对电子工程师和硬件开发工程师的需求逐渐下降。

表10-4 “快速成长型”城市需求最高的十大数字经济人才职位

排　名	需求最多的数字人才职位
1	软件开发工程师
2	技术工程师
3	产品经理
4	技术经理
5	信息技术顾问
6	信息技术支持专家
7	质量保证专员 QAT
8	软件测试员
9	信息系统管理员
10	语言本地化专员

3. 需求最高的数字技能

五大“快速成长型”城市需求最多的数字技能主要包括Java、JavaScript、C++、C、Linux、Python、SQL、软件开发、项目管理、客户服务等，除了苏州之外，其他四个城市最需要的数字技能与“引领型”城市的差异不是很大，但整体上对制造类技能的需求更高，对数据库和数据分析类技能的需求更低，具体到每个城市又呈现出一些不同的特点。成都对项目管理类技能的需求在近几年快速上升，仅次于对Java和Linux编程技能的需求。苏州对制造类技能和项目管理类技能的需求很高，且在过去三年呈上升趋势，远远超过对编程技能的需求。武汉也表现出和苏州类似的特点，项目管理类技能在过去三年位于需求的首位，同时对制造类技能的需求不断上升。南京和西安都对编程类技能有很高需求，但是南京对管理类技能的需求高于西安。

此外，我们也针对需求最多的十大职位分析了不同职位对技能的要求，与“引领型”城市相比，“快速成长型”城市需求最多的职位还有电子和电气工程师，这些职位所对应的数字技能与“引领型”城市的差异不大，同样表现出对专业技能和管理技能的同等重视。“快速成长型”城市中苏州是个特例，在职位和技能需求方面与其他城市表现出很大的不同。图 10-26 展示了苏州需求最高的十大数字人才职位和对应的数字技能需求，可以发现苏州对质量保证专员、技术经理、软件测试员和电子工程师的需求很大，这些职位所需要的技能主要包括故障模式和影响分析（FMEA）、Six Sigma、精益制造、持续改进、项目管理等技能。

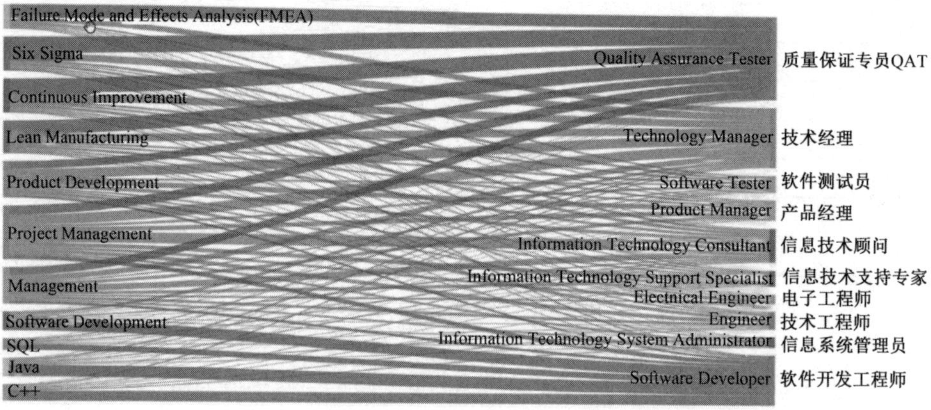

图 10-26　苏州需求最高的数字人才职位与相应的数字技能

四、数字人才的关系网络与流动分析

（一）数字人才的关系网络分析

在分析数字人才的流动情况之前，我们首先对数字人才的职场社交网络进行了分析。与普通的社交网络相比，职场社交网络能更好地反映数字人才之间的关联程度，一方面，人才关联程度的高低有助于反映数字人才市场的成熟度；另一方面，数字人才之间的关联对于人才流向会有一定的指示作用。

1. 数字人才的国内职场社交网络

我们首先研究了数字人才在国内的职场社交网络，通过数字人才的“内部连接度”和“外部连接度”进行分析，这里连接度用百分比表示，内部连接度用来反映数字人才的“职场联系人”中有多大比例从事数字相关工作，外部连接度用来反映数字人才的“职场联系人”中有多大比例从事其他工作（非数字类的工作）。图 10-27 所示为数字人才的内部连接度，结果显示在数字人才分布最多的十大城市中，数字人才在数字领域的内部连接度均在 20%以下，杭州的连接度最高，约为 17%，广州最低，约为 12%。与此相对应，十大城市数字人才的外部连接度均在 80%以上，远远高于内部连接度。数字人才的低内部连接度一定程度上反映了数字人才在整个人才市场中所占的比例较低，职场网络不够发达。

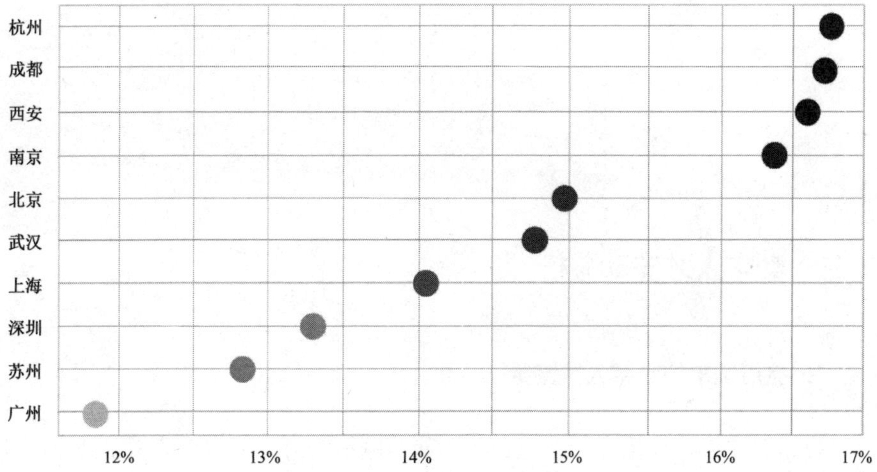

图 10-27　数字人才的内部连接度

2. 数字人才的国际职场社交网络

研究进一步分析了十大城市数字人才的国际连接度，即数字人才的“职场联系人”中有多少比例来自其他国家，如图 10-28 所示，数字人才的国际连接度最高的是上海，约为23%，最低的是武汉，约为13%。数字人才的国际连接度一定程度上可以反映本地在拓展国际合作方面的人才优势，另外对城市吸引海外人才也有很强的指示作用。

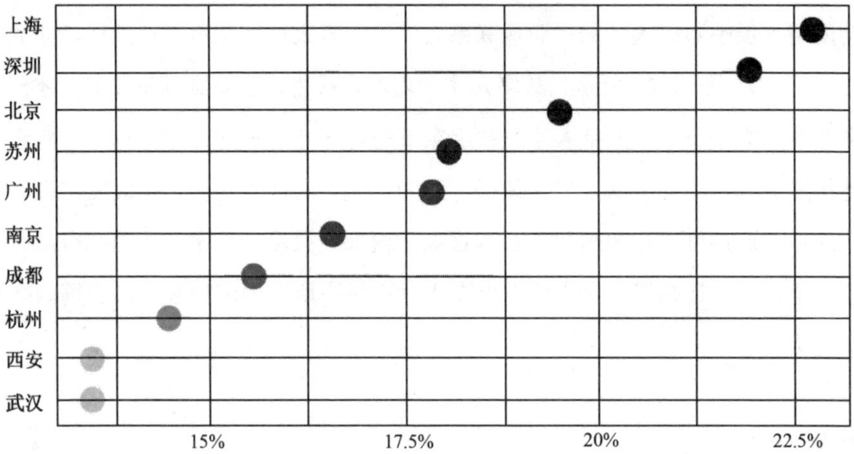

图 10-28　数字人才的国际连接度

（二）数字人才流动分析

1. 重点城市的数字人才流量

根据数字人才在重点城市过去三年就业流动的情况，本书分析了数字人才分布最多的十大城市的人才流入、流出情况，发现过去三年上海的数字人才净流入最多，南京的数字人才净流出最多。与近几年频繁见诸报端的“逃离北上广”现象有所不同，数字人才的流动依然呈现出向一线城市聚集的趋势。除广州外，其他几个一线城市均呈现出净流入的趋势。在五大“引领型”城市中，广州的数字人才是唯一净流出的城市，“快速成长型”城市中只有苏州的数字人才流入多于流出，其他城市都是流出多于流入。图 10-29 给出了以上海的数字人才净流入作为基准，各个城市数字人才的相对流量。

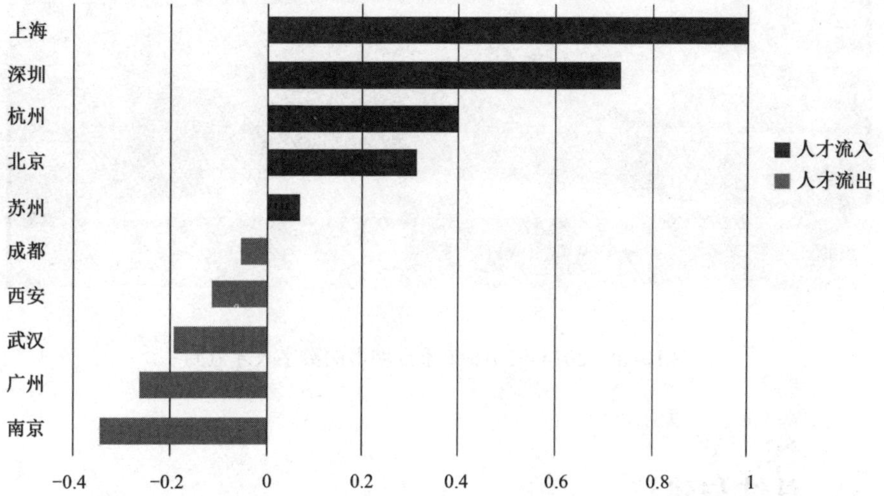

图 10-29　2014—2016 年数字人才 TOP10 城市人才净流量

2. 重点城市的数字人才流向

图 10-30 显示了 2014—2016 年数字人才吸引力最大的两个城市上海和深圳数字人才的流入情况，上海和深圳不只从一线城市北京、广州吸引了大量人才，也吸引了来自杭州、南京、苏州等二线城市的人才。另外，笔者在分析中还发现，从某种程度上讲，杭州对于数字人才的吸引力已经超过北京，过去三年从北京流入杭州的数字人才多于从杭州流入北京的数字人才。总体来看，北京、上海、深圳、广州和杭州作为数字经济的“引领型”城市，在数字人才的吸引力方面还是有绝对优势，“快速成长型”城市对数字人才的吸引力正在提升，但未来很长一段时间内依然面临来自“引领型”城市人才的竞争压力，需要制定更加有效的人才政策留住并吸引更多的数字人才。

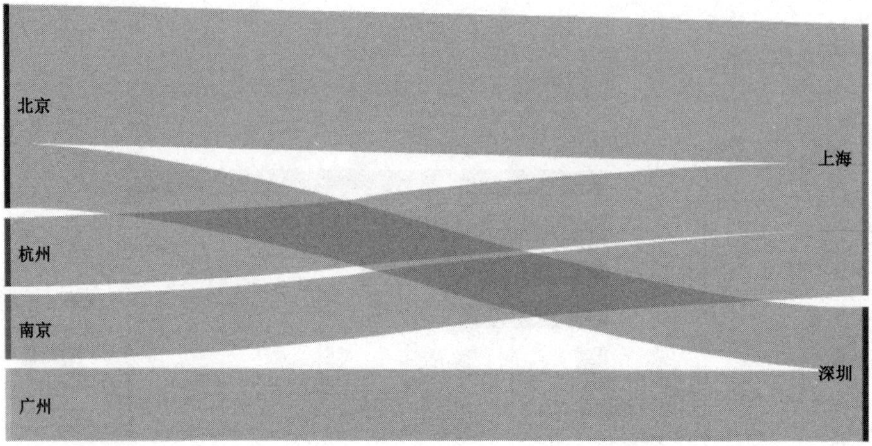

图 10-30　2014—2016 年重点城市的数字人才流向

五、总结与建议

在全球数字经济进入加速创新和深度融合的时代背景下，中国经济的数字化转型迈入了从需求端向供给端扩展的新阶段，数字经济的发展重心从消费领域向生产领域转移，与消费领域数字化转型主要依靠海量互联网用户的“人口红利”相比，生产领域的数字化转型将更加依赖“人才红利”。目前各国纷纷将深化信息技术与传统行业的融合发展作为数字经济战略布局的重心，具有专业数字技能人才的需求正在急剧增长，如何吸引和培养新阶段所需要的人才，是中国在全球数字经济发展中建立竞争优势的重要基础。

目前，中国正在从国家层面推动“人才强国战略”的实施，地方政府也在大力推行人才政策，这是一个良好的开端，但在落实和开展过程中仍处在“摸石头过河”和“广撒网”的阶段，存在诸多尚未解决的问题。首先，数字经济的发展需要什么样的人才，在目前的“人才强国战略”框架下并没有清晰说明；其次，数字人才的储备情况如何，人才结构是否合理，有哪些优势和短板，这些问题在制定人才战略时并未得到充分的考虑；最后，哪些因素对吸引数字人才具有重要意义，这是政府在制定人才政策时面临的主要问题。本研究围绕这三个问题，对中国劳动力市场中数字人才的就业现状、供需情况和人才流动进行深入分析，基于“宏观-中观-微观”分析框架，分别从全国和区域两个层面对数字人才的行业分布、职能分布和人才特征进行了研究，下面将在总结研究发现的同时，分析数字人才储备存在的问题，并给出数字人才战略布局方面的一些建议。

（一）数字人才就业现状

中国数字人才的分布与数字经济的发达程度表现出高度一致性，数字人才分布最多的十大城市分别是上海、北京、深圳、广州、杭州、成都、苏州、南京、武汉和西安，人才储备表现出明显的“北弱南强”，京津、长三角和珠三角是数字人才最集中的三个区域。大约 50%的数字人才分布在互联网、信息通信等 ICT 基础产业，传统行业主要分布在制造、金融和消费品三大行业。

数字战略管理、深度分析、产品研发、先进制造、数字化运营和数字营销六类职能中，85%以上的数字人才分布在产品研发类，深度分析、先进制造、数字营销等职能的人才加起来只有 5%左右。数字人才的专业背景主要集中在计算机科学、软件工程、电气和电子工程、工商管理四类学科，学历背景中以本科学历为主，拥有博士学历的人不到 3%，在职位等级方面，初级职位的就业者略多于中高级（包括管理者）就业者。

从数字人才的就业现状可以看出，数字人才在区域分布上存在巨大差异，西北、东北地区在数字人才储备方面落后于其他地区，如果不制定有效的人才战略，在数字经济发展方面将与东南沿海地区的差距越来越大。从数字人才的职能特点来看，产品研发类依然占据主导，大数据分析、先进制造、数字营销等新兴技术相关职能的数字人才存在较大缺口，新兴技术人才和创新型人才培养方面存在滞后和不足。

（二）不同地区数字化转型优势产业

数字人才的行业分布与当地产业发展程度密切相关，数字人才储备多的行业在数字化转型中会更有优势。图 10-31 对比了十大城市数字化转型的优势产业，可以看出，北京、深圳、杭州、成都、南京和西安在 ICT 基础产业方面具有较强的人才优势，其中，北京、深圳和成都的数字人才在 ICT 基础产业和融合产业的分布相对更加分散一些，在部分融合产业也形成了优势，而杭州、南京和西安的数字人才更多地集中在 ICT 基础产业，一定程度上影响了 ICT 融合产业的发展。上海、广州、苏州和武汉在 ICT 基础产业方面不占人才优势，但是逐步在 ICT 融合产业方面建立起强大的优势，上海和广州在消费品、企业服务、教育、金融、医疗、娱乐和交通行业都积累起较大的人才优势，苏州在制造业打造出突出的人才优势，上海、广州和苏州的数字人才吸引政策对其他 ICT 基础产业不够发达的地区提供了很好的启示。

行业	ICT	建筑	消费品	企业服务	教育	金融	制造	医疗	娱乐	交通
北京	●			●	●	●		●	●	
上海		●	●	●	●	●	●	●	●	●
深圳	●		●			●				●
广州			●	●	●	●		●	●	●
杭州	●									
成都	●	●			●	●				
苏州		●	●				●	●		●
南京	●		●							●
武汉		●			●		●	●		
西安	●	●			●					

图 10-31　数字人才 TOP10 城市数字化转型优势产业

（三）人才需求

在数字人才需求方面，需求最多的职位主要集中在 ICT 基础产业的研发和运营部门，岗位集中在中层职位，门槛偏高，对入职门槛低的职位需求逐渐下降。就不同城市来看，“引领型”城市中，北京对数据分析师和嵌入式软件工程师的需求呈现上升趋势，上海对电子商务专员类岗位的需求在逐年上升，广州在近几年对语言本地化人才的需求非常高；“快速成长型”城市中，成都对用户体验设计人才的需求逐渐上升，苏州数字人才很大比例集中在制造业，所以对制造业方面的人才需求较高，武汉对制造业方面的人才需求也在增高。从技能角度来看，对数字人才不再单一强调编程技能，而是更加看重技术、管理和领导力综合技能。

（四）人才流动

数字人才的流动依然呈现出向一线城市聚集的趋势，上海和深圳是过去三年数字人才流入最多的城市。这与近几年大量人才从一线城市转向二线城市的趋势表现出相反的态势，反映了一线城市在数字人才吸引力方面的优势。进一步分析，本研究中提到的五大“引领型”城市与其他城市相比，在数字经济发展方面最突出的两个优势是产业成熟度高、创新环境好，这两个因素对吸引数字人才非常重要。

总体来看，首先，制定数字人才战略应对数字人才的现状和需求有充分的认识和了解，从行业、职能、特征多个角度对人才储备的现状、优势和劣势进行分析；其次，对数字人才的吸引应当具有针对性，不应当只是通过教育背景来筛选，而是依据行业、职能和技能进行筛选，以需求为导向建立有效的人才吸引和培养机制；最后，应当通过打造产业优势来吸引数字人才，而不只是仅仅通过提供多方位的保障性条件，留住数字人才需要从产业基础和创新环境等更重要的因素着手和施力。

附录 A

数字经济数据测算方法

本报告在《2014 中国信息经济发展报告》和《2015 中国信息经济发展报告》中“信息经济规模测算”方法的基础上，通过搜集全国和各省最新的投入产出表及基础统计数据，对数字经济总量进行了测算。

（一）数字经济增长核算框架

将生产要素分为 ICT 资本和非 ICT 资本，即 ICT 资本（CAP_{it}^{ICT}）和非 ICT 资本（CAP_{it}^{NICT}）。采用如下增长核算框架：

$$OTP_{it} = HA_{it} f\left(CAP_{it}^{ICT}, CAP_{it}^{NICT}, MID_{it}, LAB_{it}\right)$$

式中，LAB_{it} 表示劳动力；MID_{it} 表示中间产品；HA_{it} 表示希克斯中性技术进步；OTP_{it} 表示总产出；i 表示个体；t 表示时间。在对各种类型的生产要素进行加总之后，可以得到单个投入指数的生产函数。

（二）数字经济增长核算步骤

在对个体 ICT 资本存量的测算上考虑以下步骤。

1. 生产性资本存量测算

在“永续存盘法”基础上，考虑时间-效率模式，即资本投入生产能力随时间而损耗，相对生产效率的衰减不同于市场价值的损失，在此条件下测算出生产性资本存量。

$$K_{i,t}=\sum_{x=0}^{T}h_{i,x}F_i\left(x\right)I_{i,t-x}$$

根据 Schreyer（2004）对 ICT 资本投入的研究，$h_{i,x}$ 为双曲线型的时间-效率函数，反映 ICT 资本的相对生产率变化，$F_i\left(x\right)$是正态分布概率密度函数，反映 ICT 资本退出服务的状况。

$$h_i=\left(T-x\right)/\left(T-\beta x\right)$$

式中，T 为投入资本的最大使用年限；x 为资本的使用年限；β 值规定为 0.8。

$$F_i\left(x\right)=\int_0^x\frac{1}{\sqrt{2\pi\times 0.5}}\mathrm{e}^{\frac{\left(x-\mu_i\right)^2}{0.5}}\mathrm{d}x$$

2. 定义 ICT 投资

为了保证测算具有国际可比性，同时考虑中国的实际情况，本报告剔除了“家用视听设备制造”“电子元件制造”“电子器件制造”等项目，将 ICT 投资统计范围确定为如附录 A-1 所示。

附表 A-1　中国 ICT 投资统计框架

分　类	计算机	通信设备	软　件
项目	电子计算机整机制造	雷达及配套设备制造	公共软件服务
	计算机网络设备制造	通信传输设备制造	其他软件服务
	电子计算机外部设备制造	通信交换设备制造	
		通信终端设备制造	
		移动通信及终端设备制造	
		其他通信设备制造	
		广电节目制作及发射设备制造	
		广播电视接收设备及器材制造	

3．确定ICT投资额

在选择投资额计算方法时，采用筱崎彰彦（1996，1998，2003）提出的方法。其思路是以投入产出表年份的固定资产形成总额为基准数据，结合ICT产值内需数据，分别计算间隔年份内需和投资的年平均增长率，二者相减求得转化系数，然后再与内需的年增长率相加，由此获得投资额的增长率，在此基础之上计算出间隔年份的投资数据。具体公式如下：

$$\mathrm{IO}_{t1} \times \left(1 + \mathrm{INF}_{t1t2} + \gamma\right) = \mathrm{IO}_{t2}$$

$$\dot{\gamma} = \dot{\mathrm{IO}} - \dot{\mathrm{INF}}$$

式中，IO_{t1}为开始年份投入产出表基准数据值，IO_{t2}为结束年份投入产出表基准数据值；INF_{t1t2}表示开始至结束年份的内需增加率（内需=产值-出口+进口）；$\dot{\mathrm{IO}}$为间隔年份间投入产出表实际投资数据年平均增长率；$\dot{\mathrm{INF}}$为间隔年份间实际内需数据的年平均增长率；$\dot{\gamma}$表示年率换算连接系数。在此，ICT投资增长率=内需增长率+年率换算连接系数（$\dot{\gamma}$）。

4．确定折旧率

确定硬件、软件和通信设备的使用年限和折旧率。本方法仍采用美国的0.3119，使用年限为4年；通信设备选取使用年限的中间值7.5年，折旧率为0.2644；由于官方没有公布软件折旧率的相关数据，同时考虑到全球市场的共通性，我们选择0.315的折旧率，使用年限为5年。

5．确定ICT投资价格指数

以美国作为基准国。

$$\lambda_{i,t} = f\left(\Delta \ln P_{i,t}^{U} - \Delta \ln P_{K,t}^{U}\right)$$

式中，$\lambda_{i,t}$为美国 ICT 资本投入与非 ICT 资本投入变动差异的预测值序列；

$\Delta \ln P_{i,t}^{U}$ 表示美国非 ICT 固定投资价格指数变化差；$\Delta \ln P_{K,t}^{U}$ 表示美国 ICT 价格指数变化差。对价格差进行指数平滑回归，获得 $\lambda_{i,t}$，然后将其代入下式即可估算出中国的 ICT 价格指数。

$$\Delta \ln P_{i,t}^{U} = \lambda_{i,t} + \Delta \ln P_{K,t}^{U}$$

6．测算数字经济总体规模

计算 ICT 的实际投资额，测算中国 ICT 的总资本存量和地区资本存量，加上总网络基础设施、硬件与软件、新兴产业及数字经济应用部分得到中国数字经济总体规模。

与前两年的报告相比，本报告在增长核算框架的基础上，通过采集不同国家、不同行业的面板数据及投入产出表，根据各行业间的投入产出关系，剥离出信息通信产业对其他行业的融合渗透程度，进而得到融合型数字经济规模总量。

由于数据等方面的问题，在本研究模型中，融合型数字经济和效率型数字经济无法加以区分。按照计量经济学的一般理解，模型采用的控制变量中尚不能包含效率型数字经济变量，因此，测算结果中融合型数字经济实际上包含了部分效率型数字经济的成分，两者之间有较大重叠度。目前，我们尚不能确定融合型数字经济和效率型数字经济重叠程度，但根据 Greenwood（1997）、Hercwertz（2003）、Gordon（2009）、Hill（2015）等对于资本体现式信息技术进步贡献的研究，我们可以推断融合型数字经济包括 30%～80%的效率型数字经济。

附录 B

报告涉及的主要数据

附表 B-1　2016 年主要国家数字经济规模及结构　　（单位：亿美元）

国家	数字经济规模	基础型数字经济规模	融合型数字经济规模
美国	108318	13423	94895
中国	34009	7824	26185
日本	22935	3914	19021
德国	20561	2176	18385
英国	15358	1934	13424
法国	9620	1473	8147
韩国	6122	1590	4532
印度	4033	1209	2824
巴西	3754	818	2936
俄罗斯	2205	532	1673
印度尼西亚	1027	441	586

数据来源：课题组测算

附表 B-2　2016 年中国省域数字经济规模及结构　　（单位：万元）

省级行政区	数字经济规模	基础型数字经济规模	融合型数字经济规模
广东	27171	11152	16019
江苏	23941	10717	13225
山东	21328	3942	17385

续表

省级行政区	数字经济规模	基础型数字经济规模	融合型数字经济规模
浙江	17265	3729	13536
上海	12753	3081	9672
北京	11402	3213	8188
福建	9872	2108	7764
湖北	9477	1687	7790
河北	7773	642	7132
天津	7061	1202	5859
陕西	4301	885	3416
吉林	4286	395	3891
广西	4266	726	3540
黑龙江	3807	236	3572
贵州	3489	295	3194
内蒙古	2638	174	2464
山西	2500	329	2171
新疆	2164	215	1949
甘肃	1090	143	947
宁夏	723	60	663
青海	501	58	443

数据来源：课题组测算

附表 B-3　2016 年中国分行业数字经济规模及结构　（单位：万元）

行　业	数字经济规模
钢铁行业	13579131
石化行业	7561531
建材工业	14385812
汽车行业	7472143
机械行业	66205627
轻工行业	19069009
医药行业	4865486
纺织行业	8264858
食品行业	12244857

数据来源：课题组测算

附表 B-4　2017 年重点行业信息经济发展全景图

指　标			原　材　料		装　备		消　费　品	
			原材料行业整体	建材	装备行业整体	汽车	消费品行业整体	食品
总体水平	信息经济总量/亿元		8525.4	1438.6	7367.8	747.2	4925.4	1224.5
总体水平	两化融合发展水平/分		50.4	45.6	52.3	57.9	49.6	50.3
发展阶段	达到集成提升及以上阶段的企业比例		16.4%	14.6%	21.1%	27.1%	16.2%	15.9%
关键指标	信息化投入占比		0.21%	0.25%	0.28%	0.25%	0.26%	0.24%
关键指标	关键业务环节全面信息化的企业比例		32.1%	31.0%	47.9%	55.8%	36.2%	32.2%
关键指标	应用电子商务的企业比例		46.8%	41.6%	56.6%	63.2%	57.3%	60.6%
关键指标	实现管控集成的企业比例		13.5%	12.9%	16.6%	22.2%	13.9%	12.7%
关键指标	实现产供销集成的企业比例		14.6%	12.9%	22.4%	30.5%	17.9%	17.3%
关键指标	实现产业链协同的企业比例		6.0%	5.9%	5.6%	6.9%	7.2%	9.2%
新型基础设施建设	自动控制与感知	生产设备数字化率	48.4%	44.1%	40.5%	47.5%	43.9%	43.9%
新型基础设施建设	自动控制与感知	关键工序数控化率	59.0%（39.5%）	49.2%（36.5%）	40.0%（39.5%）	54.1%（45.5%）	42.3%（31.2%）	40.7%（29.3%）
新型基础设施建设	工业软件	数字化研发设计工具普及率	51.2%	50.0%	79.8%	83.5%	56.0%	48.5%
新型基础设施建设	工业软件	ERP 普及率	50.9%	46.3%	62.0%	—	53.0%	48.0%
新型基础设施建设	工业软件	PLM 普及率	10.7%	11.3%	24.5%	—	13.6%	12.2%
新型基础设施建设	工业软件	MES 普及率	19.3%	16.3%	27.3%	—	16.9%	13.9%
新型基础设施建设	工业网络	数字化生产设备联网率	44.8%	39.2%	33.6%	—	35.6%	37.5%
新型基础设施建设	工业云平台	云平台应用率	35.3%	35.2%	42.6%	—	40.0%	40.8%
新模式新业态	重点行业骨干企业“双创”平台普及率		65.1%	72.17%	68.7%		75.8%	78.5%
新模式新业态	实现网络化协同的企业比例		—	—	30.1%		29.0%	—
新模式新业态	开展服务型制造的企业比例		—	—	24.2%		19.2%	—
新模式新业态	开展个性化定制的企业比例		—	—	7.2%		7.0%	—
新模式新业态	智能制造就绪率		5.6%	4.3%	5.5%		5.3%	5.1%

数据来源：基于中国两化融合服务平台（http：//www.cspiii.com）70000 余家企业两化融合评估数据计算

注：①对于“关键工序数控化率”，括号内的数值是算数平均值，反映该指标企业平均水平；括号外的数值是按照规模的加权平均值，反映该指标国家（行业、区域）的综合水平。

②“开展网络化协同设计或制造的大型企业比例”及新模式培育涉及的三个指标仅针对离散型行业计算。

反侵权盗版声明